Asesinos múltiples y otros depredadores sociales

Psicología

Biografía

Vicente Garrido es doctor en Psicología y Graduado en Criminología, así como uno de los pioneros y de las autoridades más reconocidas en el ámbito de la criminología violenta. Su interés profesional ha oscilado entre dos polos: por una parte, desarrollar programas de prevención de conductas antisociales en niños y jóvenes; por otra, llegar a comprender y tratar a los agresores más implacables y sistemáticos, incluyendo agresores sexuales y delincuentes psicópatas. Impulsor de la psicología criminal y de la pedagogía correccional, es autor de un importante trabajo científico y de divulgación en el ámbito de la criminología y la readaptación de los delincuentes. Ha sido consultor de Naciones Unidas para la prevención de la delincuencia en Latinoamérica, y un firme impulsor de los programas para tratar a jóvenes y adultos sobre quienes ha publicado numerosos artículos y libros, entre los cuales figuran *El rastro del asesino*, *Cara a cara con el Psicópata*, *Los hijos tiranos* y *Perfiles criminales*.

Vicente Garrido

Asesinos múltiples y otros depredadores sociales

Las respuestas a la gran paradoja del mal

Ariel

Obra editada en colaboración con Editorial Planeta – España

Diseño de portada: Planeta Arte & Diseño
Ilustración de portada: © David Muir/Getty Images

Bajo el sello editorial PAIDÓS M.R.
Avenida Presidente Masarik núm. 111,
Piso 2, Polanco V Sección, Miguel Hidalgo
C.P. 11560, Ciudad de México
www.planetadelibros.com.mx
www.paidos.com.mx

Primera edición impresa en España: septiembre de 2018
ISBN: 978-84-344-2795-2

Primera edición impresa en México en Booket: mayo de 2025
ISBN: 978-607-569-986-8

Impreso en los talleres de Diversidad Gráfica S.A. de C.V.
Privada de Av. 11 No.1 Col. El Vergel, Iztapalapa,
C.P. 09890, Ciudad de México
Impreso en México -*Printed in Mexico*

Creo que me conoce lo suficiente, Watson, para saber que no soy en absoluto una persona nerviosa. Pero, al mismo tiempo, es una muestra de estupidez y no de coraje negar el peligro cuando este te acecha.

ARTHUR CONAN DOYLE,
El problema final

A mis amigos y vecinos de Jávea/Xàbia,
donde puedo sentir la belleza que rodea todo
y la amistad a cada paso

Índice

Introducción

En el verano de 2017 apareció una noticia que tuvo una difusión limitada, pero de gran interés para los criminólogos. En 1995 la policía de Huzhou (un pueblo en el oriente de China) se desplazó a una pensión para investigar un asesinato múltiple que se había cometido allí. Había cuatro cuerpos inertes: los dueños del local (el señor Min y su esposa Qian), su nieto de 13 años y uno de los huéspedes. Fueron golpeados en la cabeza hasta morir; el móvil fue el robo y, probablemente, la violencia se inició para apoderarse de las pertenencias del cliente de la pensión. La masacre de la familia fue producto del celo de los asesinos por no dejar testigos.

La policía no pudo encontrar al autor o autores. Una de las camareras del establecimiento declaró que el día anterior habían llegado al local dos personas que ella pensaba que procedían de la localidad de Anhui, por su acento y sus gustos culinarios. La policía recogió huellas dactilares y además unas colillas presuntamente fumadas por los asesinos, pero en aquellos años tales evidencias no sirvieron para encontrar a los culpables.

Sin embargo, algo cambió 22 años después: un escritor reconocido, Liu Yongbiao, fue detenido por la policía como autor del homicidio múltiple. Todo resultó más sencillo en este caso, porque este confesó de inmediato: «He estado esperando este día durante mucho tiempo», afirmó. Aquello fue una conmoción. Como he señalado, Yongbiao había obtenido éxito y prestigio como escritor. Miembro de la Asociación de Escritores de China, con una novela adaptada para la televisión y diversos premios literarios, en el prólogo de su última obra publicada había anunciado su intención de escribir una novela «sobre una hermosa escritora que ha matado a muchas personas, pero los casos siguen sin resolverse».

La policía, ese verano, tuvo suerte al examinar 60 000 perfiles de huellas dactilares y contar con la posibilidad de realizar nuevas pruebas de ADN en esa olvidada y pobre región de China. Tal y como declaró la camarera, el escritor procedía de Anhui. Confesó que había matado a las cuatro personas con ayuda de un cómplice, que también fue capturado. Al ser arrestado, el ahora célebre asesino dio una carta a los policías para que se la entregaran a su esposa, e hizo una última declaración: «Por fin puedo liberarme del tormento espiritual que he padecido durante todos estos años».

Un asesinato (u homicidio) múltiple implica matar como mínimo a tres o cuatro personas (depende del criterio que se siga) en un solo acto, es decir, en una misma secuencia, aunque ello implique que el asesino se desplace de lugar para hacerlo. No obstante, lo habitual es que el lugar sea único: un colegio, un restaurante, una casa, una calle. Se entiende que el desplazamiento, cuando se produce, es una exigencia de la necesidad que tiene el asesino de buscar y acabar con las víctimas. Así, puede recorrer los pasillos o diferentes pabellones de un centro universitario; o bien puede tirotear en un local, salir de él y entrar en otro para seguir la acción homicida, o recorrer con un coche diversas calles para tirotear a los viandantes. Lo esencial es que no existe «enfriamiento emocional», por eso menciono que se trata de un «solo acto» o una misma secuencia. Como veremos, este tipo de asesino es bien diferente (en la mayoría de los casos) al asesino en serie, que mata de forma ocasional mientras generalmente sigue con su vida ordinaria, ocultando ante la sociedad su condición de asesino. Este «vuelve» a lo que podríamos definir como su «estado emocional normal», en el que es capaz de mantener (al menos) un cierto control sobre su vida y realizar las actividades rutinarias (ir al trabajo, llevar a los niños al colegio, acudir a eventos sociales, etc.). Es decir, se produce el denominado «enfriamiento emocional», que se verá roto cuando el asesino se vea vencido por sus deseos de cometer un nuevo crimen.

Este libro se ocupa principalmente de los asesinos múltiples y, como un tipo especial de esta categoría, indaga también en el terrorismo, fundamentalmente el protagonizado por la yihad. No hace falta subrayar la importancia de la violencia terrorista de origen islámico en la actualidad, pero pocos comentaristas suelen reparar en los aspectos esenciales que ayudan a comprender el llamado «proceso de radicalización», lo que es lógico, considerando lo mucho que todavía queda por investigar y la complejidad de entender el comportamiento humano de naturaleza tan extrema.

No obstante, el equipo del que formo parte en la Universidad de Valencia está convencido de que el estudio del terrorismo y su análisis comparativo con el asesino múltiple convencional puede ser una fuente importante para avanzar en ese conocimiento. Hay que hacer un esfuerzo por superar el nivel actual de explicación, que es todavía bastante superficial, porque sabemos que ciertas personas pueden ser presas fáciles para ser indoctrinadas con ideas homicidas utilizando el pretexto de servir al «auténtico Alá»; pero desconocemos si existe un único proceso de asunción de tales ideas y motivaciones asesinas, o bien si hay diversos caminos que se corresponden con la psicología y circunstancias vitales de los sujetos radicalizados.

Yo creo esto último, y en las páginas siguientes intento explicar esos diferentes procesos de forma comprensible, aunque tenga que sacrificar cierto rigor en aras de la exposición clarificadora.

Pero también, como digo, me ocupo de los asesinos múltiples convencionales, porque, además de ser un objeto de investigación muy importante en sí mismo, contienen elementos necesarios para comprender al terrorista yihadista, o al menos a una gran parte de ellos. El ejemplo con el que hemos abierto el libro, sin embargo, es solo una categoría de asesinato múltiple, y probablemente no es la más frecuente ni la que causa más ansiedad entre el público. Liu Yongbiao cometió un crimen atroz por dinero. Quizá, a juzgar por sus comentarios cuando fue detenido, sintió repulsión mientras lo llevaba a cabo. El lucro como móvil implica que la masacre es de tipo instrumental. En este sentido, puede homologarse a los crímenes múltiples que ejecutan las mafias organizadas, cuyos actos suelen tener la función de mantener el negocio, al ser respuestas de venganza por haber sufrido acciones violentas en el pasado a cargo de las víctimas, o bien advertencias para marcar un territorio como propio. Si tales mafias o cárteles pudieran obtener el beneficio que desean sin disparar un solo tiro, no lo harían (salvo los homicidios por cuenta de miembros descontrolados que gozan con el ejercicio del asesinato).

En efecto, lo que más miedo causa en la sociedad es la matanza de alumnos en secundarias (Columbine) o universidades (como la de Virginia), o en cines, restaurantes y otros espacios públicos, si bien también suelen consternar a la opinión pública los homicidios múltiples en el ámbito de la familia, en particular los que incluyen a la pareja, expareja y sus hijos. Debido a esto, también analizo tales formas del asesinato múltiple, ya que son las que encierran más enigmas y por ello son más difíciles de entender. Al fin y al cabo, cualquiera puede comprender por qué mató a esas cuatro personas el escritor, y utilizo el verbo «comprender» en el sentido de que entendemos la razón de esa acción, por más que la consideremos absurda y profundamente inmoral. No obstante, entender al asesino múltiple «sin motivo», el que tirotea por ejemplo a los espectadores en un cine, es harina de otro costal. Muchas veces reservamos la palabra «loco» para referirnos a los autores de estas acciones, pero veremos que este término suele ser inexacto para describirlos.

Los lectores podrían argüir, igualmente, que las razones que esgrimen los yihadistas —no así otros grupos terroristas, cuyas motivaciones parecen estar bien definidas en cuanto a sus objetivos de derribar un gobierno o conquistar el poder de un cierto territorio— son profundamente irracionales: ¿qué pretenden en realidad estos tipos que se sacrifican junto con sus víctimas? ¿En verdad creen que pueden recuperar al-Ándalus? ¿Qué sentido tiene «acabar con la vida de todos los infieles»? Nuestra perplejidad procede, en parte, de que no sabemos realmente qué fin último persiguen. ¿Dejarían de cometer atentados si la comunidad internacional acordara ceder un territorio como lugar donde asentarse permanentemente el Dáesh? Todos pensamos que tal gesto sería inútil, porque su lucha es contra el mundo y la civilización. Y eso nos pone en el punto de partida: ¿cómo es posible que haya gente nacida y educada en Europa que quiera arriesgar su vida en la consecución de tal atrocidad?

Ojalá podamos aportar alguna idea útil en la comprensión de todos estos fenómenos, o al menos sirvan las páginas de este libro para que el lector tenga un conocimiento más cabal sobre ellos.

Finalmente, no debemos olvidar que el título incluye «y otros depredadores sociales». Este «bestiario» tiene que completarse con los psicópatas y asesinos en serie. Como veremos, su psicología difiere de manera fundamental de la de otros grupos de asesinos, aunque en todos ellos pueden existir también psicópatas, en la medida en que vean que el comportamiento homicida se ajusta a sus necesidades.

Pero hay una pregunta fundamental que está detrás de todo este libro, a la que he bautizado la «gran paradoja del mal» y que se puede enunciar de este modo: en todas sus formas, la violencia homicida ha sido una constante en todas las épocas y culturas, y la nuestra no es una excepción. Entonces, si el mal es tan habitual en nuestra vida, ¿por qué hay tan pocas personas que se consideran malvadas? ¿Por qué son siempre los otros los malvados? En 2017 Ratko Mladić, el Carnicero de los Balcanes, fue condenado a cadena perpetua por genocidio, crímenes de guerra y lesa humanidad. Sin embargo, este hombre abandonó la sala expulsado por el tribunal gritando que «todo era mentira», lanzando improperios, *genuinamente indignado*. Pude ver en las noticias que, para sus seguidores, Mladić era un héroe.

Esta gran paradoja es, a mi juicio, la piedra Rosetta de la criminología. El ejemplo con el que iniciamos este libro, el asesino múltiple Liu Yongbiao, representa a una minoría. Si quienes cometen actos de extrema maldad fueran capaces de *reconocer*, antes de llevarlos a cabo, que son actos profundamente injustos e inmorales y, al mismo tiempo, fueran capaces de *sentir* en su sistema nervioso que iban a producir un sufrimiento inaudito y gratuito a sus víctimas, se evitaría una parte sustancial de toda esa maldad. De ahí que dedique el primer capítulo a desentrañar lo que considero los mimbres que tejen esa contradicción profunda, esa escisión entre la realidad de los efectos de la violencia y la comprensión intelectual y emocional que realizan de ella sus autores.

Una nota aclaratoria final. Este libro, salvo algún punto específico, no se ocupa de las bases cerebrales implicadas en el origen de la violencia ni del componente genético que puede estar detrás del funcionamiento neural que sostiene el comportamiento de extrema violencia. El lector interesado en esta cuestión tiene diversos libros en castellano en los que informarse. Su foco está en el estudio de la psicología, motivaciones y *modus operandi* de las acciones de maldad (violencia) extrema, es decir, más en la fenomenología del crimen y sus causas inmediatas que en el estudio de factores distantes (biológicos o ambientales) o en los procesos neuronales que lo posibilitan.

Espero que este nuevo trabajo sea del agrado de todos los interesados en la criminología y, en general, en el fenómeno de la violencia llevada a cabo de forma múltiple y de los asesinos en serie.

1

El mal

> El problema del mal puede expresarse en términos teológicos o seculares, pero siempre es un problema en torno a la inteligibilidad del mundo en su conjunto.
>
> SUSAN NEIMAN,
> *La maldad en el pensamiento moderno*

Gaving Long dejó una nota de suicidio antes de matar con arma de fuego a tres policías y un alguacil suplente el 17 de julio de 2016 en Baton Rouge, en el estado de Luisiana (Estados Unidos). Ese asesinato múltiple lo cometió mediante una emboscada, y su propósito fue, según dicha nota, «crear un cambio sustancial dentro del sistema judicial y policial estadounidense». También afirmó que su acción homicida era un «mal necesario» y que esperaba que sirviera para que «los "buenos" agentes del orden público se enfrentaran al actuar injusto y a la mala conducta de la policía estadounidense». También podía leerse:

> Por lo tanto, debo traer la misma destrucción que los policías malvados continúan infligiendo a mi gente [de raza negra], tanto a los policías malos como a los buenos, con la esperanza de que los buenos (que son la mayoría) puedan

mantenerse unidos para aplicar la justicia y el castigo contra los policías malos, porque en este momento la policía y el sistema judicial actual no lo están haciendo.

Y en el final de la misiva el tirador elogió a ciertos agentes por su nombre, así como a «cualquier otro oficial que se levante, proteja y sirva, y mantenga su juramento, incluso si está protegiendo a la gente de uno de sus compañeros oficiales». La nota era de suicidio, porque Gaving Long solo podía acabar siendo tiroteado a su vez por la policía, como efectivamente ocurrió.

Long se movió con una táctica militar aprendida en su estancia en los marines, y desatendió en su recorrido a los civiles en su despliegue por la zona; su único objetivo eran los policías. Pareció claro, días después, que él estaba protestando por las recientes muertes de detenidos de raza negra a manos de policías blancos. La carnicería de Long se sumaba a otra también reciente, esta vez en Dallas, que había supuesto la muerte de otros cinco policías a manos de un hombre negro. En un video colgado en YouTube días después de los hechos acaecidos en Dallas se podía ver a Long muy enojado con la forma en que la gente negra tenía que soportar el maltrato de una policía y un sistema de justicia que, en su opinión, se inclinaban claramente a favorecer a los blancos: «Si un africano devuelve el golpe, eso está mal; pero si lo hace un europeo, eso está bien».*

Un «mal necesario», así lo llama Long. De la misma opinión es el asesino múltiple Anders Breivik, exterminador de 69 jóvenes en la isla de Utoya en 2011, quien calificó su orgía de sangre contra víctimas del todo inermes como algo «atroz, pero necesario», una necesidad que él mismo dejó bien clara cuando empezó a *cazar* a los niños

* *When an African fights back, it's wrong; but every time a European fights back against his oppressor, he's right.*

y adolescentes en Utoya y afirmó: «Debéis morir, debéis morir todos».

Ambos tiradores coinciden en que matar es una acción deplorable, extrema, un «mal», «algo atroz»; y, sin embargo, se sienten en la obligación de aplicar esa maldad y atrocidad en forma de múltiples asesinatos. Pero no se trata de una justificación o un argumento propio de los asesinos múltiples, sino que se puede atribuir, de hecho, a la mayoría de los homicidios. Por ejemplo, uno de los homicidas de mujeres que está siendo entrevistado en una iniciativa de la Policía Nacional para intentar comprender mejor el asesinato de parejas o exparejas contestó a la pregunta de por qué la mató del siguiente modo: «Me acosté y no dejaba de pensar: "Esta tía me quiere arruinar la vida, ahora se quiere divorciar. Es que la mato, la voy a mandar matar. ¡Qué coño! Me la cargo yo ahora mismo". Me levanté, me fui a la cocina, cogí un cuchillo, saqué al niño con cuidado de la habitación y volví a por ella. La apuñalé a traición mientras dormía». Está claro que este hombre también veía su acción homicida como un acto de maldad, de *violencia intencionada dirigida a dañar o destruir a la otra persona*, pero, como en los dos casos anteriores, era una maldad «necesaria» por las circunstancias, por el comportamiento de ella, según se deduce de lo que dijo.

Veamos todavía un cuarto ejemplo, otro homicidio en diferentes circunstancias, en cierto sentido el reverso del anterior. La mañana del 13 de junio de 2005, María del Carmen estaba esperando el autobús en Benejúzar (Alicante) cuando se le acercó Antonio Cosme, el hombre que había violado a su hija cuando esta tenía 13 años. Cosme estaba cumpliendo condena por la agresión, pero ese día disfrutaba de un permiso carcelario. Cosme le dijo unas palabras y se fue a un bar cercano. María del Carmen se dirigió a una gasolinera, compró combustible y fue en su busca. Lo encontró en la barra del bar y, sin mediar palabra, lo roció con gasolina y le prendió fuego con una cerilla. El violador murió días después en el hospital a consecuencia de las quemaduras sufridas. María del Carmen ingresó en prisión y un año más tarde quedó en libertad a la espera de juicio, que se celebró en 2009. La condena fue de nueve años y medio, pero el Tribunal Supremo la redujo a cinco años y medio. En la actualidad está en el tercer grado penitenciario y solo tiene que acudir a dormir a la cárcel.

Otro acto de violencia, otro homicidio. Seguro que María del Carmen hubiera preferido no hacer nada de eso, que la violación de su hija no se hubiera producido, que él no se le hubiera acercado y le hubiera dicho unas palabras que ella consideró indignantes.

¿Qué es lo que tienen en común esos cuatro casos de homicidio, tan dispares en sus objetivos y en las víctimas implicadas? Veamos la explicación o la razón que podemos deducir de cómo se produjeron los hechos. Breivik (que se estudia con detenimiento en este libro) consideró necesaria la masacre que produjo porque quería salvar Noruega (y por extensión Occidente) de la invasión islámica que estaba acabando con la cultura occidental. Matando a los futuros líderes del Partido Laborista Noruego impediría —según él— que hubiera sangre joven para relevar a los corruptos políticos que entregaban su país a comunistas, protectores de la multiculturalidad y defensores de la penetración del islam en Europa.

Por su parte, Long lo dejó claro en su nota de suicidio: tenía que dar una lección al cuerpo de policía, que sus integrantes comprendieran que no siempre iban a ser los negros los muertos, y que él, como representante de su raza, no iba a quedarse con los brazos cruzados mientras los policías blancos se dedicaban a matar a sospechosos de raza negra. La policía estaba podrida, y su acción homicida y su consecuente muerte segura eran el precio que había que pagar para que las cosas empezaran a cambiar.

En el homicidio de la mujer que quería separarse del marido, este toma la iniciativa para hacer frente a lo que considera una gran amenaza que pretende «arruinarle la vida». La agresión está justificada porque es una respuesta justa ante alguien que quiere condenarlo a la miseria el resto de su vida.

Antes de comentar el cuarto homicidio, déjenme que les diga que en estos tres casos nos encontramos con dos elementos comunes. El primero es que *el agresor se siente insultado, ofendido.* Piensa que ha sido objeto personalmente (el homicida de su mujer) o a través del grupo con el que se identifica (los noruegos cristianos, los negros de Estados Unidos) de una grave injusticia, es decir, que primero ellos han sido objeto de una acción malvada (Long, por los continuos sospechosos o detenidos de su raza que mueren a manos de la policía; Breivik, por las leyes que permiten islamizar su país). Y en segundo lugar, ellos tres comparten *la respuesta violenta motivada por la afrenta moral que han recibido.* Las tres son acciones de castigo, de venganza si se quiere, si bien los homicidios de Breivik pueden tener también un matiz diferente, en el sentido de generar apoyos para su causa o de dar la alarma ante una situación que él consideraba crítica.

Ahora vemos con más claridad que la reacción de la madre de la niña violada es manifiestamente una acción de venganza o, si se quiere, de justicia: el agresor viola a una niña de 13 años y, pasado un tiempo breve, se permite burlarse en la cara de la madre. «¡No hay derecho! —pensamos muchos—. ¡Se ha llevado su merecido!». Aunque, a poco que reflexionemos, al imaginarnos su cuerpo ardiendo y a él gritando de puro horror y dolor insoportable, nos estremecemos.

Sin embargo, justo he puesto este último ejemplo en que la violencia puede estar más justificada moralmente para poner de relieve esta tesis central: *la gran mayoría de los actos de violencia intencionados, con objeto de dañar o destruir a otra persona* (lo que puede incluir sus propiedades y extenderse a sus allegados y familiares), *son provocados por motivos morales.* El agresor se siente legitimado para hacer lo que hizo no por la ley, pero sí por la gente con la que se identifica o por ideologías, sistemas religiosos o costumbres que él considera correctos y dignos de ser defendidos. En otras palabras: el mal es un concepto escurridizo. Dependiendo de quién se trate, el agresor o la víctima, el mal estará en uno u otro lado, o será filtrado por matices importantes.

Comprender esta idea es el primer paso para contestar lo que denominé en la introducción como la gran paradoja del mal: ¿por qué, si hay tantos actos malvados en el mundo, hay tan poca gente que se considera malvada? Espero que al final de este capítulo haya podido dar al menos cierta luz para resolver esta paradoja, y que el lector pueda sentirse razonablemente satisfecho al terminar la lectura del libro sobre los aspectos que ayudan a entender el mal que proviene de los grandes depredadores humanos.

¿QUÉ ES EL MAL?

La maldad no es una categoría única, hay gradientes entre lo que consideramos «desagradable», «sucio o indecente» y «malévolo». *El concepto del mal en la psicología popular emerge en forma de un agente que es responsable de un acto antisocial e inmoral que merece una retribución extrema.* Se puede ignorar o reprender a una persona desagradable, pero podemos desterrar o recluir, o incluso matar, a la persona que representa el mal. En realidad no hay forma de reparación posible cuando se causa un mal extremo. ¿Qué puede reparar la muerte injusta de alguien a quien amamos o admiramos profundamente? Siempre existe un abismo imposible de llenar entre un mal que nos es causado y que nos daña profundamente (que es «irreparable») y el castigo que pueda darse al culpable.

En el proceso evolutivo de la especie humana, las amenazas a la supervivencia que provenían de los otros homínidos tenían dos fuentes. La primera venía de las tribus rivales y su lucha por arrebatar los recursos de la tribu. Disponer de comida y cobijo permitía aumentar el éxito reproductivo de los integrantes del grupo, luego eso era algo que había que defender siempre. Pero la tribu también tenía que protegerse de los propios traidores, gente dispuesta a evitar los costos exigibles por compartir los recursos de todo el grupo, siempre dispuestos a poner la mano, pero miedosos cuando se trataba de ir a cazar o presentar batalla frente a las amenazas externas. La cada vez mayor especialización y el aumento de la capacidad cerebral vinieron acompañados de una mayor capacidad y exigencia de relación social; y con esta, el desarrollo y afinamiento de las emociones morales como la lealtad, el afecto o la gratitud.

En este sentido, los sentimientos o emociones morales nacieron al tiempo que las normas morales implícitas para dar expresión social a dichas emociones. Por ejemplo, el sentimiento de culpa o arrepentimiento tuvo que surgir necesariamente de la presión del grupo cuando se enfrentaba al sujeto por no cumplir con las obligaciones y actos de reciprocidad exigidos por la supervivencia de ese grupo. Con el tiempo, con el establecimiento de asentamientos permanentes y el desarrollo de la cultura, se implantaron jerarquías formales encargadas de castigar a los infractores, así como los códigos escritos (las leyes) que prescribían los actos considerados dañinos o intolerables en la cultura y organización social de la que se tratara.

La consecuencia de todo ello es que la moralidad y los juicios correspondientes a lo que estaba bien y estaba mal, lo justo e injusto, correcto o incorrecto, nacieron para regular las relaciones sociales entre las personas. Y sin duda, de entre todas las formas posibles de maldad, las que implicaban una violencia no justificada por la defensa o por la sanción punitiva de la tribu (con el tiempo, el Estado) devendrían en las más graves, al afectar a la vida e integridad de los receptores de dicha violencia.

Es en este punto donde debemos detenernos en la teoría de la motivación moral de la violencia* de los profesores Alan Fiske, de la Universidad de California, y Tage Rais, de la Universidad Northwestern en Illinois, y con ella ampliaremos la conclusión que extrajimos en el análisis de los cuatro casos con los que empezamos este capítulo.

LA TEORÍA DE LA MOTIVACIÓN MORAL DE LA VIOLENCIA

Una definición sencilla pero útil de la violencia es la empleada por los profesores mencionados: «La acción de herir, provocar sufrimiento o matar a alguien de forma intencional». Y su tesis central en el libro *Virtuous Violence* es la siguiente:

> La mayor parte de la violencia está motivada moralmente. La gente no se limita a justificar o excusar sus acciones violentas después de haberlas realizado; antes bien, lo hace en el mismo momento en que está cometiendo el acto violento o cuando está intentando causar un daño o la muerte a alguien que le parece que merece sufrir o morir. En este sentido, la gente se siente impelida a actuar con violencia cuando siente que es necesario, natural, legítimo, deseable, justificable, admirable y éticamente gratificante utilizarla para regular su relación con los demás.

* En realidad, el nombre de la teoría es «de la violencia virtuosa» (*virtuous violence*), pero me parece más apropiada la traducción «teoría de la motivación moral de la violencia».

No es una teoría sobre la gente que no sabe lo que hace, los enajenados, porque, en la gran mayoría de los casos, «los violentos saben perfectamente que están hiriendo a seres humanos, y consideran que tienen derecho a hacerlo».

Comprendo que puede parecer sorprendente la idea de que los asesinos se creen en poder de la verdad moral cuando ejecutan crímenes horrorosos, pero tal y como pretendo mostrar a lo largo de este libro, si no aceptamos esta tesis seremos incapaces de entender los crímenes más insidiosos, como los causados por los terroristas o los asesinos múltiples, así como los asesinatos de mujeres que deciden abandonar a sus parejas y, en general, la mayor parte de la violencia interpersonal, con la excepción de la que es responsabilidad de los psicópatas y los asesinos en serie.

Ahora bien, es evidente que, por lo general, las personas no disfrutan hiriendo a otras, más bien al contrario: es muy perturbador agredir a alguien cara a cara, no importa que cultural o legalmente tenga derecho a hacerlo (por ejemplo, para proteger a un inocente). Y los que por su trabajo o dedicación han de utilizarla con cierta frecuencia (policías, soldados, miembros de bandas) requieren esfuerzo, entrenamiento y apoyo de sus pares o subcultura para sentirse resolutivos y eficaces, lo que no excluye problemas psicológicos en ciertas circunstancias y situaciones en las que la violencia se ejerció, por la razón que sea, de forma traumática. Tales problemas pueden agravarse, además, si la persona corriente tuvo que utilizar la violencia *en contra* de sus valores.

Sin embargo, cuando una persona es capaz de superar los frenos que normalmente le impiden ser violenta (su autocontrol, sus valores morales, el miedo a ser castigado si la violencia no estaba justificada ante la ley), también está actuando de acuerdo con una motivación moral, porque la violencia es «virtuosa»* si «el agente que la lleva a cabo y su grupo o la audiencia con que se identifica valoran dicha violencia como la acción correcta, la que en esa situación debía aplicarse, sin importar lo difícil que fuera hacerlo». De este modo, desde la teoría de Alan Fiske y Tage Rais, cuando decimos que la violencia está moralmente motivada queremos significar que «la persona que está actuando con violencia siente que lo que está haciendo es lo correcto»; es decir, si alguien decide que ha de golpear a un estafador porque se aprovechó de su madre anciana, esto es algo subjetivo, que pertenece a su criterio personal, movido por *la emoción moral* que haya experimentado (lealtad a quien se ama, indignación, etc.) y porque se siente apoyado por lo que podría ser el ciudadano común de su cultura.

La tabla 1 reproduce los cuatro modelos de relaciones sociales, que representan a su vez obligaciones (normas) morales para los miembros de cualquier sociedad.

El profesor Pinker ha realizado uno de los estudios psicohistóricos más importantes de la historia de la criminología (publicado en su libro *Los ángeles que llevamos dentro*), donde demuestra que la violencia, por grave que siga siendo hoy, ha descendido en términos de fallecidos por causas como el crimen, genocidios y guerras. En su análisis señaló que el número de personas asesinadas por *causas morales* (es decir, porque los perpetradores consideraban tales muertes justas y necesarias) *superaba con mucho* el de las muertes producidas por las guerras de conquista o el homicidio no motivado por razones morales. Y concluye:

> El sentido moral humano puede excusar cualquier atrocidad en la mente de aquellos que la cometen, y los pro-

* «Virtuosa» en el sentido de moralmente justificable para quien la lleva a cabo, no en el sentido de que sea buena o necesaria para la sociedad que la sufre.

Tabla 1. Tipos de relaciones sociales que fundamentan obligaciones morales, según la teoría de la motivación moral de la violencia

Modelos de las relaciones sociales	*Descripción*
Reciprocidad y unidad	Las familias, grupos de amigos, etnias o naciones conforman una unidad. Hay un sentimiento de responsabilidad recíproca y de un destino común: se protege a los necesitados y a los que son atacados, pues se percibe como un ataque a todo el grupo. Los extraños al grupo o comunidad no son objeto de preocupación moral. Se castiga al miembro que amenaza los valores del grupo.
Jerarquía	La jerarquía establece posiciones de autoridad en los grupos. Los subordinados deben obedecer y respetar a los que tienen la autoridad, y estos son responsables de guiar a aquellos. Se aplica en instituciones como la familia, la escuela, la iglesia, los líderes, la policía, el ejército, etc. Son relaciones asimétricas que el grupo considera buenas y necesarias. No hay que confundir con el uso del poder para conseguir fines egoístas (coacción): la jerarquía descansa en la autoridad reconocida como legítima, por eso el superior debe castigar a los pupilos que desafían los valores implícitos en esas relaciones jerárquicas.
Igualdad/ ecuanimidad	Se enfatiza la reciprocidad en las relaciones. «Amor con amor se paga» y «ojo por ojo». Las personas buscan el equilibrio en las ayudas prestadas. La gente ha de tener igualdad de oportunidades y recibir un trato no discriminatorio.
Economía de mercado: proporcionalidad	El motivo moral que guía estas relaciones es la proporcionalidad: los beneficios y los castigos para cada uno son proporcionales a los costos, esfuerzos, contribuciones, méritos e infracciones realizados. La estafa y el engaño, el obtener lo que a uno no le corresponde, son la violación moral específica de este tipo de relación social.

vee de motivos para la violencia que al fin no les proporciona ningún beneficio tangible. La tortura de los herejes y conversos, la quema de brujas, el encarcelamiento de los homosexuales y los homicidios por honor de las hermanas o hijas deshonradas son solo unos ejemplos.

En resumen, existen formas ideales o modelos que establecen cómo deberían relacionarse entre sí las personas, es decir, *prescripciones morales.* Estos modelos prescriben que hay que respetar determinadas jerarquías, que somos responsables del bienestar recíproco en cuanto miembros de una comunidad con la que nos identificamos, que las personas han de ser tratadas de manera ecuánime y justa, y que los premios y los castigos han de administrarse a cada cual de acuerdo con sus merecimientos. Aunque cada una de las culturas tiene sus propias maneras de entender tales relaciones u obligaciones, estas son universales, como señala Pinker con su idea de una «gramática» innata común para el ser humano. *Lo que la gente considera moral o inmoral se relaciona con las conductas de las personas relativas a esos cuatro dominios o relaciones, porque en torno a estos existe en cada cultura prescripciones acerca de cómo se debería actuar.* Por ejemplo, tanto en Europa como en Japón la cultura exige tratar con cortesía a un empleado, pero quizá ciertos comportamientos hacia el empleado por parte del superior serían considerados ofensivos en Japón, pero no en Europa. Ahí reside la importancia de la cultura, porque modula el tipo de acciones que pueden considerarse inmorales, así como el tipo de reacción y sanción que se espera que tome la persona ofendida o la autoridad que intervenga (si es el caso).

El componente moral de la violencia es ostensible, porque (aunque no siempre) esta nace del deseo de castigar a alguien (la víctima) por parte del agresor si este juzga que esa persona ha roto las prescripciones que están asociadas a dicha relación. Ahora bien, ¿quién tiene que juzgar que un acto es moral o inmoral? Siempre hay tres partes: el agresor, la víctima y la audiencia o cultura de referencia a la que pertenecen los implicados o, al menos, el agresor, que es quien actúa de forma violenta. Y hay una cuarta parte, si la cultura se inscribe dentro de una más amplia, como en este suceso acaecido en Reino Unido en 2017 y del que resumo lo esencial:

> La muerte de la joven Celine Dookhran ha conmocionado al Reino Unido por su crueldad y por el motivo que llevó a varios hombres a secuestrarla, violarla y asesinarla.
>
> Celine era una joven musulmana de origen indio de 20 años, nacida en la localidad de Wandsworth y residente en Londres, a la que le apasionaban el maquillaje y la cosmética. De hecho, utilizaba las redes sociales para dar consejos de maquillaje y publicaba también sobre su religión y sus celebraciones, como el Ramadán.
>
> Según la BBC, la joven mantenía una relación con un musulmán árabe, relación que, según el fiscal que lleva el caso de su muerte, constituyó el motivo para asesinarla. Entre los miembros de su comunidad la relación no estaba bien vista; se lo habían advertido y, al final, unos hombres la asesinaron porque no aprobaban que una musulmana india mantuviera una relación con un musulmán árabe. Celine se encontraba en su casa con su compañera de piso cuando dos hombres cubiertos con pasamontañas y armados con pistolas eléctricas entraron en la vivienda, las secuestraron y amordazaron. Ambas fueron reducidas y trasladadas a una lujosa casa en Kingston-upon-Thames donde días después hallarían el cadáver de Celine metido en una nevera. La casa estaba en obras y no había nadie. Allí las torturaron y las violaron hasta que la compañera de piso de Celine, cuya identidad no se ha facilitado por seguridad, logró escapar y avisar a la policía. La policía encontró la casa, pero Celine ya no estaba viva. La joven había sido asesinada mediante «una herida incisa en el cuello», según reveló la autopsia, y habían guardado el cuerpo en la nevera. «El rostro y la boca estaban

> cubiertos con cinta adhesiva. Las manos estaban atadas con cables y los pies, con cuerda», afirmó la fiscal Binita Roscoe, según informó el *Independent.* La semana pasada compareció ante la justicia Mujahid Arshid, de 33 años, acusado de asesinar, violar y secuestrar a Celine, y Vincent Tappu, de 28 años, acusado del secuestro de ambas mujeres.

Los llamados «crímenes de honor» son crímenes con motivaciones morales. Dentro de la comunidad musulmana hindú es una ofensa imperdonable contraer matrimonio con un musulmán árabe. Está claro que para la familia de la joven ese asesinato es lo correcto, porque está prescrito en su cultura. En el supuesto de que dicha cultura desaprobara un matrimonio de esta naturaleza, pero considerara que el asesinato es un castigo inapropiado, la acción homicida no sería una respuesta moralmente adecuada por ser excesiva, si bien los miembros de esa cultura entenderían mejor dicho crimen que la audiencia anglosajona u occidental, que no reconoce ni la naturaleza ofensiva del hecho ni, por supuesto, la legitimidad del castigo aplicado. Pero, una vez más, lo que quiero señalar aquí es que no importa la valoración moral que nosotros hagamos; lo relevante es que, según se desprende de la noticia, los asesinos actuaron porque se sintieron moralmente compelidos de acuerdo con las prescripciones que su comunidad de referencia determina para ese tipo de relaciones.

Obviamente, la mayoría de los crímenes más graves, como el asesinato o la violación, en casi todas las circunstancias son considerados inmorales de forma más o menos unánime por la gente normal y corriente, y sus perpetradores difícilmente pueden apelar a los valores de su comunidad para defenderlos: *son calificados de criminales y de haber actuado moralmente mal.* No obstante, sabemos que en algunos países como India y en otros muchos de Asia las mujeres están muy expuestas a que sus violaciones queden impunes, porque, si bien la ley y cada vez más gente juzgan intolerable esa agresión, los violadores cuentan todavía con muchas personas de su entorno social, donde tal acción no está mal vista. En España, y Occidente en general, tenemos un ejemplo excelente en el caso de la violencia contra la mujer: hace relativamente poco tiempo la violencia física y el acoso eran comportamientos que no contaban con prescripciones claras acerca de su inmoralidad. Esto suponía que los agresores vieran aprobadas como acciones moralmente correctas sus actos violentos. Y ahora mismo estamos comprobando algo parecido con el acoso por parte de gente poderosa en la política y en el mundo del cine en Estados Unidos: mientras la sociedad de hace unos años consideraba que manosear a una joven actriz era algo permisible y no inmoral, los que quisieron participar en esto tenían menos razones para abstenerse que en la actualidad, en que asistimos a una dura exposición en público de tales relatos por parte de las víctimas de años atrás. Ahora la comunidad no está dispuesta a ver estos hechos como comportamientos excusables moralmente.

En todo caso, la importancia de la cultura o subcultura en la que vive el sujeto es crucial. En determinados contextos una ofensa determinada se considera intolerable, y tanto el sujeto afectado como su comunidad no pueden hacer otra cosa que lo correcto de acuerdo con las prescripciones sobre el modo de relacionarse la gente en esa comunidad: si alguien te ofende, le das el castigo que se merece («ojo por ojo» en el modelo de la relación social de ecuanimidad o igualdad). Hay una gran literatura etnográfica que describe los comportamientos y las sanciones en bandas, diversas categorías de delincuentes profesionales y grupos juveniles.

Ahora bien, ¿todos los actos de violencia están motivados por emociones morales? No, no todos, pero la investigación señala que la gran mayoría de ellos sí lo están. Una excepción importante la constituyen los crímenes de los psicópatas, a quienes dedicamos un capítulo más adelante. *Los psicópatas no actúan porque se hayan visto ofendidos* en términos del comportamiento que ellos esperarían de las víctimas de acuerdo con las normas de su cultura. Al psicópata la moralidad es un asunto que no puede importarle menos, porque precisamente una de sus definiciones más acertadas es la de persona que está *fuera de la comunidad moral.* No, su acción es siempre predatoria y egocéntrica; la moral de su grupo no tiene nada que ver: él no necesita cumplir con un rol y ser violento porque eso es lo que se espera de él,* a diferencia del líder de una banda juvenil, que no puede permitir que los intrusos entren en «su» territorio, o de un capo mafioso, que manda matar a otro porque le perdió el respeto debido.

Además de los crímenes de los psicópatas, hay otros que son claramente instrumentales y *amorales.* Por ejemplo, un ladrón de bancos en fuga observa que lo persigue un policía y le dispara. O incluso puede que el crimen sea menos exigido por la situación, como cuando el conocido ladrón de bancos apodado el Solitario asesinó a dos guardias civiles que le dieron el alto en la carretera cuando regresaba de perpetrar un nuevo robo. Un drogadicto acuchilla a una persona para robarle y poder así comprar droga: es otro ejemplo de homicidio sin motivaciones morales. Un sobrino envenena a su tía rica para heredar: este es otro ejemplo... siempre y cuando el joven espabilado no pensara que ya había cuidado suficiente tiempo de ella en su enfermedad, y que él estaba en una situación en la que el dinero le era realmente necesario, mientras que su tía había vivido bastante... Porque en tal caso podría esgrimir en su favor la creencia de que todo esfuerzo merece una recompensa, y

* Salvo que trabaje como asesino en una organización, pero, aun en este caso, él no se «vería forzado» a matar a alguien por esa exigencia de su rol, sino que es algo que podría hacer de forma rutinaria si le mereciera la pena el esfuerzo.

si él llevaba varios años encerrado en casa para cuidarla y ella no se había mostrado nada generosa con él, el joven podría haberse sentido *moralmente legitimado* para acelerar su final.

Antes de pasar al siguiente apartado quisiera destacar que el punto esencial es que el homicida actúa con violencia *porque generalmente se siente con el derecho moral de hacerlo,* no porque la comunidad en la que se inserta lo obligue a ello. Hay veces que esto es así, desde luego, como en los ejemplos que antes puse de subculturas criminales: un líder de una banda juvenil duraría muy poco si no devolviera una agresión ojo por ojo (o incluso ampliando ese castigo a otros para escarmiento). Lo que he estado afirmando es que, si la violencia coincide con las prescripciones morales de su cultura o subcultura, esta no será juzgada inmoral, lo que resultaría en la confirmación del criterio del propio asesino de que obró «como tenía que hacerlo». Ahora bien, en las sociedades occidentales, fuera del crimen propio de bandas u organizaciones mafiosas o grupos cerrados a modo de sectas, no existe apenas una audiencia que sancione positivamente un homicidio (excluyo, por supuesto, los actos en defensa propia o que de otro modo estén legal y moralmente justificados). Por ello, podemos decir que los homicidios son comportamientos moralmente reprobables, con independencia de que el asesino se arrogara el derecho de matar a la víctima porque se sintió moralmente ofendido por ella. Se trata de un crimen con una motivación moral todavía, pero ya no cuenta con la aprobación de su comunidad. Es decir, la motivación moral surge cuando el homicida actúa porque la víctima ha roto las prescripciones morales que se asocian a los cuatro tipos de relaciones sociales comentados: reciprocidad, jerarquía, igualdad y proporcionalidad.

Hemos avanzado mucho, pero todavía tenemos que ocuparnos de determinados asuntos antes de poder lanzarnos a examinar a los asesinos objeto de este libro. El primero de ellos es el concepto de relato —o *historia,* en el sentido de construcción narrativa—, y en general la idea de que el ser humano es un ser narrativo, puesto que construye su identidad a través de un relato en el que se explica a sí mismo, es decir, su identidad es el fruto de un relato en el que explica los acontecimientos de su vida y el papel que ha desempeñado en su biografía, con un componente valorativo donde se ve como alguien poderoso o débil, y como alguien valioso o despreciable, es decir, como alguien «bueno» o «malo». Pero no solo eso, los relatos han sido también un instrumento esencial en el desarrollo cultural de la especie, y han ayudado a su propia supervivencia. Veamos todo esto con detenimiento.

El animal que relata historias

Jonathan Gottschall es un escritor y científico de la Universidad de Washington, en cuyo libro *The Storytelling Animal* recoge importantes evidencias en favor de la naturaleza narrativa del ser humano. En este apartado repasamos las ideas fundamentales de esta obra junto con comentarios de otros autores.

Escribe este autor:

> El relato —sagrado o profano— es quizá la principal fuerza en dar coherencia a la vida humana. Una sociedad se compone de gente fraccionada en diferentes personalidades, metas y agendas. ¿Qué es lo que nos une más allá de nuestros lazos familiares?

Y citando al novelista y poeta John Gardner:

> La ficción es «esencialmente un juego serio y beneficioso contra el caos y la muerte, contra la entropía». El relato es la contrafuerza al desorden social, la tendencia de las cosas a derrumbarse. El relato es el centro sin el cual el resto no puede mantenerse. [En este libro, los términos «relato», «narración», «ficción» o «ficción narrativa» se emplean de forma intercambiable].

Algunos de los mejores relatos nos los contamos a nosotros mismos. No siempre separamos la ficción de la realidad: en el mismo cesto mental mezclamos la información extraída tanto de la ficción, de la imaginación, como de la realidad. Los científicos han descubierto que los recuerdos que usamos para formar nuestras propias historias vitales son en buena medida inventados y, como especie, el ser humano es adicto al relato. Incluso cuando nos vamos a dormir, la mente permanece despierta toda la noche, contándose historias. Luego el relato, la narración, la actividad mental por la que creamos historias es consustancial a la naturaleza del ser humano: «El imperativo humano para construir y consumir historias es más profundo que la literatura, los sueños y la fantasía».

En otras palabras: interpretamos el mundo, lo que nos ha sucedido y lo que proyectamos en el futuro que nos puede suceder en forma de relatos o historias. Y lo que somos nosotros mismos, nuestra identidad, está también en forma de relato. Esta idea central (*que interpretamos el mundo y quienes somos en forma narrativa*) se aplica igualmente a los asesinos. Más adelante estudiaremos los relatos que ellos han ofrecido a la sociedad como fuente esencial para comprender sus motivaciones y otras muchas circunstancias de sus vidas.

Así pues, el hombre utiliza la estructura del relato para acercarse al mundo; este es captado en forma narrativa.

Pero también se produce el fenómeno contrario, esos relatos que creamos influyen en nosotros: los relatos moldean nuestra mente. Ya sea en películas, libros o en videojuegos, los relatos nos enseñan hechos en torno al mundo, nos influyen en el modo en que reflexionamos moralmente sobre los acontecimientos, y nos proveen de miedos y esperanzas que pueden alterar nuestra conducta y quizá nuestra personalidad. La investigación muestra que el relato «constantemente nos está incitando y amasando, moldeando nuestras mentes sin que lo notemos o le demos permiso. Cuanto más profundamente nos sumerjamos en él, más potente será su influencia». Y esa es la razón por la que determinados relatos o ficciones se han convertido en referentes culturales a lo largo de nuestra historia. Por ejemplo, la película de Francis Ford Coppola *El padrino* cambió para siempre la percepción y el modo de presentarse y relacionarse de la mafia norteamericana; y —como veremos en otro capítulo— el clásico de Stevenson *El extraño caso del doctor Jekyll y mister Hyde* creó el argumento cultural de la personalidad fracturada como explicación popular del asesino en serie, que fue asumida incluso por muchos de tales asesinos. Gottschall recuerda que Tolstói escribió que el trabajo del artista consistía en «infectar» a su audiencia con sus propias ideas y emociones: «Cuanto más fuerte sea la infección, mejor será el arte que logre».

Una investigación importante revela que la gente resulta más traumatizada por las películas de terror que por los hechos reales horribles que pueda ver por televisión, y no cabe duda de que las emociones de la ficción son muy contagiosas, como lo son las ideas. El psicólogo Raymond Mar ha escrito que las actitudes del lector se tornan más afines a las que transmite el escritor en su relato; la ficción es más efectiva que la no ficción cuando se trata de cambiar las actitudes. (Este es un punto importante que retomaremos en el epílogo).

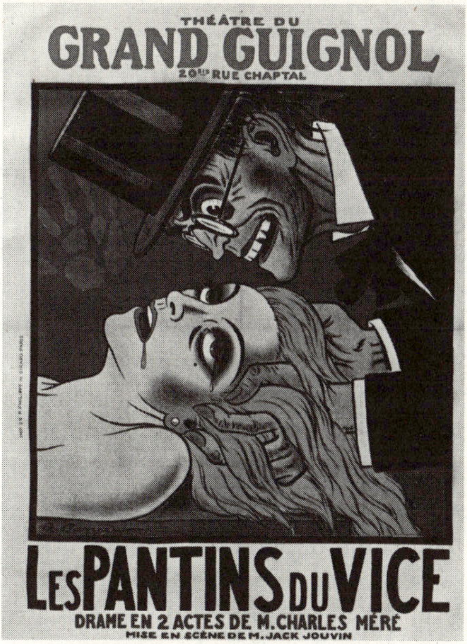

Cartel de *Les pantins du vice*, de Charles Méré. Obra representada en el Teatro Grand Guignol de París, bajo la dirección de Jack Jouvin, en 1929.

Muy bien, hasta ahora ya sabemos que el ser humano (a) se acerca al mundo —lo interpreta— de forma narrativa, (b) que su identidad es también un relato acerca de quién es él mismo, y (c) que los relatos a los que nos exponemos ayudan a modelar nuestra mente (y por consiguiente también nuestra forma de pensar y actuar, es decir, nuestra identidad). Ahora viene una nueva cuestión: ¿por qué los relatos se centran de forma tan notable en los conflictos y las situaciones que nos proporcionan gran ansiedad e incluso miedo? Este libro trata sobre el mal y los criminales, ¿y por qué nos interesa tanto este tema? ¿Qué tienen la violencia y el miedo que nos resultan a un tiempo repugnantes pero fascinantes? Esta pregunta, como vamos a descubrir, tiene ya a su vez una larga historia.

Los relatos sobre los conflictos constituyen también una gramática universal. Detrás de la gran variedad de relatos que cuenta la gente existe una estructura común: gente que quiere o necesita algo; gente que tiene serios problemas o dificultades para lograr ese algo y, finalmente, una resolución, ya sea esta feliz, desgraciada o con claroscuros para todos los protagonistas implicados. Cuanto más ardua sea la empresa que ha de desarrollar el protagonista para conseguir su meta, más interesados estamos nosotros. Pero, además de una gramática, hay una semántica igualmente universal: no importa el siglo o el país al que vayamos, sus relatos, sus obras de ficción, son increíblemente parecidos a los nuestros, con independencia de las formas culturales propias de cada lugar y época en que aquellos vayan arropados.

Esa similitud, entonces, deriva tanto de la propia estructura compositiva (necesidad de algo/dificultad en obtenerlo/resolución: *la gramática*) como de los temas tratados o *semántica*. De hecho, los relatos giran en torno a un puñado de asuntos que son esenciales en la condición humana: sexo y amor; miedo a la muerte y los desafíos de la vida; el poder como forma de imponerse sobre los otros o como expresión de la lucha por obtener la libertad. No puede ser una casualidad que los temas morales asociados a las relaciones del hombre en cuanto ser social sean también pocos y posean carácter universal. Según Steven Pinker, existen «unos pocos temas que siempre aparecen de un modo u otro; es decir, en todas las culturas la gente está obsesionada con la solidaridad y el afecto, con el dominio y la autoridad, con la equidad y la justicia». Luego, si desde siempre las personas han tenido una serie de preocupaciones esenciales porque han sido fundamentales en su adaptación al medio y en su desarrollo como especie social, tiene toda la lógica que la ficción recoja desde la noche de los tiempos esos mismos temas esenciales.*

De acuerdo con pensadores como Steven Pinker, los relatos son el vehículo mediante el cual la gente tiene la oportunidad de practicar las habilidades fundamentales de la vida social humana. Por ejemplo, la escritora de Arizona Janet Burroway señala que la ficción nos permite adquirir experiencia emocional con un bajo coste: «La literatura nos ofrece sentimientos por los que no tenemos que pagar. Nos permite amar, condenar, perdonar, experimentar el terror, la esperanza o el odio sin correr ninguno de los riesgos que esos sentimientos incluyen en la vida real». Podríamos decir que la ficción es una «vieja tecnología de la realidad virtual», que se especializa en simular los problemas humanos que existen desde tiempos remotos.

Una prueba de ello la tenemos en las neuronas espejo; son las que se activan en nuestro cerebro cuando realizamos una acción o sentimos una emoción, pero también cuando *observamos a alguien* realizando una acción o sintiendo una emoción. Estas neuronas pueden ser la base de nuestra capacidad para desarrollar en nuestras mentes poderosas simulaciones ficcionales. Marco Iacoboni, un investigador de la Universidad de California experto en este tema, escribió que «las neuronas espejo recrean para nosotros la angustia que vemos en la pantalla». Pero, aunque esta explicación pueda ser controvertida, lo cierto es que tenemos reacciones físicas a lo que estamos viendo... lo que prueba hasta qué punto nos influye lo que estamos viendo. Además, esa respuesta del cuerpo se traslada a la actividad cerebral: si nos movemos inquietos en nuestra butaca porque el protagonista apenas puede alcanzar en su huida la puerta que,

* Escribe Jonathan Gottschall que la razón por la que existen esta gramática y semántica universales es que «la mente humana fue moldeada *para* el relato, con objeto de que pudiera ser moldeada *por* el relato».

una vez cerrada, lo mantendrá a salvo del asesino, también nuestro cerebro se estimulará como si de verdad alguien nos persiguiera para hendirnos la cabeza con un hacha.

Escribe Jonathan Gottschall: «Cuando experimentamos la ficción, las neuronas están disparándose y contactándose, formando las rutas de la mente que regulan las respuestas a las experiencias de la vida». Y esto tiene mucho sentido porque el atractivo de la ficción radica en que es buena para nuestra supervivencia. Y eso es así porque la vida humana, especialmente la que vivimos en sociedad, es realmente complicada y nos jugamos mucho en ella. «La ficción permite a nuestro cerebro practicar las reacciones a los desafíos que han sido y siempre serán cruciales para el éxito de nuestra especie». La ficción nos ayuda a sobrevivir porque nos recuerda dónde están las amenazas y cómo deberíamos proceder para ser más eficaces a la hora de repelerlas.

Stephen Asma, profesor de filosofía de la Universidad de Chicago, propone una teoría similar a las neuronas espejo para explicar la importancia de la ficción en la capacidad de supervivencia del ser humano, en su función de simulador de respuestas eficaces ante las amenazas. Para Asma, las experiencias estéticas (narraciones) tales como las tragedias de Shakespeare o las películas de terror, pueden crear en el espectador respuestas corporales (o «marcadores somáticos»: respuestas neuronales automáticas). Uno no puede saber cómo respondería si tuviera enfrente a un *serial killer*; lo más probable es que nunca nos encontremos en esta tesitura. Ahora bien, podríamos encontrarnos en situaciones igualmente terroríficas, como la de ser asaltados o víctimas de un secuestro o un robo con violencia, por ello es importante el hecho de que hayamos practicado en nuestra imaginación tales circunstancias, de modo que, aunque no estemos seguros de cómo vamos a reaccionar a esos hechos cuando se presenten, esto no nos frena de generar respuestas en nuestra mente: usamos nuestra imaginación con objeto de establecer y guiar nuestro pensamiento consciente en situaciones caóticas e incontrolables. El profesor Asma señala lo siguiente:

> La historia de terror es quizá un jugador permanente de la imaginación moral, porque la vulnerabilidad del ser humano es permanente [...]. En tanto haya enemigos reales en el mundo, siempre existirán versiones dramáticas útiles [es decir, relatos o historias] de estos en nuestras cabezas. Y esos ensayos son esbozos voluntarios que componen y emplean nuestros marcadores somáticos.

SOLUCIÓN A LA PARADOJA DEL MAL

Por ello podemos decir que todos los motivos humanos derivan del instinto de nuestra especie por sobrevivir, es decir, por defendernos de todo lo que amenaza nuestra integridad física y psíquica. Otra forma de decir lo mismo, más dramática: todos nuestros instintos o conductas impresas en nuestro ADN buscan preservarnos del horror de la muerte. Es la maldición del ser humano en cuanto consciente de sí: es el único ser en el planeta que sabe que va a morir. Esta necesidad fundamental de sobrevivir define una existencia humana precaria, ya que son innumerables las circunstancias y los eventos de la vida que pueden golpearnos a lo largo de nuestra biografía. Frente a esta ansiedad existencial, la cultura nos sirve para gestionar ese horror frente al mal, cuya mayor representación es la violencia humana, es decir, el acto intencional orientado a dañar al otro por motivos egoístas. La cultura nos proporciona un contexto simbólico en el que participamos, y nos ofrece un sentido de orden, permanencia y significado frente al caos de la destrucción. Se trata, pues, de protegernos del horror de la muerte, y para ello nos proporciona una visión del mundo comprensible, un relato en el que confiamos: la vida, a la larga, es justa, nos decimos, y todo tiene un porqué. Si cumplimos con nuestro deber todo irá bien.

El mal, entonces, no es sino *la acción violenta intencionada e injustificada por destruir al otro.* Las culturas crean relatos morales y leyes para definir a los que intentan destruirlas. El mal absoluto, en el sentido de una cosa en sí, un ente real, no existe. Para quienes miran embelesados la decapitación de un secuestrado por la yihad, esa acción representa el bien en su lucha contra el mal. En la práctica, los que aceptamos los derechos humanos y las leyes que protegen la dignidad y la igualdad del ser humano estamos obligados a señalar como malvados tales actos, y a confiar en ganar esa pugna. Pero hemos de ser conscientes de que la mayoría de los que llamamos «malvados» se perciben a sí mismos como personas íntegras y buenas o, como mucho, gente «obligada por las circunstancias» a actuar con violencia.

La paradoja del mal, entonces, tiene aquí su respuesta. En general, *la gente en todo el mundo y en todas las épocas se considera justificada para cometer actos de violencia.* En su moralidad, están haciendo lo que es correcto, aunque destruyan vidas humanas indefensas. La lucha de la civilización se puede resumir en la conquista progresiva del relato del mal (y del horror que este suscita) mediante el relato del bien. Asignar la experiencia del horror a los sentimientos y conductas que ponen en riesgo la vida de la comunidad (es decir, el mal: violencia, asesinato, incesto, canibalismo) es parte del desempeño del desarrollo cultural y moral del ser humano. Porque si la visión del bien y el mal es relativa, no lo es el efecto de mantener una visión u otra. El hecho de que las personas que viven en sociedades democráticas e igualitarias (con sus limitaciones) tengan mayores cotas de bienestar físico y psicológico prueba que nuestro relato es el correcto. Y en la medida en que los asesinos múltiples, los terroristas y los asesinos en serie —por citar a los grupos objeto de este libro— quieran sentirse bien a causa de nuestro dolor, han de ser combatidos, sin importar lo que ellos argumenten.

2

El asesinato múltiple

Un hecho tan complejo y variado como el asesinato múltiple ha tenido diferentes tipos de explicaciones; en criminología sabemos que los crímenes que se muestran estables en el tiempo y aparecen en muchas formas y culturas tienen causas diversas, cuya importancia puede variar de acuerdo con el tipo de asesino múltiple que se investigue y, sobre todo, con las características individuales de su autor y las circunstancias en las que se ha desenvuelto. *El lector de esta obra tiene que tener presente que no existe un único perfil de asesino múltiple,* como tampoco lo hay del terrorista, ni siquiera del terrorista yihadista. Ahora bien, esto no significa que no podamos comprender las causas más genéricas que dan lugar a estos crímenes; lo que sí significa es que, para comprender cada caso concreto, tendremos que tener en cuenta necesariamente factores más específicos del propio sujeto, porque con toda probabilidad se dieron de forma única en su particular biografía. La ciencia sigue la lógica inductiva: en la medida en que podamos describir esos aspectos únicos que ofrecen estos autores de masacres, veremos si es posible hallarlos con regularidad en otros asesinos múltiples, y concluir así la existencia de factores más relevantes para explicar el fenómeno.

SE PRESENTA EL ASESINO MÚLTIPLE

¿Qué es un asesino múltiple? ¿Con qué frecuencia —prevalencia— se presenta en la sociedad? Esto último es complejo de determinar, porque no existe todavía una definición unánime empleada por todos los investigadores sobre quién es un asesino múltiple. La principal diferencia está en el número de víctimas que tengamos en cuenta.

El término «asesino en masa» fue utilizado por vez primera por la psiquiatra Hilde Bruch en un artículo publicado en el *American Journal of Psychiatry* en 1967 para describir el caso de Ernst Wagner, quien en 1913, en Alemania, mató a su mujer y sus cuatro hijos, y al día siguiente abrió fuego contra veinte personas que caminaban por la calle y mató a nueve. En este libro utilizo el concepto de «asesino múltiple» como concepto abreviado de «asesino múltiple en un solo acto o secuencia», ya que el significado de «masa» en castellano no se corresponde con el de un grupo más o menos numeroso de personas que constituye el objeto del ataque de este homicida,* sino que hace referencia a un gran gentío.

Con anterioridad a Bruch ya se había informado del caso de John Graham, quien en 1957 fue hallado culpable de matar a los 44 pasajeros de un avión donde había introducido una bomba en la maleta de su madre, con el propósito de recibir su herencia. Se da la circunstancia de que Graham había imitado a Albert Guay, quien en 1949 había hecho explotar un avión de Quebec Airways con el mismo método y había matado a 23 pasajeros incluida su esposa, de quien esperaba librarse para casarse con una mujer más joven y cobrar de paso el seguro de vida.

* Igualmente, utilizaré de manera indistinta los conceptos de «homicida» y «asesino múltiple», sin reparar en la diferente cualificación jurídica que tienen ambos conceptos en nuestro Código Penal (y en el que el asesinato es un homicidio agravado).

La primera definición la realizó en 1986 uno de los psiquiatras forenses más eminentes en los últimos cincuenta años, el doctor Park Dietz, quien señaló que un «asesinato en masa» era un homicidio múltiple cometido por un individuo en una misma unidad de tiempo y lugar. Dietz, de forma arbitraria, limitó el marco temporal de un asesinato múltiple a las 24 horas.

Actualmente, el FBI define el asesinato múltiple como el acto homicida que causa «cuatro o más fallecidos en un mismo incidente». Junto con el número de víctimas, también resulta crucial el hecho de que sea una misma secuencia de acción, por lo que la agencia federal estadounidense señala que «no debe haber un período de tiempo significativo entre la comisión de los diferentes homicidios».

Sin embargo, el Congreso de Estados Unidos exige solo «tres o más fallecidos» en el mismo incidente, y diversos autores se contentan únicamente con señalar la existencia de «dos o más víctimas». No obstante, esta dificultad no ha de impedir nuestra exploración, porque a mi juicio lo sustantivo es *el deseo de matar a múltiples víctimas en una secuencia de comportamiento que se inicia y termina en un tiempo generalmente breve.* Hay, es verdad, ciertos aspectos que complican la definición, como determinar cómo de extenso ha de ser ese tiempo. Por «breve» queremos significar minutos u horas, dependiendo de la naturaleza del objetivo (no es lo mismo matar a tres personas en un bufete de abogados o a una familia en una casa —ejemplos que se mencionan en este libro— que a 69 niños repartidos en una isla, como hizo Breivik), pero lo fundamental —repito— es que la secuencia es única, no se interrumpe en el ánimo y propósito del asesino, no hay —como dice el FBI— un período de «enfriamiento». Es decir, el asesino tiene muy claro que cuando empiece su acción se dará un punto de inflexión en su vida, ya no habrá marcha atrás: el resultado será, con una probabilidad muy elevada, su muerte o su encierro en la cárcel hasta que muera.

De igual modo, el homicida puede necesitar desplazarse, puede matar en el punto A y luego tomar un vehículo o caminar hacia el punto B para seguir con la matanza —como hizo Pere Puig, el tirador de Olot, que disparó primero en un bar y a continuación se dirigió a una sucursal bancaria donde volvió a hacer fuego—; pero de nuevo es una misma secuencia o incidente, aunque se componga de diferentes etapas o momentos.*

Salvado el escollo de la definición, digamos que el asesinato múltiple se mantiene como una constante amenazadora desde hace sesenta años en las sociedades occidentales, y aunque es difícil cuantificar su número, hay un consenso y una creciente preocupación acerca del aumento de ciertos tipos, como el tiroteo en centros de enseñanza, iglesias y otros lugares públicos (sobre todo en Estados Unidos), así como en el mayor número de víctimas que suelen dejar en la actualidad en comparación con décadas anteriores (la acción homicida del piloto del avión de la compañía Germanwings, que supuso la muerte de 149 personas; las 77 víctimas que se cobró Anders Breivik en Noruega en 2011; o el tiroteo de Las Vegas de 2017 en el que murieron 58 personas). Lo que es bien seguro es que este tipo de asesino es un producto destacado de la sociedad tecnológica que arranca en los años setenta y que presumiblemente nos va a acompañar durante mucho tiempo.

* Algunos autores prefieren utilizar el término *spree murder* (asesinato itinerante) en los casos en los que se produce un desplazamiento en el espacio relevante y una continuidad prolongada en el acto de matar. De acuerdo con Robert Ressler (uno de los fundadores de la perfilación criminal en el FBI) y la doctora Ann Burgess, los asesinos múltiples matan al menos a cuatro personas en un mismo lugar, mientras que el *spree murderer* comete al menos dos homicidios en la misma secuencia temporal pero en diferentes ubicaciones. El FBI distingue entre homicidios únicos, dobles y triples, y los asesinatos múltiples.

¿Qué motiva a un asesino múltiple? Esta es una de las grandes preguntas de este libro y de la psicología criminal. El problema está en que, como he dicho, no hay un único perfil de asesino múltiple. Entendemos por perfil un conjunto de rasgos demográficos, de personalidad y de estilo de vida que ayudan a seleccionar dentro de una población aquellos que con más probabilidad podrán implicarse en actos de este tipo de violencia. De este modo, las metas que persiguen con sus crímenes pueden variar o incluso ser complejas, integrando diferentes propósitos.

En los últimos años varios autores han creado diversas categorías en las que se puede clasificar a los asesinos múltiples. Una de las primeras fue obra del doctor Dietz, quien en 1986 describió tres subtipos: *asesinos de familias*, *seudocomandos* y *set-and-run murders*.* El familicida suele ser un hombre deprimido, que mata a toda su familia antes de suicidarse. Los seudocomandos están fascinados por las armas, planifican bien el asalto que realizan disparando en lugares públicos y suelen actuar por ira y resentimiento debido a que se sienten perseguidos y maltratados. Finalmente, el tercer tipo es aquel que se marcha de la escena del crimen sin ver el resultado de su acción (por ejemplo, poner una bomba).

Por su parte, el gran experto de la Universidad de Boston James Fox creó la siguiente tipología atendiendo esta vez al móvil o finalidad del asalto; es muy utilizada:

1. *Venganza*: el *killer* devuelve el golpe por agravios reales o percibidos; su vida es una ruina y ahora él toma cumplida venganza. A mí me gusta ampliar este concepto y añadir la ira, ya que esta es el combustible de la venganza. Lo que sucede es que la ira puede propiciar una respuesta rá-

* Literalmente, los asesinos que atacan y huyen.

pida, una venganza casi inmediata al insulto percibido, o bien irse acumulando en el tiempo, producto de la acumulación de agravios y ofensas que realiza el sujeto en su memoria, hasta que finalmente decide que ya no va a aguantar un nuevo insulto y se apresta a realizar su gran acto final, el cual puede tomar meses, semanas o días en llevarse a cabo. La mayoría de los asesinos múltiples por venganza se toman su tiempo, y se alimentan de una ira sorda que les va royendo el alma.

2. *Poder*: aquí se incluyen los que desean ante todo sentir el poder de la violencia para alcanzar un momento de «gloria». Un término usual que se otorga a estos individuos es el de «seudocomandos», porque muestran fascinación por las armas y la parafernalia militar (uniformes, insignias, etc.), así como por otros asesinos múltiples que alcanzaron fama por su acción. Lo que define esta motivación es que el sujeto desarrolla un plan cuidadoso sobre la base de modelos de exhibición de fuerza y violencia letal, y es la perspectiva de convertirse en un hombre poderoso (como un comando de élite) lo que alimenta todo su plan.

3. *Lealtad*: el individuo mata por lealtad a una organización o a unas personas, destacándose el aspecto emocional. También podemos hablar de lealtad, por ejemplo, en los familicidios, cuando una persona mata a su familia porque piensa que, una vez que él se suicide, esta ya no podrá salir adelante sin él (lo que se conoce como «suicidio ampliado»); o cuando el discípulo de una secta mata por lealtad a un líder, como los crímenes de los seguidores de Charles Manson.

4. *Terror*: el asesino quiere aterrorizar a otras personas, grupos o a la sociedad entera. Aquí se incluye obviamente el terrorismo (un tipo de asesinato múltiple que se estudia en otros capítulos de este libro), pero también a los que matan para aterrorizar a otras bandas o grupos mafiosos. El terror, obviamente, persigue un objetivo ulterior, ya sea in-

fluir sobre las acciones de un Estado (terrorismo) o mantener fuera del negocio a un grupo competidor.

5. *Lucro o beneficio*: se mata por obtener dinero o un beneficio en términos de estatus, por ejemplo, o bien para evitar ser capturado (matando a los policías que intentan detenerlo o a los testigos que iban a declarar en contra del homicida).

El problema de las tipologías como estas es que muchas veces aparecen varios motivos en un individuo y en una misma acción criminal. Por ejemplo, detrás de los seudocomandos está, sin duda, la venganza; que esa venganza quieran ejercerla adoptando un rol de soldado poderoso, que se recrea en la violencia que va a ejercer, no excluye el hecho de que se pretende «devolver las humillaciones» y restaurar así la autoestima mediante un acto brutal de venganza. Igualmente, que las mafias o grupos organizados busquen aterrorizar a los díscolos o a las bandas rivales solo significa que actúan por propósitos criminales para conseguir lucro o beneficios. Por ello, a mi modo de ver, una tipología más clara y útil podría ser la siguiente:

1. *Los que matan por frustración, ira y venganza*: es la motivación esencial de los asesinos múltiples. Como se comentará en otro capítulo, esa venganza está al servicio, en muchas ocasiones, del logro de una nueva identidad. No introduzco la categoría de poder, puesto que la veo innecesaria. Los asesinos por venganza se ven atraídos a esta acción porque precisamente matar es un acto de retribución que implica tener el control y el poder de la situación. Como explicaré en el capítulo siguiente y en el resto del libro en varios puntos, una parte muy notable de los asesinos múltiples buscan *afirmar una nueva identidad donde sentirse poderosos mediante la planificación y ejecución del acto de venganza,* es decir, del homicidio múltiple.

2. *Los que matan porque han desarrollado una grave enfermedad mental* que les impide el uso de la razón, generalmente producto de un pensamiento paranoide en el que se sienten perseguidos, o bien porque se ven responsables de acabar con enemigos que consideran necesario exterminar. Es cierto que esta categoría no es excluyente con respecto a las otras: un individuo puede actuar movido por la venganza o perpetrar un familicidio, y ser al tiempo un enfermo mental. Pero la idea de esta categoría asume que en estos casos la razón o explicación fundamental de la acción homicida radica en la patología psíquica. Dicho esto, también es importante señalar que no todos los enfermos mentales que cometen un asesinato (múltiple o no) pueden atribuir tales actos a su enfermedad (dado que no siempre el sujeto está atrapado por sus síntomas). En otras palabras: para que un sujeto sea declarado criminalmente irresponsable, la enfermedad debe ser la causa fundamental del delito.

3. *Los familicidas*: tradicionalmente se incluye a los que matan a su pareja o expareja y a varios miembros de su familia, por ejemplo los hijos u otros familiares. Pero yo utilizo una definición amplia. Familicida es quien mata a miembros de su familia, sin que tenga que existir una relación de pareja o expareja o que se mate a los propios hijos. El asesino de Pioz, Patrick Nogueira, cuyo caso se comenta en otro capítulo, es un ejemplo de ello.

4. *Los que matan siguiendo fines delictivos*: quienes matan para no dejar testigos durante la comisión de un delito, para escapar de la policía o bien porque forman parte de grupos organizados y pretenden defender su negocio de la competencia o lograr sus fines. Este grupo incluiría también a los líderes de sectas o cultos que, para reforzar su poder o lograr la sumisión de los acólitos, o bien como medida desesperada para no perder su posición de privilegio, matan o inducen a morir a miembros de la secta.

5. *Los terroristas*: cometen masacres entre la población civil (aunque no solo) para crear un terror que los ayude a lograr un fin político. Este fin puede estar impulsado por razones ideológicas de tipo nacionalista (como ETA en España o el IRA en Irlanda), no nacionalista (las Brigadas Rojas en Italia) o religioso (Al Qaeda, el Estado Islámico o Dáesh).

Ahora bien, como iremos viendo en este libro, la gran mayoría de los asesinos múltiples actúan motivados por la venganza, un móvil que es ciertamente complejo o poliédrico, y que desarrollaremos de forma extensa porque es el único medio de poder comprender bien al asesino. Por otra parte, en este primer y gran grupo podríamos hacer otras subdivisiones y distinguir, por ejemplo, a los tiradores escolares (*school shooters*), que matan en secundarias y universidades, de los que disparan o atentan de otro modo contra jefes, clientes o empleados vinculados con su trabajo o con el que tenían antes de ser despedidos, o contra gente en general que no conocían en absoluto o en su mayoría.

Finalmente, creo que el estudio de los terroristas debe separarse del focalizado en los asesinatos múltiples que no persiguen finalidades políticas, aunque veremos más adelante que hay una zona de solapamiento entre ambos tipos de asesinos que todavía es muy desconocida, pero que sin duda merece mucha más atención por los efectos tan letales que se derivan de estos casos (véase más adelante el capítulo «Entre el asesinato múltiple y el terrorismo»).

LAS VÍCTIMAS DE LOS ASESINOS MÚLTIPLES

Viendo estas categorías, nos damos cuenta de que la relación que tienen estos asesinos con sus víctimas es muy diversa (tabla 2). Hay veces que el asesino las conoce perfectamente, es más, las ha buscado de forma específica, como los

TABLA 2. Tipos de víctimas en los asesinatos múltiples

Tipos de víctimas	*Ejemplos*
Específicas	El asesino belga André; Patrick Nogueira, el asesino de Pioz (se comenta más adelante).
Específicas más simbólicas	Seung-Hui Cho, responsable de la masacre de la Universidad Politécnica de Virginia en 2007. Mató primero a una compañera de su universidad que lo había rechazado como pareja amorosa (o al menos eso pensó él) y luego hizo lo propio con muchos estudiantes a los que no conocía; estos últimos eran víctimas simbólicas, cualquiera servía para castigar a «todo el mundo» que, en su opinión, se burlaba de él en la universidad.
Simbólicas	Andreas Lubitz.
Desconocidas/ indiscriminadas	Stephen Paddock.

familicidas. Pero también hay casos de asesinato múltiple motivados por el deseo de lucro (vinculado con la actividad delictiva) junto con la venganza, como el caso descrito por dos investigadores belgas y que resumo a continuación.

André, el asesino belga

André* siente que ha pagado un tiempo excesivo en la cárcel (siete años) por diversos delitos de robo. Debido a su estancia en prisión, su mujer se divorcia de él y se lleva a sus dos hijos pequeños. Al salir tras cumplir la condena, este hombre, en compañía de un cómplice que conoce en la cárcel, decide acudir al domicilio de un vendedor de anti-

* Este estudio fue publicado manteniendo en secreto la identidad del asesino, razón por la que he preferido darle un nombre ficticio.

güedades para robarle. Pero, en verdad, su ánimo es matarlo. Su cómplice lo sabe y lo va a secundar sin dudar.

Al principio finge que él y su cómplice quieren comprar un objeto, y se gana así la confianza del comerciante. Las cosas, sin embargo, pronto se le escapan de las manos. El vendedor se halla junto con su mujer y su hija. Pero al poco llega también una chica perteneciente a la familia con su novio, y la obligan a desnudarse. De entrada André cuenta una patraña, que se trata de un atraco, y les dice que se acaban de fugar de prisión y que solo quieren algo de descanso y dinero. No obstante, el engaño no dura mucho y a los pocos minutos André decide matarlos a todos uno a uno, con un rifle, aunque evita mirarles el rostro. Apenas se llevan dinero de la casa. A los pocos días son capturados los dos.

Un punto importante de este caso es que los investigadores pudieron entrevistarlo de manera extensa, y él colaboró sin reservas, algo que no es habitual entre los asesinos múltiples. Cuando le preguntaron por qué mintió a la familia al principio al decirles que solo querían descansar y su dinero, respondió que había disfrutado del poder de atemorizar a la familia, porque en su estancia en la cárcel muchas veces había sentido miedo. Por otra parte, ordenó desnudarse a la chica que llegó una vez que ellos ya estaban en la casa porque quería humillarla, ya que consideraba que «todas las mujeres eran unas putas». No hubo sadismo o violencia excesiva.

Si hablamos de motivación, entonces nos encontramos con el gran motivo del asesinato múltiple: la venganza; se considera tratado injustamente por la sociedad al imponerle una pena que, según opinaba, era excesiva para lo que había hecho, y que además había contribuido a destruir a su familia. Él justificaba sus robos —que normalmente eran de pequeña cuantía— porque su familia necesitaba el dinero; de hecho, él robaba mientras al tiempo mantenía un trabajo. Y su mujer de entonces confirmó que todo el dinero que ganaba se lo daba a ella. André pensaba, además, que pronto se iba a morir, porque tenía el corazón débil.

Al salir de la cárcel encuentra un nuevo trabajo y una nueva pareja, pero ella lo desatiende y abusa del alcohol y las pastillas. André siente la necesidad casi física de matar a ciudadanos, en venganza por el jurado que lo condenó a siete años de cárcel. No olvida esa afrenta, pero no se atreve todavía, falta un elemento precipitante, un detonante. ¿Cuál fue? Él desempeña su trabajo muy bien; sus jefes lo tienen en gran estima, pero no se fía de la fidelidad de su mujer, quien a su vez deja de trabajar y pasa más tiempo fuera. André tiene una personalidad desequilibrada, con problemas para regular sus emociones, para establecer vínculos sanos de apego con las personas, y su miedo a ser abandonado lo altera con celos poderosos. El día de la masacre él le dice a su pareja que salgan juntos, pero ella se niega y le dice que prefiere irse sola a un pub. Entonces la ira lo invade, coge un rifle que había adquirido, llama a su cómplice y lo cita para acudir al domicilio del comerciante de antigüedades.

En este caso se produce una combinación peculiar de factores que acaban por desembocar en un acto de extrema violencia. Por un lado, su personalidad inestable, su dificultad para controlar sus emociones y para vincularse de forma segura con la gente: desde el principio, sus relaciones con las mujeres revelan una gran ansiedad de abandono por su parte. Por otro lado, la condena de prisión de siete años, que vive muy mal, como una gran afrenta, da lugar a una obsesión por vengarse de la sociedad. Finalmente, los celos hacia su segunda pareja lo llevan a un estado de ira ciega: siente con más intensidad que nunca ese deseo de matar que lo acompañó desde que cumplió la condena.

Es notable, por otra parte, que André manifiesta que después de cometer el familicidio se vio invadido por un gran alivio, como si toda la tensión y la ira que había incubado durante los años anteriores se hubieran al fin extinguido. Nótese también que la violencia del asesino múltiple es aquí claramente predatoria, instrumental, premeditada, sin apenas mostrar ansiedad o empatía. Los crímenes de André son en realidad ejecuciones; este es el tipo habitual de violencia de los asesinos múltiples: a diferencia de los homicidios convencionales, que en su mayor parte responden a un estímulo que provoca y altera gravemente el autocontrol del sujeto (como una discusión en un local de copas o una provocación de cualquier índole), el asesino múltiple quiere sentir que es él quien controla la situación y que finalmente toma cumplida venganza con sus actos. De hecho, André comentó a los investigadores que había revisado días antes el arma y tenía pensado muy bien lo que iba a hacer.

¿Cómo podemos entender esa sensación de alivio después de haber aniquilado a toda una familia? André, semanas antes de los hechos, padecía de fuertes dolores de cabeza y estomacales; tales dolores desaparecieron una vez que cometió el crimen. Dijo a los policías que ya no sentía esos poderosos sentimientos de odio hacia la sociedad y que «ya no era la misma persona» que antes de sus asesinatos. Su obsesión de haber sido perseguido injustamente desapareció. Sin embargo, ese alivio no fue completo. Según declaró su segunda pareja, la noche de los asesinatos, ya en casa, él no pudo dormir y lloraba con frecuencia. A la mañana siguiente le dijo que nunca más volvería a robar, le contó lo que había hecho y que había actuado «como un animal».

Este episodio ilustra bien algo comentado al principio de este capítulo: cómo un asesino múltiple puede cometer un crimen atroz y actuar de acuerdo con aspectos que lo definen solo a él, que son específicos de su biografía. ¿Qué habría sucedido si su pareja realmente se hubiera ocupado de él y no le hubiera sido infiel? No cabe duda de que, además del lucro, en el acto homicida de André había también un fuerte componente emocional de resentimiento y frustración proyectados sobre la familia indefensa.

El homicidio múltiple de André, en resumen, muestra algunos elementos que suelen aparecer en la biografía de los asesinos múltiples: depresión, sentimientos de soledad, ideas obsesivas de estar siendo tratado injustamente, acoso en la escuela (tuvo un accidente que afeó su rostro de niño, que motivó que sus compañeros se metieran con frecuencia con él) y echar la culpa a los demás de sus problemas. Pero en muchos sentidos también revela la concatenación única de situaciones que se dieron en André y que pueden explicar su violencia: una personalidad profundamente inestable (diagnosticada como «trastorno límite de personalidad»)* e insegura, una condena de prisión que genera en él un sentimiento de humillación y que incide en su pobre autoestima, un cómplice que secunda sin protestar su ánimo homicida y le facilita el quíntuple asesinato, y una nueva pareja que le suscita unos celos y una ira que lo superan.

Otras veces el asesino quiere matar a algunas personas en particular, pero incluye a otras víctimas que, simbólicamente, están asociadas a la víctima específica. Este es el caso del último asesino múltiple que ha superado la decena de víctimas: Devin P. Kelley, autor del asesinato de 26 feligreses de una iglesia baptista en el pequeño municipio de Sutherland Springs (Texas), en noviembre de 2017. Parece que quería matar a su suegra, que asistía a esa iglesia, enojado como estaba porque por culpa de su exmujer y su familia había sido expulsado del ejército con deshonor y había cumplido un año de confinamiento por haber agredido repetidamente tanto a su entonces mujer como al hijo de ella de una relación anterior. En definitiva, la masacre fue un acto extremo de venganza, una acción final y definitiva en la que se tomó su tiempo (siete minutos, las cámaras filma-

* El trastorno límite de personalidad se caracteriza por grandes altibajos emocionales y graves dificultades para establecer relaciones afectivas equilibradas, entre otros rasgos.

ron cómo se detuvo a matar a la gente con deleite) antes de despedirse de este mundo.

Andreas Lubitz

Por otra parte, tenemos el caso del piloto de la compañía área alemana Germanwings Andreas Lubitz, autor en 2015 del hasta ahora récord de la historia del asesinato múltiple: 149 muertos entre pasajeros y tripulación, al estrellar el avión del vuelo 4U9525 (Barcelona-Frankfurt) que copilotaba cerca de la localidad de Seyne-les-Alpes, a una velocidad de 550 millas por hora. Todo indica que Lubitz quería vengarse de su empresa, dadas las dificultades que tenía para mantener su puesto de trabajo por causa de una depresión y otros problemas psíquicos de los que se vio aquejado en los últimos años de su vida. En este ejemplo las víctimas eran todas desconocidas, salvo sus compañeros de tripulación: el piloto (a quien no dejó entrar en la cabina después de que hubiera ido al baño, impidiendo de este modo que pudiera abortar su plan de masacre-suicidio) y cuatro asistentes de cabina. Pero los pasajeros eran clientes de su empresa, por ello *simbólicamente* eran importantes para él: ya que él no iba a poder seguir pilotando, debían morir clientes de la compañía área que lo condenaba a toda esa miseria.

Durante los ocho minutos que mediaron entre el momento en que Lubitz orientó el avión hacia el suelo y el impacto final, la caja negra del aparato no registra otra cosa que la respiración suave y tranquila del copiloto, y al final los golpes dados con una barra por el piloto excluido de la cabina en sus intentos desesperados para que Lubitz le permitiera entrar y evitar así la catástrofe. También pueden apreciarse los gritos de los pasajeros, que comprenden que van directos a una muerte inexorable.

El mayor asesinato múltiple de la historia contemporánea es un ejemplo del modo en que los problemas psicológicos se relacionan con este tipo de crimen. Porque no hay duda de que el joven piloto (27 años) era plenamente consciente de lo que hacía. La acción de bloquear la cabina de pilotaje desde dentro para no permitir que volviera a entrar el capitán después de ir al baño es una prueba fehaciente. Esos ocho minutos de espera plácida antes de la muerte, propia y de los pasajeros, también revela determinación. Igualmente, Maria, una exnovia suya, declaró que dos años antes del suceso Lubitz le había comentado que tenía la intención de «hacer algo espectacular para que todos lo recordaran», lo que implica que el joven piloto no solo quería matar y matarse en ese avión, sino que era algo que había pensado mucho tiempo atrás.

Por otra parte, aquí volvemos a vernos con los demonios interiores, tormentos psíquicos que prosperan en una personalidad narcisista, cuya presencia en los asesinos múltiples parece recurrente (véase el siguiente capítulo). Lubitz, hijo de una familia pudiente de Colonia (padre hombre de negocios y madre profesora de piano), desde pequeño era un fanático de la aviación con sueños muy elevados, así que cuando terminó sus estudios se presentó con éxito a las difíciles pruebas de admisión de Lufthansa (solo aprueba en torno al 4-8% de los que se presentan), aprobó y se enroló en 2008 en la escuela de entrenamiento de la compañía alemana. En 2010 se fue a Estados Unidos a completar su formación.

Pero, tan pronto como hubo conseguido su sueño, este empezó a resquebrajarse. En 2009 sufrió un episodio severo de depresión que requirió tratamiento psiquiátrico, lo que lo puso en una especie de lista negra de la compañía al adjudicarle el código SIC, que significaba que «requería un examen médico específico de forma regular», según reveló la oficina de aviación federal. Estos episodios, sin embargo, nunca resultaron del todo clarificados y lo cierto es que Lubitz tuvo que interrumpir su período de entrenamiento por sus problemas médicos durante más de un año. Pero tan importante como este hecho fue el puesto que Lubitz tuvo que ocupar después de acabar la formación en espera de que surgiera una vacante de piloto: asistente de cabina, durante cuya actividad recibió el mote de Tomate Andi, haciendo referencia a los zumos de tomate que dispensan estos auxiliares. No debió de ser fácil para el ambicioso joven ir moviendo el carro de viandas a través del pasillo del avión, porque su sueño desde niño había sido pilotar aviones de primera en vuelos transoceánicos.

En 2013 se produjo esa vacante, pero fue en Germanwings, la filial *low cost* de Lufthansa. Si esto lo decepcionó nadie lo advirtió, ya que en ese tiempo sus amigos lo describieron como alguien feliz que, además, tenía una nueva novia, una maestra. Sin embargo, esa felicidad era solo aparente. Previamente a la masacre, ya habían roto, y sus allegados dijeron que estaba pasando por una «crisis personal». Su novia anterior, Maria (que trabajó como auxiliar de vuelo), declaró cosas muy importantes para comprender su carácter y su estado mental cuando orientó el mando del avión hacia su extinción. Dijo que él había estrellado el avión porque sabía que su enfermedad no le permitiría seguir progresando para pilotar los *jets* de Lufthansa:

> Tenía claro que sus problemas de salud le impedirían cumplir su sueño: pilotar los grandes aviones de Lufthansa en vuelos intercontinentales [...]. Lubitz era un hombre que aparentaba ante los demás ser un buen tipo, con mentalidad abierta, pero en privado necesitaba que le afirmaran que era alguien valioso [...]. Era un buen hombre, que podía ser muy cariñoso [...]. Hablábamos mucho de trabajo y en esos momentos se alteraba mucho por culpa de las circunstancias en las que tenía que trabajar, se quejaba de que le pagaban

> poco y estaba muy ansioso por su contrato y la presión que sentía. [Ellos rompieron porque Maria se sintió incapaz de soportar sus problemas y sus arranques de cólera]. Estábamos hablando y él, de pronto, entraba en cólera y me gritaba, yo tenía miedo. Una vez me encerró en el cuarto de baño durante mucho tiempo [...]. Por la noche solía despertarse sudando, gritando aterrado: «¡Vamos a estrellarnos!».

Durante el tiempo cercano al suceso Lubitz estaba luchando contra una enfermedad cuya naturaleza final no pudo averiguarse porque él la mantuvo en secreto. Si tenía que pedir la baja, entonces sus problemas económicos aumentarían. Sí que sabemos que el día del homicidio masivo Lubitz tenía un certificado médico donde se le excusaba de ir a trabajar. Él lo rompió, así como cinco certificados anteriores, lo cual revela sin lugar a dudas que no estaba en condiciones de desempeñar sus funciones y que no tenía ningún interés en que esto se supiera. Diferentes fuentes dieron versiones distintas acerca de cuál podría ser dicha patología: una enfermedad psicosomática (la Policía Federal), una depresión (Asociación de Psicoterapeutas de Alemania), o bien problemas de visión (*The New York Times*).

Sea como fuere, lo cierto es que Lubitz tomó una decisión trágica. Si quería acabar con todo, ¿por qué no se limitó a suicidarse? En España, 3000 personas lo hacen cada año, sin matar a nadie más que a sí mismas, e igual sucede (incluso en una tasa mayor) en toda Europa. Para comprender qué pensaba Lubitz durante esos ocho minutos en que permaneció relajado en espera del impacto final tenemos que concluir, por pura lógica, que él necesitaba que todos los que lo acompañaban en ese día infausto (incluyendo a 12 niños y un bebé) corrieran la misma suerte que él. Si él no podía satisfacer su sueño de ser piloto, los pasajeros y compañeros de tripulación tendrían que renunciar también a los suyos.

La explicación de este homicidio múltiple parece radicar en la frustración (Lubitz no podría ser piloto en grandes vuelos, e incluso corría el riesgo de ser dado de baja de manera permanente por sus problemas de salud mental) y en la represalia contra la compañía Lufthansa, que lo puso a servir zumo de tomate y *ahora podía expulsarlo para siempre*. Su comentario a Maria en el sentido de que «haría algo para que todo el mundo lo recordara» solo puede interpretarse como una declaración de intención de venganza, en ningún caso de fama, por cuanto que nadie desea ser recordado como un asesino múltiple sin alma, pero sí como alguien que se tomó la justicia por su mano ante una situación que él percibió injusta y denigrante. En el capítulo siguiente introducimos tres conceptos fundamentales en los que podemos ahondar más en este caso y en los otros comentados en estas páginas: el narcisismo, la «masacre íntima» y el relato de una nueva identidad.

El tirador de Las Vegas

Así pues, hay casos en los que los asesinos se contentan con atacar a «grupos» o clases de personas a las que odian, porque en estas categorías se incluyen las personas que los ofendieron (Seung-Hui Cho), o bien representan de algún modo lo que quieren dañar o destruir (la compañía Lufthansa, en el avión estrellado de Lubitz) y no se actúa contra personas específicas. Por ello podemos decir, en un sentido amplio, que los asesinos múltiples matan a aquellos que de manera específica o simbólica quieren matar.

Hay que decir que en ocasiones los asesinos tienen sus propias listas compuestas de personas a las que *no quieren matar*, como un indicador del patrón de actuación que han de seguir durante el ataque, y tenemos ejemplos numerosos de casos en los que el asesino, iniciado ya su ataque, se abstiene de hacer daño a alguna persona en particular con la que se cruza camino a otro sitio para seguir matando.

No es frecuente que uno abra fuego o ataque a gente que simplemente pasaba por el lugar donde él estaba, es decir, del todo aleatorias, pero en tales casos las víctimas son indiscriminadas, porque el asesino quiere en verdad tomar represalias contra la sociedad entera (o el mundo) que lo ha defraudado de un modo profundo, por ello lo fundamental es matar y lo secundario a quién se mata.

Esta circunstancia se da en el enigma del tirador de Las Vegas. Stephen Paddock no mató a quien tuvo la desgracia de estar en «el momento equivocado en el lugar equivocado», sino que se estuvo preparando durante tres días para matar al mayor número posible de gente que pudiera, a la que no conocía de nada en absoluto, y si conocía a alguien no pudo saberlo, ya que disparó desde la distancia, en su hotel, durante una noche de verano de 2017. El enigma estriba en saber si sus 58 víctimas —el mayor asesino múltiple de la historia de Estados Unidos— representaban algo para él (y, por consiguiente, eran simbólicas o representativas de otras a las que quería realmente matar... pero, entonces, ¿por qué no fue directamente contra estas últimas?) o eran del todo indiscriminadas, producto total del azar.

La suma de muertos en un asesinato múltiple parecía haber llegado a un límite con la masacre de Orlando (Florida) perpetrada por Omar Mateen en el club nocturno Pulse, en junio de 2016: 49 víctimas, más el propio asesino por disparos de la policía. Hacía solo cinco años todo Estados Unidos ya se había horrorizado por la muerte inmisericorde en el colegio de Newtown (Connecticut) de veinte niños de entre 6 y 7 años, más siete adultos, a manos de Adam Lanza. Pero lo sucedido en Las Vegas batió todos los récords, cuando Stephen C. Paddock se encerró en su suite del piso 32 del hotel Mandalay, puso el cartel en la puerta de «no molesten» y finalmente abrió fuego contra una multitud concentrada debajo de su ventana, formada por asistentes a un concierto de country. Como dije antes, la cifra de muertos final fue de 58, más el suicidio del asesino múltiple, y hubo cerca de quinientos heridos de muy diversa gravedad.

En febrero de 2018 el doctor Hannes Vogel, director del Departamento de Neuropatología de la Universidad de Stanford, condujo un examen cuidadoso del cerebro de Paddock. Aseguró que, a pesar de los daños producidos en este órgano por el disparo con el que se suicidó el tirador, fue capaz de realizar una evaluación adecuada. El resultado de su examen no ayudó a esclarecer los motivos del crimen múltiple, porque no encontró vestigios de la existencia de un ataque cerebral, tumor u otros focos patológicos que pudieran al menos sugerir que las condiciones mentales de Paddock estuvieran severamente afectadas. Es decir, no existió ninguna razón de origen orgánico que pudiera ser considerada al menos una hipótesis viable sobre las causas del tiroteo, nada que indicara que el lóbulo prefrontal (responsable de la toma de decisiones) estuviera afectado: «Hice un examen detallado y no vi nada», declaró el doctor.

A estas alturas, sin embargo, tengo mis dudas de que se descubra dicho móvil algún día. El FBI está en la investigación, desde luego, realizando un perfil psicológico del asesino, hablando con todos los que lo conocieron —incluyendo a su novia filipina, que declaró estar igual de sorprendida que todo el mundo— y analizando todo registro o documento que arroje alguna clave en su biografía.

Hay, eso sí, una curiosa coincidencia. La noche antes de que empezara a disparar a la multitud, Paddock se quejó en dos ocasiones de que sus vecinos del piso de abajo tenían la música muy alta, una música que resultó ser country. Si no fuera porque el tirador disponía de 23 armas en su habitación y había planificado con todo detalle este homicidio-suicidio, parecería que fue este tipo de música el que acabó por desquiciarlo, ya que el concierto que resultó interrumpido por sus disparos era de música country.

El presidente Trump calificó la matanza como «un acto de pura maldad», pero ya sabemos que estas expresiones ayudan poco. Al fin y al cabo, se supone que el Estado y la ley existen para regular esa maldad y para impedir que aparezca, en primer lugar. Casos como el de Paddock son un desafío formidable, porque no comprendemos en absoluto su origen o móvil. Y este es un lujo que no nos podemos permitir, puesto que significa que existen agujeros negros muy dañinos en nuestra capacidad para entender y luchar contra esa maldad de efectos tan destructivos. Sin embargo, si antes me mostré pesimista acerca de poder llegar a comprender bien este caso es porque el propio sujeto, según mi impresión, se esforzó mucho en que tales muertes fueran un misterio.

Para explicar esto tengo que referirme a lo que se conoce de su biografía. Conoció a su novia hacía unos años en un casino, no formaban una pareja muy enamorada de estar todo el día juntos, por lo que parece, sino que se trataba más bien de algo distendido y en los últimos meses se habían distanciado. Paddock tenía 64 años, y era un jubilado con dinero: dos casas y una buena cuenta corriente que explicaba que tuviera una línea de crédito de seis cifras en los casinos. La investigación posterior calculó que tenía un patrimonio valorado en torno a los cinco millones de dólares.

Un tipo con una mente matemática, metódico. Veamos el homicidio múltiple. Empieza a disparar el domingo 1 de octubre de 2017 a las 22.07 desde su ventana hacia el bulevar Sur. Antes ha puesto cámaras que vigilan el pasillo, controla a todo el que pueda venir a impedir que siga disparando una vez que empiece a hacer fuego; de hecho, dispara sobre dos vigilantes del casino que se dirigen a su habitación antes de que finalmente llegue el equipo de los SWAT, aunque no los hiere. Tres días encerrado... ¿qué haría durante ese tiempo? ¿Limpiar sus 23 rifles y armas cortas? Sabemos también que había convertido el rifle semiautomático con el que disparó en uno automático gracias a un dispositivo que acelera el proceso de recarga y disparo, y que utilizó un trípode para su mayor comodidad y acierto en el acto homicida. En una de sus casas la policía encontró veinte armas adicionales, lo que confirma que Paddock era un apasionado de ellas, o al menos las fue acumulando para esa gran ocasión, porque es verdad que de los testimonios recogidos hasta la fecha no se le describe como un sujeto que mostrara tal pasión o que se jactara de su puntería en ferias o exhibiciones.

En todo caso, entendía de armas, bien desde hacía tiempo o por un aprendizaje tardío, pero un hecho indiscutible es que se tomó todas las molestias para causar el mayor número de bajas posible. En su plan estaba también su propia muerte.

Esa escrupulosidad y mente cartesiana estaban también muy presentes en sus hábitos de juego, su actividad casi única después de jubilarse. Había estado jugando en una sala reservada del propio casino del hotel Mandalay tres días antes del tiroteo. Jugaba mucho al videopóquer, sin apostar grandes sumas, en torno a los 100 dólares, no era una «ballena», término reservado para los grandes apostadores, pero invertía en esto un tiempo considerable, y al final era mucho lo que se jugaba. Aun así, no parece que se arruinara, más bien su cuenta de resultados era positiva y siempre pagaba sus deudas. Las habitaciones siempre le salían gratis, una cortesía de los hoteles donde jugaba con regularidad.

Se tomaba el juego ciertamente en serio. En el casino Atlantis, en Reno, no era inhabitual que Paddock se hiciera con una máquina cuando el que estaba jugando se tomaba un respiro, algo que en ese ambiente se considera un acto impropio. El encargado del casino dijo que producía enojo en la gente, pero que a él no le importaba en absoluto: «Actuaba, para mí, como esas máquinas». También señaló que a Paddock le encantaba ver jugar a los demás durante largo tiempo. Esa acción, en la intimidad de las salas reservadas donde jugaba —que tenían su propio personal—, hacía que los otros jugadores se sintieran incómodos, pero de nuevo le daba igual.

Esta forma de jugar —largas horas en soledad— se ajustaba bien a su personalidad y a su mente calculadora. Uno de sus hermanos (tenía dos), Eric Paddock, dijo de él que era un *math guy* (un tipo matemático). Estudiaba con intensidad cada máquina, como si estuviera investigando para su tesis doctoral. «Cuando jugaba no lo hacía de forma irresponsable para pasar el tiempo; para él eso era trabajo», afirmó. Esa soledad y mente analítica se ajustaban bien a su juego favorito: el videopóquer. Aquí no hay oponentes. El jugador recibe cinco cartas en su monitor y determina cuáles quedarse y cuáles cambiar. Debe decidir qué oportunidades tiene respecto a las restantes 47 cartas, y así una y otra vez. Podía estar jugando en silencio, durante horas, apenas moviendo un músculo de la cara, solo las manos. En ocasiones podía ganar miles de dólares.

Flo Hutchin, una mujer que vive a escasos metros de la casa donde residía Paddock en Mesquite (Nevada), y donde guardaba el otro arsenal de armas semiautomáticas, confirmó lo que ya hemos explicado: que era un tipo huidizo y reservado, y que apenas hablaba con él, aunque sí lo hacía con la novia del asesino, Marilou Danley, una inmigrante de 62 años de origen filipino pero con pasaporte australiano, a la que calificó de «muy agradable». En cambio, un trío de mexicanos que trabajaban en los jardines de las casas próximas a la de Paddock se atrevieron a dar su opinión de modo más franco: «Lo veíamos salir todo el tiempo con la novia a pasear a su perro. No era buena onda», dice uno. Y otro llega más allá: «Era como racista, el tipo. Nos miraba feo cuando pasaba, como si no le gustaran los mexicanos. Pero ella no, ella era simpática».

Entonces ¿qué podemos decir sobre el móvil? ¿Estamos definitivamente a ciegas? Adam Lankford, profesor de la Universidad de Alabama, nos advierte que muchas veces, aunque el asesino afirme o señale un motivo o razón de sus actos, eso no significa que esté diciendo la verdad. Y cita el ejemplo de Orlando y al autor de la masacre, Omar Mateen: si bien este afirmó que actuaba en apoyo a la guerra contra los infieles del Dáesh, también dijo ser leal al grupo terrorista Hezbolá, lo que resulta contradictorio porque, a su juicio, son grupos que tienen visiones del todo enfrentadas. «En muchos casos los asesinos múltiples, cuando hacen públicas las razones de su ataque, pretenden lograr un efecto en la gente; no necesariamente se trata de la explicación verdadera que se esconde detrás de sus actos».

Katherine W. Schweit, una exagente del FBI que participó en una extensa investigación de la agencia federal en 2013 sobre 169 asesinatos múltiples realizados con arma de fuego en Estados Unidos, comentó que en la mayoría de esos casos el móvil era obvio: un rechazo amoroso, la pérdida de un empleo, un prejuicio racial, odio por motivos religiosos. Y añade algo importante: «Otras veces el motivo es más complicado de definir. Este caso [Paddock] no sería el primero en el que el asesino múltiple encuentra un objeto satisfactorio con el que mostrar su ira, pero al mismo tiempo nosotros no somos capaces de averiguar de dónde proviene esa ira, ya que esta se manifiesta de muchas maneras». Sí, eso es cierto, pero debo añadir que el problema con Paddock no es únicamente saber de dónde procede esa ira, sino, por encima de todo, por qué esas personas del todo anónimas para el tirador constituyeron un objeto legítimo en el que descargar (o hacer pagar) esa ira. Si entendemos que la ira es la gasolina de la venganza (aunque esta pueda proceder de modo pausado, ya que puede mantenerse en estado latente o resonando de modo sordo pero insidioso en la mente del individuo mientras los actos de retribución se preparan y finalmente se ejecutan), ¿en qué modo esos 58 cadáveres suponían objetivos legítimos para el pago de ese supuesto agravio? Andrew Bringuel, un exmiembro del célebre Departamento de Ciencias del Comportamiento del FBI, también se aventura en esta idea de una venganza inespecífica: «Esto podría haber sido [el resultado] de un agravio personal. Quizá fuera un perdedor resentido. A los jugadores les gusta hablar cuando ganan, pero no cuando pierden». Aunque por lo explicado en las páginas anteriores disponía de finanzas saneadas, no podemos descartar que Paddock perdiera una determinada cantidad de dinero que, aunque objetivamente no le supusiera un descalabro financiero, sí le generara una ira sorda o al menos aumentara su deseo de convertir en realidad una fantasía largamente alimentada. Y que en tales circunstancias decidiera que el mundo en general era un lugar estúpido lleno de gente estúpida, y que ya no quería seguir viviendo en esas circunstancias, y que se marcharía quitando a unas docenas de estúpidos de ese mundo que él iba también a abandonar inmediatamente después.

La única esperanza para comprender qué impulsó a Paddock a formar parte de la historia de la infamia de su país radica en que se descubra algún hecho revelador en el futuro. Durante las primeras semanas que siguieron al crimen múltiple del cine situado en Aurora el 12 de julio de 2012 (se comenta más adelante en este libro), no se sabía realmente la razón de esa acción. No fue hasta que James Holmes, el tirador, fue evaluado por expertos clínicos y se tuvo acceso a sus diarios que pudo dilucidarse el motivo. Claro está que Holmes se entregó a la policía, lo que facilitó enormemente comprender sus motivos, mientras que Paddock ya no puede contar nada.

Por ahora, en medio de este panorama desierto de información acerca de la mente de Paddock, solo tenemos una información oficial que, en el terreno de las hipótesis clínicas, puede alumbrar algo el camino de encontrar el móvil del tiroteo: su padre, Benjamin Hoskins Paddock, un delincuente versado en robos, estafas y atracos, abandonó a su familia cuando Stephen tenía 7 años de edad para delinquir y pasar tiempo en la cárcel. Descrito como un «sociópata» por el psicólogo forense que lo evaluó en 1960 mientras cumplía condena, aparecen en su informe casi todos los rasgos que caracterizan al psicópata (término actual): encanto superficial («de aspecto agradable, limpio e "incongruentemente" jovial», dice el informe), sin metas realistas en su vida («no muestra desesperación, alarma o preocupación alguna acerca de su futuro»), narcisismo («disfruta siendo objeto de este examen»), sin remordimiento o culpa algunos por sus fechorías y sin problemas mentales («no muestra ningún defecto mental»). Paddock padre explicó que empezó a delinquir de muy pequeño, y que sus padres estaban incapacitados para educarlo: «A los 12 años ya conducía mi propio coche», afirmó, a lo que hay que añadir el abandono de su familia, como ya mencioné. Lo que sigue es lo habitual en delincuentes crónicos psicópatas (que no han de ser necesariamente violentos): a los 15 años entra en la armada, pero lo expulsan, y a partir de ahí alterna trabajos esporádicos con la actividad criminal que lo lleva varias veces a la cárcel, en ocasiones con condenas largas, la última de veinte años. Se escapó a los ocho años de estar preso y estuvo mucho tiempo perdido antes de ser capturado. Siempre negó estar loco: «Nunca he sido un enfermo mental. Ni siquiera he estado inconsciente».

Es curioso lo diferente que era Stephen Paddock de su padre. Reservado, callado, meticuloso, el homicida múltiple no tenía ningún tipo de antecedente penal y estaba muy lejos del típico exhibicionismo narcisista del psicópata que mostraba su progenitor. ¿Hasta qué punto su padre influyó en él? Antes de abandonar a su familia, Benjamin Paddock atracaba bancos mientras su hijo jugaba en el rancho donde vivía con sus hermanos. Esta pregunta nunca tiene una respuesta científica, solo hipótesis a las que se les puede conferir un mayor o menor grado de explicación razonada. En este caso, tendríamos que hablar de una influencia muy indirecta y lejana, ya que el tirador de Las Vegas estuvo dentro de la ley hasta los últimos y fatales diez minutos de sus 64 años de vida.

Pero de nuevo lo que nos angustia es su silencio. Algunos asesinos múltiples precisan ofrecer al mundo prolijas explicaciones; otros, por el contrario, están mudos, y ni siquiera sus más íntimos pueden explicar la causa de lo sucedido, o siquiera dar una razón que ayude a entender por qué sus allegados decidieron ser los autores de tan horrendos hechos. Paddock es de estos últimos. Y creo que, precisamente, la clave está en ese silencio, que es paradójicamente ensordecedor: alguien con toda esa ira tendría que haber gritado al mundo el porqué de tan terrible venganza. Como afirma el profesor de la Universidad de Barcelona y escritor José Ovejero: «El silencio no solo oculta, también llama la atención sobre aquello de lo que no se habla, con lo que lo ausente o silenciado se vuelve laceradamente presente. Callar es una manera de subrayar».

Yo solo puedo especular, pero para mí ese silencio es otra forma de violencia, esta vez psicológica. «No seréis capaces de entender por qué he hecho esta matanza, y eso os va a angustiar. Mejor; sufrid más». Esto es lo que oigo en el estallido de ese silencio, mientras se acumulan los cadáveres en la cálida noche del desierto.

3

Los tiradores

La infamia es mejor que la oscuridad total.

Elliot Rodger

Uno de los intentos integradores dentro de la investigación dedicada a analizar los tiroteos en la escuela y en los campus universitarios buscó explicar este fenómeno a través de cinco etapas:

a) En la primera, cierto chico experimenta severas frustraciones en su infancia o adolescencia, provenientes tanto de su casa o de su familia, tales como maltrato o acoso escolar. El resultado de lo anterior es que se encuentra aislado, o al menos él se ve como un bicho raro comparado con sus amigos, y se siente tratado de forma injusta, sufre su autoestima.
b) La ausencia de amigos u otras personas que puedan resultarle de ayuda lo deja expuesto a que se vayan acumulando en su biografía experiencias negativas, aumentando la tensión y el estrés en su vida, algo que deviene cada vez más frustrante porque, cuanto mayor se hace el joven, mayores son las necesidades de poseer una imagen agradable ante los demás y

sentirse en control de la propia vida... y justamente sucede lo contrario.

c) Entonces ocurre un suceso que el sujeto define como devastador para su autoestima, y que le produce mucho dolor emocional.
d) En esta etapa el sujeto empieza a fantasear con emplear la violencia para restaurar su dignidad, y se implica en un plan premeditado que busca asegurar que su fantasía se convierta en realidad.
e) Finalmente, el plan se concreta: el joven, armado convenientemente, realiza un asesinato múltiple entre los alumnos de su secundaria o preparatoria, o campus universitario, atacando también con frecuencia a profesores y administrativos.

Ahora bien, por desgracia la investigación no es tan concluyente. Es difícil encontrar *datos realmente sólidos o patrones consolidados* más allá del sexo (varón) y la raza (caucásica) de los tiradores escolares, a pesar de que los jóvenes caucásicos conforman probablemente uno de los grupos más homogéneos por cuanto que, por su edad y contexto, están expuestos a ser influenciados por factores parecidos. Luego, aunque el modelo explicativo expuesto anteriormente se ajusta a muchos casos, diferentes elementos de este no aparecen siempre. Por ejemplo, no todos los tiradores escolares han sido acosados en la escuela o han tenido en ella problemas de disciplina, o han mostrado un gran interés por las armas o la parafernalia militar.

Pero no seamos negativos. Sí aparece un claro patrón cuando estudiamos los lugares donde se producen los tiroteos escolares: mientras que el crimen con arma de fuego suele predominar claramente en contextos urbanos, los tiroteos en escuelas abundan más en ambientes rurales y suburbanos (residenciales), con frecuencia lugares de ideas conservadoras con poblaciones homogéneas. Esto se ha observado tanto en Estados Unidos como en Europa. Y otro patrón aparece en las escuelas afectadas, caracterizadas por una falta de atención a los problemas de convivencia entre los alumnos y, en general, por un ambiente de intolerancia donde estos tienen poca comunicación con los profesores.

Por otra parte, el modelo *sí encaja* en tiroteos muy importantes, como el tristemente célebre de Columbine y el que se detallará en breve: el de Elliot Rodger, el asesino de Isla Vista, que he seleccionado por el extraordinario registro de su pensamiento que dejó en su diario y en videos a lo largo de los años.

Pero antes de analizar este caso tengo que recordar al lector que en el capítulo anterior había prometido introducir varios conceptos que nos iban a ayudar a comprender la psicología de los asesinos múltiples, y no solo de los tiradores escolares, aunque ciertamente se aplican en ellos particularmente bien tales conceptos. Estos eran el narcisismo, la «masacre íntima» y el relato de una nueva identidad. En el capítulo dedicado al mal ya introdujimos la importancia del relato o la narración en el desarrollo de la especie humana, así como su importancia en la psicología individual, pero en este apartado vamos a profundizar en la relación existente entre la creación de un relato personal y la identidad que ello supone, al igual que su papel a la hora de explicar (al menos parcialmente) el homicidio múltiple. Finalmente, incluiremos el concepto creado por el criminólogo Jack Katz de «masacre íntima», que nos servirá para unir en una teoría explicativa los dos conceptos anteriores: el narcisismo y la creación de una nueva identidad.

EL NARCISISMO Y SU ESPECTRO

¿Qué entendemos por narcisismo? Los profesores de la Universidad de Iowa Krizan y Herlache intentan aclarar el significado y contenido de la personalidad narcisista, que con frecuencia da lugar a interpretaciones contradictorias. En particular, destaca la existencia de una paradoja que aparece cuando se analizan los estudios sobre sujetos narcisistas, a saber: ¿cómo es posible que los narcisistas, que son personas que se consideran superiores a las demás, aparezcan muchas veces como poseedores de una autoestima baja? Se trata de una contradicción: los narcisistas deberían tener una autoestima buena, ya que el propio término define a un individuo que se cree con derecho a conseguir sus metas por encima de las necesidades de los demás, y ello porque se considera alguien especial.

Para aclarar esta paradoja ellos proponen una teoría en la que se define esta personalidad como un «modelo de espectro narcisista», donde reflejan la extensa evidencia científica en torno a la continuidad entre la expresión normal y anormal del narcisismo. En síntesis, lo que plantean es que existen dos tipos generales de personalidad narcisista: en la primera, el individuo está orientado hacia la consecución del dominio y el control en las relaciones (*narcisismo dominante o grandioso*), y se define por un sentimiento grandioso de sí mismo que lo lleva a actuar sin miedo en la consecución de sus metas; en la segunda, el sujeto está orientado a evitar y protegerse de las ofensas a su autoestima (*narcisismo defensivo*) debido a que se siente vulnerable cuando percibe que sus deseos y necesidades no son adecuadamente tomados en cuenta por los demás.

Ambos tipos comparten *el sentirse superiores a los demás, un sentido de gran importancia y de considerar que sus necesidades son algo prioritario,* lo que implica que *se sienten con derecho* a que los demás cedan ante sus deseos. Pero cambia la expresión de ese narcisismo, que conlleva formas de actuar diferentes: el narcisista dominante o grandioso actúa de manera descarada y exhibicionista, tiene un orgullo desmedido o gran arrogancia y procede en consecuencia para satisfacer sus ambiciones, mientras que el tipo defensivo se siente vulnerable y actúa con resentimiento e ira hacia las amenazas a su autoestima. Ahora bien, el concepto de «espectro narcisista» significa que los individuos pueden ubicarse en cualesquiera de los puntos que conforman estas dos dimensiones, de modo tal que habrá sujetos que mostrarán una combinación de los dos tipos, y otros que se verán más claramente definidos por los rasgos de una de estas dimensiones o tipos. Dicho esto, ambos tipos narcisistas, debido a que comparten *el rasgo nuclear de sentirse muy importantes y con derecho preferente sobre los demás* (en definitiva, un profundo egocentrismo), están caracterizados por una deficiencia notable en la comprensión de los puntos de vista de los otros, en la capacidad de empatía (*sentir el estado emocional del otro*) y en una necesidad muy precaria de tener una relación cercana o íntima con los que lo rodean, lo que viene a definir el estilo de relación «desagradable», antagonista u hostil hacia estos tan típico en los narcisistas.

La resolución de la paradoja, entonces, estaría en el hecho de que *son los narcisistas defensivos los que suelen mostrar una baja autoestima* cuando son examinados psicológicamente: son personas con «el radar» siempre puesto en percibir «faltas de respeto» a su yo. A diferencia del tipo dominante o grandioso, que actúa *proactivamente,* sin miedo de ir en pos de conseguir sus deseos de prestigio, admiración y poder, el defensivo responde sobre todo *reaccionando* a las amenazas que percibe en su ambiente; es de natural ansioso e inhibido, con emociones inestables (neurótico), va acumulando ira y resentimiento, y su potencial de violencia puede entenderse como directamente proporcional a la ira acumulada por la percepción y acumulación de ofensas recibidas a su yo.

Un excelente ejemplo de asesino múltiple con un narcisismo defensivo es el caso de Elliot Rodger,* que pasamos ahora sí a comentar.

* Aunque en sentido estricto no sería un asesino múltiple debido a que solo hay dos víctimas, en España, un caso notable sería el representado por José Bretón, quien mató a sus propios hijos como respuesta a las ofensas recibidas por su exmujer. Consúltese *El secreto de Bretón*, de V. Garrido y P. López (Ariel, 2013).

EL ASESINO DE ISLA VISTA

Este es un caso de un asesino múltiple protagonizado por un estudiante perteneciente al campus de Isla Vista, en California, donde nos encontramos con un documento excepcional: un manifiesto o diario escrito por el propio asesino, muy amplio, donde nos detalla sus ideas y experiencias. Gracias a él podemos seguir paso a paso el nacimiento de su profundo odio y las razones que esgrime. Como en tantos asesinos múltiples, lo grotesco de su forma de pensar no debe hacernos olvidar que en su psicología cada uno de los eslabones llevaba, necesariamente, al siguiente, hasta culminar con el acto de extrema violencia. No es la realidad lo importante para la mente del asesino, sino cómo esa realidad se interpreta por un esquema de ideas y emociones asociadas que exigen cruzar el umbral de la violencia más extrema para resguardar su sentido de autoestima y mantener el control de su vida.

Vayamos a los hechos. El municipio de Isla Vista acoge a miles de estudiantes de la cercana Universidad de Santa Bárbara, en California (Estados Unidos). El 23 de mayo de 2014, el estudiante de 22 años Elliot Rodger —que hacía tiempo que no asistía a clase— sorprendió mediante un ataque repentino a cuchillo a sus dos compañeros de habitación, así como a un amigo de estos, y los mató a medida que entraron en el apartamento. Después, sobre las nueve de la noche, envió por correo electrónico un manifiesto titulado «Mi mundo retorcido» (*My twisted world*), compuesto por 137 páginas, a varios remitentes, entre los que se incluían sus padres, algunos conocidos y profesores, y profesionales del ámbito de la salud mental que lo estaban ayudando. Seguidamente colgó en internet un video realizado por él y titulado *Retribución.*

Ahora estaba preparando su gran momento. Se dirigió con su vehículo a las puertas de la hermandad de estudiantes Bárbara Alpha Phi, de la Universidad de Santa, pero estaban cerradas, lo que le obligó a seguir adelante en su coche y, cuando vio a tres chicas caminar por la acera, les disparó, matando a dos e hiriendo gravemente a la tercera. La policía del campus, alertada, se dirigió al lugar, pero Rodger estaba recorriendo las calles disparando a las ventanas, con el resultado de un nuevo homicidio (un hombre joven) y otras siete personas heridas. Además, hirió a otros siete jóvenes que caminaban o iban en bicicleta o en monopatín al atropellarlos con su vehículo. Los testigos dijeron que la actitud que mostraba Rodger era de normalidad y calma; algunos señalaron que tenía «una sonrisa malévola».

Los policías finalmente llegaron adonde él estaba y lo confrontaron en dos lugares, intercambiando disparos. En el segundo encuentro Rodger resultó herido en una cadera, y ya no quiso esperar más: se suicidó disparándose en la cabeza mientras su coche se estrellaba contra otro aparcado. Dejó tras de sí seis personas muertas y 14 heridas.

Stephen White, profesor de la Universidad de California, ofrece un profundo análisis de este asesinato múltiple, ayudándose de un extenso informe preparado por la oficina del *sheriff*, y el análisis del manifiesto y el video realizado por Rodger. La lectura del manifiesto no deja de impresionar, por lo bien articulada que está la narración y por lo perverso de su contenido.*

Elliot Rodger había nacido en Londres en 1991 y había ido a vivir a California con sus padres cuando tenía 5 años. Estos se divorciaron dos años después, pero ambos se ocuparon con diligencia de sus necesidades y educación, particularmente del hecho de que Rodger era un niño muy tímido, y con un físico endeble y de poca estatura (a los 17 años medía 1.72 y pesaba sesenta kilos; hemos de pensar que, en rela-

* Las citas literales del manifiesto se señalan en el texto con *M* y la página correspondiente.

ción con el canon del estudiante atlético norteamericano, estas son cifras pequeñas). Lo cierto es que esos temores estuvieron justificados, ya que en sus estudios primarios, además de una profunda huida de la relación social (que se mostraba en la ausencia de contacto ocular y un hablar en susurro), mostraba conductas perturbadoras que producían irritación en los demás, como producción de ruidos absurdos con la boca o mediante el golpeo de los pies en el suelo y la emisión repetida de palabras. Hay informes que señalan que se pensó que Rodger podía padecer el síndrome de Asperger, aunque no se encontró un diagnóstico formal que lo acreditara, si bien su madre aseguró que su hijo era «un niño autista con un rendimiento elevado». El único diagnóstico que le fue formalmente adjudicado se concretó en un trastorno del desarrollo no especificado, y llegó cuando tenía 16 años; se trataba de un diagnóstico en verdad poco preciso, muchas veces empleado como cajón de sastre para niños y jóvenes que no tienen un desarrollo normal —sobre todo en el ámbito de la relación interpersonal y social—, pero que tampoco muestran signos patológicos claros de deterioro cognitivo o de personalidad.

Elliot Rodger, en su manifiesto, aseguró al principio ser un niño feliz, al haber forjado una profunda amistad con James Ellis a los 6 años que se extendió hasta los 20, cuando este finalmente dejó de verlo porque ya no soportaba sus quejas frecuentes acerca de lo miserable que era su existencia. Pero ya en sus años de crecimiento mostraría los sentimientos que iban a definir su vida: «Celos y envidia... esos son los dos sentimientos que dominarían mi vida completamente y me provocarían un dolor inmenso» (M, 16). Elliot se sentía inferior a los otros a causa de su corta estatura, y estaba aislado con la excepción de su único amigo; quería desesperadamente ser popular, y se labró fama de ser hábil con el *skate*, lo que le ayudó a pasar unos dos últimos años de escuela elemental, a su juicio, felices, pero todo se iba a torcer de modo grave a partir del siguiente curso escolar, cuando su vida sexual empieza a despertar.

No podemos dejar de señalar la gran importancia que a partir de los 12 años toma el sexo para Elliot, cómo en realidad va a condicionar su carácter de modo profundo, acrecentando sus sentimientos de inferioridad y envidia, lo que finalmente lo llevará al asesinato múltiple al no poder superar esa tremenda frustración derivada de su incompetencia para tener relaciones sexuales como sus compañeros. Según sus palabras en el manifiesto, esta es la clave de todo: «La preocupación por el sexo destrozó mi vida por completo. El sexo [...] solo con pronunciar esta palabra me lleno de odio. Una vez que alcancé la pubertad estaba siempre pensando en él, lo necesitaba desesperadamente, siempre estaba fantaseando con disfrutarlo, pero nunca pude tenerlo» (M, 30).

Cuando tenía 13 años se volvió un fanático seguidor del videojuego *World of Warcraft*, donde él refirió sentirse seguro, pero siguió aislándose de los compañeros, un fenómeno que era recíproco porque estos no encontraban agradable su compañía debido a su personalidad aburrida, como comentó después de los crímenes Philip Bloeser, un joven con el que compartió algunos ratos en la secundaria. Llegó un punto, sin embargo, en el que tal aislamiento le pesaba, así que empezó a actuar de modo estúpido para llamar la atención, porque, según sus palabras, «estaba cansado de ser el chico invisible; la infamia es mejor que la oscuridad total» (M, 42).

En los años finales de la prepa (*high school*) todo esto no hizo sino empeorar: su sentimiento de odio hacia los chicos que podían tener relaciones con chicas y hacia estas porque se las negaban a él se volvió una obsesión. Se cambió tres veces de centro, pero en ninguno encajaba. Su amigo Philip dijo que él no hacía nada para poder ligar con las chicas, que simplemente esperaba a que ellas se acercaran y le pidieran salir. Elliot estaba sometido a una gran presión por su obsesión sexual. Escribe en el manifiesto que su rutina diaria consistía en jugar al videojuego y masturbarse, sin pensar en el futuro.

A los 15 años de edad se le prescribieron antidepresivos, porque declaró tener pensamientos suicidas, pero aparentemente no fueron de mucha ayuda, puesto que no era constante en sus tomas. Pero él no da mucha información acerca de su estado mental; de hecho, parece bastante escéptico en cuanto a los resultados de la ayuda profesional: «No sé por qué mis padres se quieren gastar el dinero en sesiones de terapia, porque es seguro que no me ayudará en nada en mi lucha contra este mundo cruel e injusto» (M, 125).

Es interesante constatar que los padres declararon después del incidente que Elliot jamás había sido una persona violenta, que nunca había maltratado animales o participado en peleas, mucho menos tenía conocimiento alguno de armas, en consonancia con la mala opinión que los padres tenían de ellas. Pero lo cierto es que, llegado el momento, Elliot compró varias armas de fuego y, *motu proprio*, aprendió a manejarlas practicando de manera asidua.

Tampoco ayudó a su estabilidad emocional que sus padres se separaran cuando él tenía 7 años de edad. No aceptaba a la nueva mujer de su padre y se rebelaba frente a sus intentos por disciplinarlo, para que no estuviera tanto tiempo encerrado, jugando a los videojuegos. En realidad tanto su madrastra como su madre y su padre siempre procuraron estar pendientes de sus necesidades y ayudarlo, pero cuando uno lee el manifiesto de Elliot parece incapaz de establecer realmente una relación amorosa con ellos.

A partir de los 17 años empieza su afición por las armas: «Cuanto más solo estoy, más iracundo me siento» (M, 56). Llega un punto en el que él ya no puede soportar ser ignorado por las chicas, al tiempo que no aguanta a sus compañeros, que sí cautivan su interés. Este extracto de su manifiesto es muy significativo (M, 56):

> Simplemente, ya no estaba dispuesto a aceptar más injusticias. Me negué a seguir escondiéndome del mundo [...]. Empecé a tener fantasías en las que era alguien muy popular y lograba que nadie pudiera tener sexo [...]. Veía el sexo como un acto maligno y bárbaro, solo porque yo era incapaz de tenerlo. Esto constituyó para mí un punto de inflexión. Mi ira me hizo más fuerte en mi interior. Fue entonces cuando empecé a pensar que debería prohibirse la relación sexual, porque este es el único modo en el que el mundo sería un lugar justo y equitativo. Si yo no puedo tenerlo, entonces lo destruiré. Esta es la conclusión a la que llegué, justo en ese momento [...]. ¡Debo estar destinado para cambiar el mundo, moldeándolo en una imagen que se ajuste a mí!

Por disparatadas que estas palabras nos parezcan, en verdad son importantes para entender la violencia que perpetró; ahora ya disponía de una perspectiva de futuro, de un plan, de una ideología si se quiere: necesitaba ser poderoso para castigar a los que tenían relaciones sexuales, a quienes envidia y de los que quiere vengarse.

Aunque su entrada en la universidad supuso un cierto respiro para su obsesión, por la novedad que suponía y la promesa de que las cosas ahí podrían ser diferentes, lo cierto es que fue un espejismo. Se matriculó en dos centros, pero al poco dejó de asistir. En su lugar se pasaba las horas en la popular librería Barnes & Noble leyendo libros de liderazgo, filosofía y psicología. Las peleas con su madre eran frecuentes porque no encontraba un empleo, razón por la que su madre contrató para él la asistencia de un *coach*, alguien que le pudiera enseñar a tener confianza en sí mismo y relacionarse, pero tampoco funcionó.*

* Escribió sobre esto Elliot en su manifiesto: «Unos cuantos hombres que tenían éxito con las mujeres se han ofrecido a ayudarme y aconsejarme respecto a este tema, pero no ha habido resultados. Supongo que quieren ayudarme porque esto sería un impulso a sus egos, que ya están elevados, y también porque les doy lástima. Las personas no deberían

Cuando Elliot vio la película *Alpha Dog** se entusiasmó por el lujo y la buena vida de sus protagonistas, y les pidió a sus padres que lo inscribieran en la Universidad de Santa Bárbara, en California, donde está el núcleo residencial Isla Vista, ya que la película se filmó en Santa Bárbara. Para Elliot esto constituía su última oportunidad. Tal y como escribió en el manifiesto: «En verdad, el traslado a Santa Bárbara fue de hecho una oportunidad que yo le estaba dando al mundo, no al contrario [...] para que me diera el tipo de vida al que yo tengo derecho. Y si todavía allí he de sufrir el mismo rechazo e injusticia [...] entonces tendré mi venganza» (M, 83).

En junio de 2011, a los 19 años de edad, Elliot emprende su último traslado, el que lo llevará a la Universidad de Santa Bárbara y a residir en la tranquila Isla Vista. Por desgracia la espiral hacia la destrucción continúa, porque su odio hacia los chicos que tienen romances con las chicas y hacia estas, que lo ningunean, se hace muy poderoso y empieza ya a devorarlo. Por ejemplo, al ver a una pareja besándose de forma apasionada en la cola de un Starbucks, posteriormente los siguió a su coche y derramó su café sobre ellos. Luego se marchó corriendo.

Pero ese hecho fue importante: fue la primera vez que, en cierto sentido, contraatacó: «Quería hacerle cosas horribles a esa pareja. Quería castigar a todas las parejas jóvenes. Fue en ese momento de mi vida cuando me di cuenta de que era capaz de hacer esas cosas, y que las haría con gusto. ¡Sería incluso capaz de matarlas, si me lo propusiera! Y sí: yo quería matarlas lentamente, arrancando la piel de su carne [...]. Se lo merecen» (M, 87).

---

tenerme lástima. Mi vida es tan patética, y odio al mundo por obligarme a sufrir. Siento lástima por mí mismo».

* Realizada en 2006, *Juegos prohibidos* en su estreno en España: en la película dirigida por Nick Cassavetes, Johnny Truelove, interpretado por Emile Hirsch, era un joven que vive una lujosa vida en Los Ángeles gracias a su próspero negocio como traficante de drogas.

En este extracto podemos ver ya su resolución de convertirse en un asesino múltiple (M, 87):

> Después de sufrir tantas injusticias y dolor, ya he perdido la inocencia. El mundo ha sido cruel conmigo, y me ha modelado de tal forma que ahora tengo la suficiente fuerza como para devolverle toda esa crueldad al mundo. Nunca he sido una persona violenta por naturaleza, pero tras acumular todo este odio a través de los años, he llegado a la conclusión de que no dudaría a la hora de decidir matar o incluso torturar a mis odiados enemigos si dispusiera de la oportunidad de hacerlo.

Su primer semestre en la universidad fue un «absoluto y brutal fracaso» (M, 95), al no conseguir que ninguna chica le diera su teléfono. Su relación con su amigo de la infancia James Ellis llegó a su fin después de un altercado, y para acabar de arreglar las cosas Elliot no congeniaba con sus compañeros de habitación, dos chicos hispanos con una animada vida social.

Los dos años que le van a restar de vida (vivió hasta los 22) es un suma y sigue de despropósitos: se obsesiona con la lotería porque ve en ella una forma de ser rico y obtener el poder y el éxito que desea con las mujeres, y empieza a pensar de forma seria en lograr su día de retribución realizando un homicidio múltiple. Compra una Glock, su primera arma, en diciembre de 2012, un año y cinco meses antes de los asesinatos, y se dispone mediante la práctica de tiro a sentir el poder que alcanzará cuando pase a la acción: «Ahí estaba yo, practicando con fuego real, porque quería cometer una masacre» (M, 108). Sentía algo que le producía una gran excitación: el poder de, al fin, devolver el golpe. «¿Quién es ahora el macho alfa, zorras?» (M, 113).

Al mismo tiempo, su ideología de odio hacia las mujeres se hace más detallada, y sueña con un mundo sin sexo donde las perversas mujeres estén controladas y el único sexo permitido estaría solo al servicio de la reproducción de la especie, lo que se llevaría a cabo por inseminación en laboratorios.

Entonces se produjo un hecho crítico para desencadenar la masacre. El 20 de julio de 2013 (10 meses antes) tomó la decisión de ejercitarse más en un último intento «para conseguir ser lo más atractivo posible [...] y así dar a la humanidad y a las mujeres una última oportunidad de aceptarme» (M, 121). En sintonía con estos pensamientos, acudió a una fiesta muy ruidosa y concurrida con el fin de perder su virginidad antes de cumplir los 22 años. Pero fue ignorado, y pronto se puso a beber en exceso, rabioso por ver que no conseguía su propósito. Entonces se aupó a un alféizar o repisa que estaba ya lleno de gente, empujando a los que estaban allí, y se puso a insultar a todos. Como consecuencia de lo que hizo, lo empujaron y cayó al suelo, fracturándose un tobillo. Se marchó humillado, pero pronto retornó porque había dejado olvidadas sus gafas de sol de marca Gucci. El problema fue que se equivocó de fiesta y, ante su insistencia y sus palabras ofensivas, Elliot fue expulsado del lugar entre insultos, empujones, patadas y golpes. Puso una denuncia ante el *sheriff*, pero no prosperó, en parte porque omitió su implicación como incitador de la agresión.

Las nuevas visitas a un psiquiatra no tuvieron continuidad y sirvieron de poco. En ese tiempo la idea de realizar la masacre va formándose en la mente de Elliot, con la ansiedad y vacilación que ello conlleva, ya que él es consciente de que eso implicará su propia muerte: «Una sensación de inquietud y ansiedad me invadió. Iba a morir realmente. No podía creerlo. Entonces razoné que, en cualquier caso, mi vida estaba ya acabada. Nunca iba a perder mi virginidad [...]. Lo único que podía hacer era este acto final de retribución. Era muy difícil asumir esto. Me sentía atrapado y perdido» (M, 119).

Para aquel entonces ya había madurado su filosofía acerca de la maldad intrínseca de las mujeres, y el hecho de que la humanidad solo podría salvarse si las mujeres eran contenidas en campos de concentración: «En medio de mis sufrimientos, he sido capaz de ver el mundo mucho más claramente que otros» (M, 135). «Si el hombre crece sin el conocimiento de las mujeres, no deseará tener sexo. La sexualidad dejará de existir. El amor dejará de existir. No habrá huella alguna de estos conceptos en la psique humana. Es el único modo de purificar el mundo [...]. Es una pena vergonzosa que un mundo así no pueda ser una realidad» (M, 136-137).

En enero de 2014 (después de que sus padres le proporcionaran otros consejeros de habilidades sociales que no mejoraron la situación) ocurrió un incidente en la rutina de Elliot: llegaron nuevos compañeros a su habitación, dos estudiantes de origen asiático, con los que pronto tuvo problemas. De hecho, Elliot denunció a uno de ellos por robarle 22 dólares, y este fue arrestado por un hurto menor.

Philip Bloeser, el amigo desde la prepa, llamó a la madre de Elliot para decirle lo preocupado que estaba por una publicación de Elliot en Facebook donde contaba con amargura su soledad y el modo en que las chicas lo ignoraban. La madre dijo que ella también la había visto y que estaba igualmente preocupada, pero que hacía lo que podía derivando a su hijo a especialistas en salud mental.

Los últimos meses de vida Elliot los pasó caminando por el campo, solo, buscando lugares que le dieran paz, decidiendo cómo ejecutar su día de retribución, concluyendo que se compondría de tres fases, aunque en realidad eran cuatro. La fecha sería el 26 de abril, cuando en Isla Vista se darían cita muchas fiestas. En la primera fase, aprovechando que su padre estaría de viaje, regresaría a casa y mataría a su hermanastro de 8 años. Aunque ambos solían jugar juntos y pasarlo bien, su muerte evitaría que alcanzara el éxito con las chicas —debido a que era atractivo— que él no había podido tener. También mataría a su madrastra, pero no a su padre, porque no se sentía mentalmente preparado para hacerlo. Luego regresaría a su casa y mataría uno a uno a sus compañeros de cuarto, a los que encontraba repulsivos.

La segunda fase sería acudir a una hermandad, la «más caliente», y matar a tantas chicas rubias como pudiera. Finalmente, en la fase tres, iría conduciendo por Isla Vista disparando con sus pistolas a la gente y atropellando a tantos como pudiera. Finalmente, cuando viniera la policía, ingeriría una gran cantidad de pastillas tranquilizantes (como medio de asegurar su muerte si no quedaba muerto) y se pegaría un tiro.

Durante las semanas que quedaban, Elliot colgó un video titulado *Por qué las chicas me odian tanto*, donde expresaba sus conocidas quejas: «Miradme. Soy guapísimo. Chicas, no comprendo por qué no sois capaces de verlo; no entiendo por qué os causo esta repulsión».

Al acercarse el día de la retribución, hubo un contratiempo: el 24 de abril amaneció con un fuerte constipado, que lo llevó a posponer su acción al 24 de mayo. Ese mes de retraso pudo ser crucial para la prevención del homicidio múltiple. El día 30 de abril su madre vio el video *Por qué las chicas me odian tanto* y llamó al servicio de salud mental del condado de Santa Bárbara. Seis policías se presentaron en casa de Elliot, pero él les aseguró que todo estaba en orden, que ese video (y otros menos explícitos acerca de su desesperación, pero de índole similar) solo expresaba su soledad, pero que no tenía pensado hacer nada, ni su vida corría peligro, ya que la preocupación fundamental de su madre y de los policías era que él se matara. La policía, según relató posteriormente el *Washington Post*, vio ciertos signos de alarma, pero concluyó que el joven no constituía una amenaza relevante, por lo que no tomaron ninguna acción.

La suerte estaba echada. Elliot actuó un día antes de lo que había previsto, el viernes 23 de mayo. Mató a tres jóvenes en su apartamento (sus dos compañeros y un amigo de estos que casualmente llegó allí) y luego fue a comprarse un café con leche triple sabor vainilla. De vuelta en el apartamento, colgó su manifiesto y un último video en YouTube titulado *Retribución*, donde se le podía ver tranquilo, explicando los crímenes que pensaba realizar, casi saboreando con placer las palabras que expresaban esas intenciones: «He diseñado el "día de la retribución" con el propósito de hacer todo lo que esté en mi poder para destrozar aquello que no puedo tener», se le oía decir.

Cuando la policía registró sus pertenencias vio en su ordenador que Elliot había visitado con frecuencia páginas de temática nazi, otras con instrucciones para cometer crímenes (sobre todo mediante cuchillo) y acerca del asesino George Sodini,* quien también dijo actuar por su odio hacia las mujeres. Elliot, además del manifiesto, también llevaba un diario, y en él la policía leyó la última anotación, que decía: «Ya está. Dentro de una hora me habré tomado la venganza contra este mundo cruel. ¡OS ODIO A TODOS! MORID».

Análisis de Elliot Rodger

Los aspectos esenciales de este caso que me gustaría mencionar son los siguientes.

En primer lugar, tenemos el problema de si Elliot padecía un trastorno mental. El profesor Stephen White, en su análisis del caso, sostiene que había muchas probabilidades de que el joven padeciera el síndrome de Asperger, caracte-

* George Sodini mató a tres personas e hirió a otras nueve al dispararles en un club de *fitness* en Pittsburgh (Pensilvania), en agosto de 2009. Después se suicidó.

rizado por déficits en empatía, en comunicación no verbal (postura corporal, gestos, tono de voz, etc.), un estar con los demás ansioso y torpe, y un apego por las rutinas. También aparecen en este trastorno deficiencias en el pensamiento, que pueden ir desde moderadas a severas, aunque parece claro que Elliot no las presentaba en sus habilidades comúnmente conocidas como intelectuales.

En segundo lugar, consta que Elliot (al igual que otros jóvenes con Asperger) tuvo un *deterioro importante en su comportamiento* durante la adolescencia, coincidiendo con su despertar sexual. Actuaba de forma grotesca y antipática, porque odiaba ser ignorado por los demás. La autoestima siempre está en el filo: tiene sentido pensar que Elliot se viera amenazado por una ansiedad crónica y por períodos de importantes síntomas depresivos. Incluso los pocos amigos que tiene los pierde. En su manifiesto insiste en que su vida es miserable. Por otra parte, aunque no parece existir una relación directa entre el síndrome de Asperger y la violencia en los adultos, es importante señalar que los problemas en la regulación de las emociones y, en consecuencia, la dificultad en inhibir la expresión de emociones intensas son una característica de este trastorno y, si tal incapacidad toma la forma de pérdida del control de los impulsos con actos de resentimiento y agresivos, la realización de actos criminales está más cerca. Recuérdese, en este sentido, cómo Elliot va progresivamente aumentando su manifestación de odio y resentimiento hacia los demás, como cuando arroja el café sobre los novios que se habían besado en la cola del Starbucks, o cuando se enfrenta a otros jóvenes en la repisa de una casa adonde había ido para «perder la virginidad definitivamente», y en el posterior encontronazo con los residentes de otra casa a la que había acudido equivocadamente para recuperar sus gafas de sol.

Ahora bien, y en tercer lugar, resultaría difícil explicar un acto de tanta violencia solo teniendo en cuenta este trastorno. Más bien podríamos considerarlo como un elemento facilitador que contó con el auxilio de otras dos condiciones de personalidad muy poderosas: *la psicopatía y el narcisismo*. Es cierto que Elliot no mostró signos de psicopatía en su infancia: no maltrató animales, ni robaba ni era violento con sus padres o sus compañeros, pero no es menos cierto que sus actos jamás muestran signos de arrepentimiento o culpa, ni cuando los fantasea ni mucho menos cuando los ejecuta. En particular, su deseo de matar a su hermanastro, de tan solo 8 años, resulta muy clarificador: todo es calculado de forma desapasionada, como si no hubiera ningún vínculo emocional forjado en años anteriores. Luego, si la psicopatía se manifiesta por una ausencia de empatía, de sentimiento de culpa y de una afectividad superficial por los otros (véase el capítulo 9), está claro que Elliot la ostentaba en un grado elevado, y no digo que muy profundo, porque parece guardar un cierto vínculo con su padre, del que dice que todavía no estaba «emocionalmente preparado» para asesinarlo. También parece que existieron unas relaciones de cierta solidez con los únicos dos amigos que tuvo en su vida (James Ellis y Philip Bloeser), pero cuando se estudia su biografía surge la idea de que son amistades que siempre giran en torno a lo que Elliot necesita, en el modo en que ellos atienden sus quejas o escuchan sus lamentos de miseria personal, lo que subrayaría un uso instrumental o utilitarista de las relaciones por su parte.

Está claro que los psicópatas suelen tener una imagen de sí mismos poderosa e inflada, pero no en todos los casos el narcisismo es un elemento central del psicópata. Por ello nuestro cuarto punto a considerar se centra en la exhibición de Elliot de un importante trastorno narcisista de la personalidad, pero no del tipo que supone una gran arrogancia y una presentación grandiosa y apabullante ante los demás, sino del otro tipo de narcisismo, el llamado «narcisista encerrado en el armario» o defensivo, quien en lo fundamental se siente profundamente vulnerable y ansioso porque necesita que los demás le digan lo estupendo e importante que es, pero él, en cambio, debido a la fragilidad de su autoestima, se muestra tímido y esquivo en las relaciones sociales. Ahora bien, su gran necesidad de ser valorado por los demás lo hace especialmente sensible a las críticas y al rechazo de los otros. Por su narcisismo él se siente alguien superior y con derecho a satisfacer sus necesidades en toda circunstancia, pero no se atreve a actuar con dominancia y fanfarronería, sino que se limita a fantasear, a escribir sus pensamientos... hasta que llega la explosión en su día de retribución.

En quinto lugar, hemos de destacar la importancia del *sentimiento de envidia* como elemento dinámico de la generación de la ira que se deriva de los insultos que recibe Elliot en su ego (la llamada «herida narcisista»). Se trata de una envidia poderosa, patológica, que se funde con la vergüenza de compararse con los otros (que tienen una vida sexual activa) y ver que él resulta profundamente incompetente. Esta envidia se transforma en una ira creciente orientada a destruir a aquellos que día a día le muestran cuánto gozan del sexo mientras que él todavía es virgen. Sus fantasías homicidas le sirven para aminorar el profundo dolor que siente al ser rechazado una y otra vez; la venganza por tanta afrenta le da un sentimiento de control ante sus perennes sentimientos de llevar una vida miserable. Y es que sentir una ira profunda puede ser un sentimiento muy poderoso y embriagador: uno se vuelve más frío, menos ansioso y miserable; sabe que llegará un día en que todo ese dolor se volverá hacia quienes lo han provocado, lo que genera un sentimiento de poder en la espera del día en que se tomará cumplida revancha de otros.

Finalmente, también es digno de mencionar de qué forma Elliot desarrolló una estrambótica *filosofía personal* acerca de la maldad intrínseca de las mujeres y, por extensión, del sexo, cuya llave ellas poseen. Encerrarlas en un campo de concentración y usarlas únicamente como elementos reproductivos es una extensión, por supuesto, de sus fantasías violentas, ya que se trata de una distopía donde las mujeres son castigadas y humilladas de forma permanente. Aquí es donde podemos preguntarnos si Elliot no estaba llegando a desarrollar pensamientos delirantes, es decir, a tener ideas fuera de la realidad, sin tener conciencia de que son definitivamente irracionales. Mi impresión, después de leer detenidamente el manifiesto, es que no llegaron a ese nivel. Era algo sobre lo que él fantaseaba porque lo hacía, como digo, sentirse poderoso, pero en modo alguno pensaba que eso podría producirse. Tiene claro que se va a sacrificar por una causa, pero es *su causa*, no la de nadie más. Su causa es la de no soportar que las chicas lo rechacen y se burlen de él, y por ello toma la forma de un castigo indiscriminado entre la población de estudiantes donde se incluyen todas aquellas chicas que no repararon en él o activamente lo ignoraron, así como contra los chicos que sí tuvieron éxito con ellas; es una venganza muy personal.

Escribe Stephen White que el caso de Elliot Rodger muestra «una historia de factores complejos e interdependientes de violencia, que va tomando forma con el tiempo: primero, los problemas derivados de un difícil proceso neurológico desde la infancia del sujeto, al que se van añadiendo rasgos de psicopatía y sadismo, una situación de aislamiento social y, finalmente, las características de una personalidad narcisista del tipo "introvertido", donde se manifiesta una profunda envidia». Todo lo anterior propició que el individuo llegara a vivir unos poderosos sentimientos de dolor psíquico, de falta de autoestima y, al final, de desesperación, todo lo cual generó en él una ira profunda que se canalizó finalmente en su explosión homicida. «Las personas a las que mató simbolizaban a los miembros de la comunidad que poseían lo que él nunca pudo poseer, y disfrutaban de este modo de una vida a la que él nunca podría acceder».

EN BUSCA DE UNA NUEVA IDENTIDAD: «MASACRES ÍNTIMAS»

El profesor de la Universidad de California Jack Katz empieza su análisis señalando que «tenemos que aceptar el hecho absurdo que representa la masacre íntima con objeto de explicarla. No hay una relación sistemática entre la gravedad de sus efectos y sus causas cercanas». Con ello quiere decir que la magnitud del resultado (la masacre: 27 muertos en Texas, 32 en la Universidad Politécnica de Virginia, etc.) no puede entenderse si simplemente atendemos a los eventos que la precedieron. Es necesario, por el contrario, comprender qué significan esos crímenes para sus autores y que querían lograr con su consumación.

Para comenzar, Katz redefine el concepto de «tiroteo escolar» como masacres íntimas: «íntimas», porque el lugar elegido para el asesinato múltiple tiene un sentido vinculado a la biografía del sujeto;, y «masacre», porque hay un ataque indiscriminado a las víctimas. No obstante, el autor amplía el concepto no solo a las escuelas, sino a centros de trabajo, aeropuertos, centros comerciales y otros lugares donde el asaltante ha sufrido —o imaginado que ha sufrido— actos de degradación.

Ya sabemos que la idea de «víctimas indiscriminadas» no es correcta en muchos casos, porque muchas de ellas están vinculadas simbólicamente con las personas que ofendieron al asesino. Por ejemplo, Elliot se dedica a disparar sobre jóvenes que conformaron la causa de sus pesadillas. Son indiscriminadas porque las tirotea por cuestión de oportunidad: sencillamente, cuando comienza su *raid* se las encuentra de camino; pero no lo son en cuanto que dispara a estudiantes que simbolizan al colectivo que lo humilló y que le negó el acceso al sexo que tanto anhelaba.

Pero volvamos al concepto de intimidad, cuya relevancia se explicita si preguntamos lo siguiente: ¿qué significa este acto para el sujeto en relación con su biografía? ¿En qué medida se relaciona su asesinato múltiple con su pasado y su futuro? Contestando a la primera pregunta, Katz responde que los ataques se producen en lugares donde el sujeto ha tenido una implicación emocional, es decir, son importantes en su biografía o al menos el sujeto lo percibe de ese modo; son lugares, en suma, que «contienen una versión de su identidad, incluso aunque la relación se produjera mucho tiempo atrás. En ese lugar, el atacante habrá sido un estudiante, un trabajador, un cliente».

Ahora bien, esa versión de su identidad es la que ha sido depositaria de su fracaso, de su humillación, es la que odia, porque representa su impotencia, el hecho de ser un don nadie. Por ello, los que realizan estos actos «están buscando alcanzar un punto de no retorno [...] lo que tratan de hacer es lograr una transformación irreversible de su identidad mediante la negación de su pasado de un modo definitivo, sin mostrar una orientación coherente o fácilmente interpretable hacia su futuro». La falta de una orientación coherente se representa gráficamente como una «solución final». Los tiradores saben positivamente que, en el mejor de los casos, serán detenidos y pasarán la mayor parte de sus vidas (si no toda) en prisión; y, en el peor, morirán por su propia mano o a manos de la policía (lo que se conoce como *suicide by cop*).

Precisamente, para el investigador, una de las complicaciones para comprender estos hechos es la dificultad que existe para ver la relevancia que tiene el lugar elegido para la masacre con la vida de la persona, es decir, como reflejo de su identidad pasada, que quiere aniquilar mediante el tiroteo de los indefensos. En este punto, mi opinión es que, si bien es valiosa la hipótesis de Katz de que los asesinos múltiples matan en muchas ocasiones en aquellos lugares que simbólicamente se asocian a los espacios donde sufrieron heridas narcisistas, no creo que sea un requisito necesario para la búsqueda del objetivo, que es reivindicar el relato de una nueva identidad: la de vengador y justiciero.

Un buen ejemplo de esta falta de relación la tenemos en el caso de Aurora. En la localidad de Aurora, a las afueras de Denver (Colorado), poco después de la medianoche del 20 de julio de 2012, un hombre vestido como un guerrero, con su rostro oculto bajo una máscara antigás, entró en un cine donde se estrenaba la última película de Batman y abrió fuego, matando a 12 personas e hiriendo a otras 58. Portaba un rifle y una pistola, y antes de disparar arrojó un gas a los espectadores. El asesino era un tal James Holmes, un joven descrito posteriormente por la prensa como «educado e inteligente», de una clase social media alta, que fue criado en una buena familia.

Sin embargo, según se supo después, la vida de Holmes no era idílica. La BBC investigó en su biografía y no halló relaciones amorosas ni amigos, pero sí una participación obsesiva en un grupo creado en internet para jugar en un videojuego. Igualmente importante es que pocos días antes del tiroteo Holmes había obtenido calificaciones muy bajas en el doctorado, a resultas de lo cual lo había abandonado. Lo que tenemos aquí, entonces, es un hombre socialmente aislado, tanto en la vida real como en la virtual, ya que no participaba en las redes sociales, solo tenía su grupo del videojuego. Y, además, con un fracaso importante en su progreso social, al no haber concluido el doctorado que cursaba.

Su acción homicida se realizó contra personas que no conocía. El cine estaba relativamente cerca de su casa. A diferencia de otros asesinos múltiples, las víctimas de Aurora fueron realmente indiscriminadas; cualquiera servía para mostrar el odio y la frustración de Holmes. Es difícil calificar esta masacre de «íntima» en el sentido empleado por Katz. Podemos conceder que el cine formaba parte del mapa cognitivo de Holmes, ya que estaba cerca de su casa, e incluso podría haber pensado que en el cine habría gente que conocería de la universidad, estudiantes o profesores, pero definitivamente cuesta pensar que el cine era el lugar donde se perpetraron los hechos más significativos que implicaron su rechazo social y su fracaso académico.

Es importante ahora detenerse en la idea de «crear una nueva identidad», sobre todo porque se trata de un nuevo autoconcepto que tiene, en el caso de los asesinos múltiples, muy poco futuro. En efecto, comparemos su acción retributiva con la de un sujeto típico que se venga para saldar las cuentas, matando a uno o varios, pero que espera seguir viviendo después de sus homicidios: «Los ataques por venganza buscan redefinir el pasado como medio para esbozar un futuro en el cual las cuentas ya se habrán ajustado, y el vengador no volverá a ser visto como alguien débil (o un bicho raro, o una ruina de persona), sino alguien a quien temer, preparado para comenzar una nueva vida», afirma Katz.

Por otra parte, esa nueva vida del que ajusta las cuentas por un agravio previo recibido no puede confiarse, quizá no pueda disfrutar mucho tiempo de sentirse bien por haber impartido (su) justicia. En lugares como escuelas, cárceles o barrios con bandas siempre puede esperarse que los otros repliquen. Ese es un riesgo que no está dispuesto a correr el autor de una masacre íntima, quien se niega a apostar por su futuro. Una vez que ha desarrollado un plan, algo que puede hacerse con mucho tiempo, el futuro tirador tenderá a quitar valor a las humillaciones que pueda sufrir. «Y una vez que se produce el ataque, este es necesariamente un éxito, puesto que no depende de la magnitud del daño alcanzado ni de la identidad de las personas fallecidas, sino del hecho de traspasar el punto de no retorno. El ataque garantiza que el futuro del atacante no será igual a su pasado, cualquiera que sea el futuro inmediato que le aguarda».

Así es en el caso de Elliot y de otros muchos. Tanto odio no se cristaliza en un número de muertos elevado, al menos para sus pretensiones iniciales. Difícilmente sus crímenes podrán evitar en lo más mínimo que en Isla Vista las chicas y chicos guapos sigan teniendo todas las relaciones sexuales que deseen. Pero para Elliot el éxito estaba ya prefijado en el momento en que concibe el plan, porque es en este punto cuando empieza a sentirse una persona importante, es decir, empieza a forjar la nueva identidad de un justiciero contra todos aquellos que le han arruinado la vida. Los tiradores, con su acto de violencia extrema, dan una patada a todo su pasado. Solo o, más raramente, en compañía de un cómplice (Columbine), el ataque rompe con todas las relaciones anteriores, que se quedan pensando cómo ha sido todo esto posible.

Ahora bien, más allá de significar el concepto de «intimidad» el hecho de que el asesino mata en lugares significativos de su biografía, para Katz las masacres son íntimas en otros sentidos. El primero es el extraordinario costo que supone la inversión que realiza el asesino para una actuación única y en muchos casos muy breve (a diferencia del terrorista «profesional», que organiza atentados y procura preservar la vida, o del sicario a sueldo de una mafia o empresa criminal). El segundo se halla en la habitual secuencia de preparación del ataque, que suele durar mucho tiempo, y en cuyo transcurso el sujeto (sobre todo si es adolescente) ha experimentado la satisfacción de recrear identidades violentas, mediante la adquisición o fabricación propia de indumentaria, o bien a través de su participación en foros violentos y en juegos de esta naturaleza. Sin olvidar el peligroso y excitante proceso de adquirir armas o explosivos, algo particularmente difícil en los países donde existe, como en España, un férreo control de las armas.

La necesidad de una masacre

¿Por qué es necesario realizar una masacre? ¿Por qué no matar únicamente a determinadas personas? Para contestar a este interrogante, es necesario analizar la perspectiva particular que tiene el atacante acerca de la interacción social.

La identidad individual se forma —y constantemente se reforma— mediante la relación entre *el yo*, que se representa a través de las acciones que él realiza hacia los demás, y *la persona*, es decir, la percepción que el sujeto tiene de quién es él desde las reacciones de los demás hacia él (ante su presencia y comportamiento), tal como advirtió el célebre sociólogo Erving Goffman. Los atacantes pretenden negar una parte específica de su identidad, no es el yo, sino la identidad que los otros han asumido que es él, es decir, *su persona*. Ahora podemos comprender por qué realizan una masacre: ellos piensan que los demás han desarrollado una identidad de ellos que no pueden tolerar, una identidad que está asociada a determinados lugares. Escuelas, universidades y lugares de trabajo son importantes porque construyen identidades, y no solo sobre la base de la competencia del joven en los estudios o en el trabajo, sino también emitiendo juicios en el plano moral o personal acerca de quién es él, de cómo lo ven y definen («esta persona es muy rara», «es un perdedor», «no te puedes fiar de ella», etc.). El asesino múltiple tiene frente a eso una solución brutal y definitiva; podemos decir que lo que pretende es reaccionar de forma devastadora frente al modo en que él *está siendo personificado* por la gente que lo rodea.

Pero, más aún, la masacre no solo tiene ese objetivo de crear una nueva identidad mediante el relato del vengador que da su castigo a los que lo llevaron a ese punto de no retorno por sus humillaciones, sino que mediante el crimen múltiple pretende *revertir la lógica social de la institución atacada*. Ahora la institución ya no va a seguir juzgándolo o humillándolo: frente a los miembros del colegio, la universidad o la empresa ahora aparecerá como alguien poderoso y con iniciativa. Las víctimas específicas y simbólicas de esos ataques son «culpables», porque pertenecen a los lugares donde los atacantes han sido denigrados. Y esas instituciones, que son lugares de paz y de aprendizaje, de trabajo o de oración (iglesias), que suponen espacios para el desarrollo ordenado de la vida, se convertirán por mor de sus actos en lugares de caos y de muerte.

El proyecto del atacante es mostrarse poderoso y eficaz, he ahí por qué resulta seductivo a tantos jóvenes: genera una conmoción, una transformación en la vida social, una atención que él ha provocado. Sin embargo, el precio que ha de pagar es la autodestrucción, no ve su obra como un paso hacia delante en su futuro, porque ha renunciado a él. El ataque, único y extremo, es tan terrible que el *yo* ya no puede ser trascendido, es decir, ya nada más puede añadirse que defina a ese individuo: la masacre es la expresión máxima de su yo. Por eso señalé antes que los responsables de las masacres dejan a sus familiares y conocidos asombrados: no podían sospechar jamás que iban a realizar tales actos, que para ellos constituyen un gran misterio. Solo cuando se revisa el pasado del asesino con meticulosidad aparecen los preparativos ocultos para el ataque. Y el vínculo que unía el lugar elegido para la masacre con su biografía, si es el caso. Así, el tirador de Texas mató en la iglesia donde esperaba encontrar a su suegra. La unión de la iglesia con su odio pasaba a través de la conexión con la persona que, en su mente, había contribuido a destrozar su vida mediante el apoyo o el vínculo que tenía con su hija, que lo denunció y acabó con su carrera. Por su parte, el avión que estrelló Lubitz era también un espacio «íntimo»: ese era el lugar donde había forjado sus sueños, y de ahí que constituyera el sitio idóneo para ser a un tiempo el arma homicida y el instrumento de su propia destrucción.

Aquí Katz relaciona a los terroristas jóvenes que deciden participar en la yihad con los jóvenes que cometen homicidios múltiples, punto que ampliaremos en un capítulo posterior:

> En algún lugar en la biografía previa del atacante, se halla la lógica de la conversión emocional que los responsables de asesinatos múltiples comparten con los terroristas: la extensión de la destrucción que *yo he causado* mide la profundidad del daño *que me has hecho.* Y ya que se sacrifica el futuro, el pasado de ese individuo, a sus ojos, ha recobrado un sentido nuevo o más profundo.

Adam Lanza

Desde el punto de vista del atacante resulta intolerable dejar la definición de sus actos en manos de otros narradores, quienes inevitablemente pondrán el énfasis en su pasado de humillación y fracaso. Por eso algunos jóvenes matan a sus padres y, en general, no permiten que sean declarados enfermos mentales en los juicios, si sobreviven al ataque. E igual sentido tienen los manifiestos y documentos escritos y audiovisuales que dejan atrás antes de cometer el crimen múltiple: quieren ser ellos su propia voz, explicar sus razones, sin que nadie pueda arrebatarles el propósito firme con el que van a actuar.

Un ejemplo de esto lo tenemos en la matanza acontecida en 2012, el 14 de diciembre. El joven de 20 años Adam Lanza mató a su madre, Nancy Lanza, en su hogar y luego se dirigió al colegio de primaria Sandy Hook —donde él mismo había estudiado— en Newtwon (California), y después de atravesar el sistema de seguridad de la entrada mató a tiros al director, que lo había encarado al escuchar los disparos, y posteriormente dirigió su fuego hacia los niños y mató a veinte de ellos, de entre 6 y 7 años de edad; también mató a seis adultos, entre ellos el psicólogo de la escuela, y posteriormente se suicidó. Los niños asesinados pertenecían a dos aulas adyacentes. Adam Lanza los mató con mucho detenimiento, disparando prácticamente a quemarropa. Portaba dos pistolas y un rifle.

Lanza, a diferencia de Holmes en Aurora, sí regresó al lugar donde había sido humillado. Según se supo después, a este joven, cuando iba a octavo curso, le diagnosticaron clínicamente una grave ansiedad. En los informes también se halló que padecía de un tipo de autismo (probablemente Asperger) y que su rendimiento académico fue pobre tanto en el colegio Sandy Hook —donde cometió los asesinatos— como posteriormente en la secundaria. Finalmente, otros informes señalaron que en ambas etapas escolares Lanza soportó abusos y acoso por parte de sus compañeros.

De nuevo tenemos la figura del joven aislado socialmente, completada en este caso por los abusos recibidos. Sin embargo, a diferencia de Holmes, las víctimas seleccionadas estaban claramente relacionadas con el lugar donde él se sintió vejado. Desde luego Lanza no conocía a esos niños, pero ellos representaban a la institución a la que hacía objeto de su venganza. La única víctima que conocía era su madre. Y tiene sentido pensar que su madre, si sobrevivía, podría explicar a los medios, una vez muerto él, las graves dificultades y experiencias negativas por las que tuvo que pasar su hijo, en un intento de justificar de algún modo sus acciones o al menos hacerlas comprensibles para la sociedad. Pero esa explicación, aunque bienintencionada, *quitaría valor a lo que él estaba dispuesto a hacer*. En lugar de afirmar una nueva identidad mediante un acto poderoso de castigo, todo iba a quedar reducido a una acción desesperada de un pobre loco. Con la muerte de su madre, Lanza evita la fuente principal de esa interpretación de la que intenta huir.

Finalmente, el criminólogo Jack Katz sostiene que la biografía de estos sujetos relata una lucha oculta y desesperada con el caos. Aunque aceptáramos que estos sujetos tienen problemas mentales, queda sin embargo por explicar por qué resultan tan atractivas para ellos las masacres como forma de enfrentarse a ese caos, ya que la inmensa mayoría de los enfermos mentales no participa jamás en tales actos homicidas. Y señala que «para ellos las masacres tienen al menos durante un tiempo un sentido, que no lo tienen para nadie más». Cuando se produce el hecho final que desencadena el evento, es decir, el «insulto final», para él es un momento del tipo «ahora o nunca». Y la paradoja es que ellos pretenden alcanzar el orden (el control) en sus vidas creando el caos en situaciones ordenadas. «En una perspectiva amplia, el asalto homicida se deriva del caos con el que ha estado batallando en todas sus relaciones sociales, incluso antes de que un rechazo [humillación, ofensa] específico precipitara la violencia».

En otras palabras, el homicida múltiple actúa de este modo porque llega a un punto en que lucha contra un problema que siente que no puede resolver de otra manera. El suicidio es, desde su perspectiva, la consecuencia lógica de una decisión que juzgó del todo racional, por sorprendente que nos pueda parecer. La posible enfermedad de Asperger o las humillaciones pasadas no pueden ocultarnos el hecho de que todas esas muertes fueron bien pensadas y ejecutadas con parsimonia. Para Lanza esos crímenes azarosos constituían un *acto trascendente*, en el sentido de que le suponía superar o *trascender* su identidad anterior, conjurar su vida pasada, y dejar una huella que, aunque él ya no estaría allí para verla, sí pudo imaginar duradera y dolorosa para la sociedad que lo condenó a una vida miserable. En este último punto no se equivocó. Uno de los padres de la escuela elemental Sandy Hook declaró: «Siempre habrá una nube negra cubriendo todo este lugar. Nunca desaparecerá».

El profesor Katz comenta que la gran mayoría de los tiradores de campus universitarios pertenecen a la primera generación de inmigrantes cuya forma de asimilar la cultura estadounidense había sido percibida como inadecuada por sus compañeros. Y dice que ellos peleaban contra un «caos hermenéutico», es decir, se hallaban en un estado de incapacidad para saber cómo relacionarse con los compañeros y hacer frente a las exigencias escolares y laborales del país de acogida.

Hace una comparación interesante entre el ajuste que tiene que hacer el exconvicto que intenta reintegrarse en la sociedad y el tirador. El primero ha de luchar contra el estigma de su pasado criminal, así como contra la desconfianza de la gente incluso cuando cumple las reglas.

> Para los tiradores la situación es la opuesta: algunos han sido públicamente estigmatizados, no como criminales, sino como débiles, raros (frikis) o «maricones». Por lo general, han sido socialmente aislados; sin amigos, o amigos igualmente frikis; rechazados o abandonados por sus parejas sentimentales; expulsados de sus empleos; suspendidos o expulsados de la escuela; expulsados incluso de grupos o círculos de «tipos duros»; sintiéndose incómodos como inmigrantes, pero sin estar integrados del todo en las comunidades donde nacieron. Muchos intentaron recibir ayuda en el sistema de salud mental, pero finalmente abandonaron.

Este comentario es importante, porque nos ayuda a comprender cómo su vida puede convertirse en algo caótico, precisamente en un período (la adolescencia y primeros años de la vida adulta) en que son muy importantes los referentes a imitar y el desarrollo de unas expectativas definidas por donde transitar en el futuro. Sin embargo, es importante recordar que muchos de los tiradores escolares no son inmigrantes, sino estadounidenses de varias generaciones. Adonde quiero llegar es que si bien la inmigración puede ser un factor que ayude a dificultar la creación de un autoconcepto confiado y benigno, en modo alguno puede entenderse como un factor necesario o suficiente para explicar el asesinato múltiple. Quizá Katz estaba pensando en el tirador de la Universidad de Virginia, Seung-Hui Cho, procedente de Corea del Sur, que presentamos brevemente en el capítulo anterior.

En todo caso, sí es importante un punto que señala Katz comparando a los inmigrantes que se convierten en asesinos múltiples y aquellos otros que se vinculan en Occidente a grupos yihadistas. Estos, a diferencia de los anteriores (que buscan sin hallarlo un nicho al que pertenecer y que los acepte), han podido encajar con una cultura propia de un grupo o comunidad, durante un tiempo más o menos largo, pero en todo caso suficiente para su integración en las acciones terroristas.

En resumen, el asesino múltiple alcanza el control final de su vida mediante la cristalización de un plan homicida y su posterior consumación. Lo paradójico es que ellos alcanzan el control de sus vidas caóticas mediante la creación del caos, a través de su comportamiento violento extremo. Es su forma de escapar de «una identidad pública incómoda, impenetrable, solitaria, extraña, o bien de la enfermedad mental, que surge como consecuencia de experiencias frustradas por encajar». Y a esto tenemos que añadir que la habitual personalidad narcisista que presentan facilita sustancialmente el sentirse humillados y el consiguiente rechazo de los demás.

Finalmente, el efecto imitación no puede descartarse. Katz dice que para comprender esa violencia íntima entre los jóvenes debemos recurrir al concepto de moda. En términos logísticos, es mucho más fácil cometer una masacre que robar una tienda. «Los tiroteos en la escuela suben y bajan de acuerdo con la dinámica impredecible de una moda». De ahí que plantee que los tiroteos escolares sean estudiados dentro de la cultura juvenil. Es una violencia romantizada, algo que puede adoptar otro modelo entre los jóvenes si la moda así lo exige. Por otra parte, los jóvenes que tirotean lo hacen en pequeñas comunidades, donde es difícil actuar de forma criminal, no hay bandas y el contexto social de una supervisión informal amplia a cargo de los adultos no ayuda a la aparición del crimen convencional juvenil, compuesto principalmente por robos y actos vandálicos. Es decir, el caos que uno sufre de forma privada no tiene canales de expresión, lo que a juicio de este autor provocaría que determinados jóvenes empezaran a fantasear con una matanza como vía de escape a su realidad.

En resumen, una personalidad narcisista de base, unas circunstancias humillantes que se van acumulando, una identidad que sufre... *El tirador necesita un nuevo relato de quién es él y qué representa en el mundo.* En ese relato, su identidad se rehace cuando empieza a considerar que los demás necesitan aprender una lección. La ira se acumula y el plan de venganza se vuelve cada vez más inevitable. El tirador se siente atraído por la violencia que prevé, por ver el terror en los ojos de quienes le humillaron. Su *nueva identidad* de vengador le ayuda a sentir que tiene otra vez el control: para no volverse loco precisa crear el caos en los demás, una masacre personal o íntima. El día de la retribución será el último, pero, como dejó escrito Elliot Rodger, «la infamia [después de muerto] es mejor que la oscuridad total [en vida]».

4

El asesino múltiple en España

En España, por fortuna, no tenemos casos de tiroteos masivos en universidades, escuelas, iglesias u otros lugares donde se concentra mucha gente, pero desde luego tenemos asesinos múltiples. Un ejemplo reciente ocurrió en junio de 2016:

> Cuando descubrió que su pareja lo engañaba, Dahud Hanid-Ortiz, de 45 años, decidió vengarse. El exmilitar estadounidense de origen venezolano y residente en Alemania se plantó en Madrid, en el despacho del abogado peruano que se acostaba con su esposa. No lo encontró, pero se desquitó con las dos empleadas cubanas y un cliente ecuatoriano, a quienes mató con una palanqueta y un puñal. Desde entonces el autor del triple crimen de la calle de Marcelo Usera está en paradero desconocido.
>
> Dahud Hanid-Ortiz vivía en la pequeña ciudad de Wurzburgo, en Baviera. Había llegado a Alemania en 2011 como teniente primero del ejército de Estados Unidos después de haber sido soldado en Irak y Corea. Con excepción de una condecoración, un Corazón Púrpura que recibió por sufrir heridas en la guerra de Irak, su carrera militar de 19 años no fue demasiado brillante y terminó abruptamente. El 30 de junio de 2015, un tribunal militar confirmó una condena por uso de documentación falsa para conseguir el rango de

oficial del ejército. Fue además sancionado por fraude contra el Estado al haber simulado que su familia seguía viviendo en Estados Unidos mientras él estaba destinado en Alemania, lo que le permitió recibir una ayuda social de 87 000 dólares a la que no tenía derecho.

Después de esa baja deshonrosa, el exmilitar se dedica a fabricar currículos falsos para conseguir trabajo en Alemania. La relación con su esposa, una doctora alemana, entra en crisis y, a finales de 2015, anuncia en su Facebook que tiene novia. Dice que vive en Kuala Lumpur, la capital de Malasia, pero sus intervenciones en otras redes sociales lo sitúan en Alemania.

Es un hombre que ha vivido de la mentira y del engaño. El escritor Bertrand de la Grange, que ha seguido sus pasos, no tiene dudas al respecto:

> En Linkedin asegura que ha estudiado en la Universidad de Mumbai (India) y se presenta como *business manager* de la compañía L'Oréal en la ciudad alemana de Colonia. Pero comete el error de poner el Twitter de David Ortiz en sus datos personales. El exteniente primero Dahud Hanid-Ortiz, el empleado de L'Oréal formado en India y David Ortiz, que ilustra su perfil de Twitter con la sonrisa de un macaco, viven todos en la misma casa en Wurzburgo y son una sola persona.

¿Cuál es la razón de este triple crimen? La venganza. Hanid-Ortiz averigua que su esposa, a pesar de que la relación está rota, se acuesta con un abogado. Y decide ir a matarlo. Pero no lo encuentra, y acaba con quienes están en el bufete: la abogada Elisa Consuegra Gálvez, de 31 años; la secretaria del bufete, Maritza Osorio Riverón, de 46, y un cliente que estaba esperando, Pepe Castillo Vega, de 43. Bertrand de la Grange relata cómo reconstruyó la Policía Nacional lo sucedido:

«El asesino va a matarlo a él, pero una de las dos mujeres tenía mucho temperamento y trata de discutir, y entonces la mata, porque es un paranoico», explica el policía. Los forenses determinaron que Elisa fue la primera en morir —«se ensañó con ella»— después de recibir varias puñaladas con un arma blanca que llevaba el asesino.

La reconstrucción del crimen establece que Maritza, al ver lo que ocurría, intentó defenderse con una palanqueta que tenían en la oficina. El exmilitar se la quitó de las manos y la mató a golpes. Pese a la situación, Hanid-Ortiz decidió quedarse en el lugar hasta que llegara Víctor Salas. Había recorrido de un tirón casi 2000 kilómetros en coche para vengarse y no tenía ninguna intención de echarse para atrás.

Estuvo esperando unas dos horas, con los cuerpos de las dos mujeres tendidos en el suelo. Sobre las cinco de la tarde llegó un hombre. El exmilitar se le abalanzó y lo mató con la palanqueta. Lo más probable, según los investigadores, es que Hanid-Ortiz pensara que se trataba del abogado peruano. Pero no era él, sino un cliente que tenía prisa y había dejado su coche en doble fila en la calle de Marcelo Usera.

Hasta el momento de escribir este libro el sospechoso sigue en libertad. Su pista se pierde en Venezuela, ya que la última vez que fue visto fue cuando tomaba un avión para aquel país.

LOS MÓVILES DE LOS ASESINOS MÚLTIPLES

Este caso representa bien el tipo de homicidio múltiple que se produce en España. Una investigación realizada en la Universidad de Valencia por Sandra Salazar destacó lo que podría considerarse el perfil de los asesinos múltiples extraído de la literatura internacional, y lo comparó con una muestra de 31 homicidas múltiples españoles que habían sido juzgados por sus crímenes en el período 2000-2016. Aunque este estudio tenía la limitación de no poder analizar a los asesinos que finalmente no habían sobrevivido a los hechos (excluyendo así a los que se suicidaron, lo que constituye una pérdida significativa), tuvo el mérito de constituir la primera investigación llevada a cabo en España sobre este tipo de crimen.*

Pudimos determinar el móvil de los homicidios de todos los sujetos a excepción de uno. El predominante fue la ira, presente en 14 de los treinta agresores (47%). Por lo demás, seis sujetos actuaron a raíz de su enfermedad mental, cinco lo hicieron por venganza, y uno a causa de su trastorno de la personalidad. En un caso el motivo fue económico. Los motivos restantes fueron los siguientes. Un sujeto pretendía eludir la acción de la justicia; otro agresor, defender a su padre de una supuesta futura agresión; otro no se resignó a perder la atención de su expareja; y, por último, uno pretendía evitar el sufrimiento que a su familia le supondría su recaída en las drogas. Salazar diferenció la ira de la venganza: consideró que un agresor había actuado por ira cuando la reacción violenta era inmediata tras ocurrir un suceso estresor o detonante de la acción homicida, y por tanto no se trataba de una respuesta pausada y premeditada; en cambio, la venganza se valoró cuando existió una pausa emocional entre el suceso desencadenante y la acción

* Otra limitación importante es que solo podía obtenerse información sobre aquellos datos recogidos en las sentencias, lo que lógicamente minimiza el número de factores que estudiar, porque las sentencias no suelen recoger muchos de los aspectos que sí son muy relevantes para los investigadores. Por otra parte, se utilizó un criterio más amplio que el utilizado en muchos estudios en el extranjero a la hora de definir el asesinato múltiple, porque se incluyeron a todos los que habían intentado o logrado matar a dos personas o más en un mismo acto, algo que era necesario dado el escaso número de sujetos que matan a tres, cuatro o más personas en un mismo acto —los criterios más habituales— en nuestro país.

delictiva, en cuyo caso el sujeto planifica la agresión y comete el crimen después de haber transcurrido cierto tiempo.

Como puede observarse, existen diversos móviles, pero sin duda destaca el binomio ira-venganza en la acción de los asesinos múltiples españoles, lo que coincide con la investigación internacional. Se comprende de este modo que fuera habitual que el asesino hubiera vivido una situación que lo hizo tomar la decisión de matar, ya sea de forma irreflexiva o planificada: 27 agresores habían vivido una situación que precipitó la agresión (el 87%): por ejemplo, la discusión previa con alguna de las víctimas, la expulsión de un local, la recaída en el consumo de drogas o el rechazo por parte de la víctima. Uno de los desencadenantes más frecuentes fue el vinculado con problemas en la relación de pareja, como discusión, infidelidad o ruptura, así como la discusión previa con las víctimas fuera del ámbito de la pareja, ambos con siete casos.

En resumen, el móvil mayoritario en el asesino múltiple en España son la ira y la venganza, y estas se proyectan sobre las personas que aquel entiende que lo han ofendido o traicionado.

LOS ASESINOS

¿Cómo es el asesino múltiple en España? De los 31 agresores, 29 eran hombres, solo había, pues, dos mujeres. Igualmente, todos menos dos eran españoles. El rango de edad predominante fue el comprendido entre los 25 y los 45 años, con una media de edad de 39 años aproximadamente. La mayoría de los sujetos no había delinquido previamente (25, alrededor del 81%). De los seis agresores que sí habían delinquido, únicamente uno era reincidente, es decir, había cometido anteriormente un delito relacionado con el que fue objeto de la sentencia (fue condenado por un delito de homicidio en grado de tentativa). El resto de estos seis, o bien tenía antecedentes no computables (por no guardar relación con el delito), o bien ya estaban cancelados (por haber pasado el tiempo fijado por la ley). Estos datos coinciden con los reportados por la investigación internacional.

¿Qué se puede decir acerca de su salud mental? Es importante analizar la aplicación de circunstancias modificativas de la responsabilidad criminal a la hora de enjuiciar al agresor, ya que su presencia indica que *el homicida no fue completamente responsable del hecho.* Como noción básica hay que diferenciar entre eximente completa, eximente incompleta y atenuante. De acuerdo con el Código Penal español, podemos decir que la *eximente completa* se aplica cuando la capacidad de comprensión y motivación del autor queda anulada (como consecuencia, por ejemplo, del consumo de estupefacientes). En este caso, el sujeto no puede comprender la ilicitud del hecho ni actuar conforme a esa pretensión (no es capaz de comprender el alcance de sus hechos) y, por ello, no es responsable. La *eximente incompleta* es aplicada cuando esta capacidad queda afectada gravemente, aunque no anulada por completo. Por último, la *circunstancia atenuante* no exime de responsabilidad penal (el sujeto sigue siendo responsable del hecho cometido), pero sí que la atenúa o reduce. Posteriormente, se detallará a qué se debe esta atenuación.

Como resultado obtenemos que a 14 agresores (un 45%) les fue de aplicación una de estas tres circunstancias modificativas. De entre estos 14 agresores, a seis se les aplicó una eximente completa; a dos, una incompleta; y a seis, una circunstancia atenuante (véase tabla 3).

Siete agresores cometieron el hecho tras haber consumido drogas o alcohol, y otro de ellos era toxicómano. Sin embargo, ninguno de ellos estaba tan afectado como para no comprender qué es lo que estaba haciendo. De hecho, a

TABLA 3. Motivos de aplicación de circunstancias modificativas de la responsabilidad criminal (N.º = 14)

Eximente completa	*N.º*	*Eximente incompleta*	*N.º*	*Atenuante*	*N.º*
E. mental	6	E. mental	1	Drogas/ alcohol	3
		Trastorno personalidad	1	Trastorno personalidad	2
				Obcecación	1

tan solo tres les fue de aplicación la atenuante por embriaguez o intoxicación, por lo que su capacidad de comprender y actuar únicamente se vio afectada de forma relativa.

Teniendo en cuenta el concepto de enfermo mental del profesor Michael Stone, de la Universidad de Columbia, resultan serlo siete agresores. Este autor define al enfermo mental como aquel sujeto que es *psicótico* (no confundirlo con *psicópata*), lo que revela que su contacto con la realidad está gravemente alterado.* En el estudio de Salazar, un agresor presentaba psicosis; tres de ellos, esquizofrenia paranoide; otro, trastorno paranoide de la personalidad con ideas delirantes de tipo celotípico; uno más, trastorno de ideas delirantes persistentes; y, por último, un agresor sufría un trastorno delirante persecutorio junto con un trastorno mixto de la personalidad. Seis de los arriba mencionados fueron considerados no responsables al serles de aplicación una eximente completa, mientras que a otro agresor se le aplicó una eximente incompleta.

* Stone incluye dentro del concepto de psicosis las siguientes enfermedades mentales: esquizofrenia, trastorno bipolar con alucinaciones, trastorno esquizoafectivo, trastorno delirante, trastorno del espectro autista y las psicosis derivadas del consumo de drogas o lesiones cerebrales.

Así pues, los datos en este punto confirman que una minoría sustancial de los asesinos múltiples tiene graves problemas psiquiátricos (una quinta parte de los condenados), lo que también se señala en la literatura especializada. En otras palabras: mientras que la gran mayoría de los asesinos múltiples «están en sus cabales» o son psicológicamente «normales» cuando cometen el hecho, no debemos despreciar la posibilidad de que una parte de ellos tenga graves problemas mentales. Y si consideramos que algunos de ellos, además, tienen personalidades alteradas, que si bien no les impide ser responsables les coarta la capacidad de tomar decisiones con su pleno uso de la razón (que se corresponde casi con el 50% de los condenados en España por homicidio múltiple), concluiremos que los asesinos múltiples presentan con frecuencia trastornos psicológicos que pueden tener un papel significativo en la comisión de sus actos de violencia extrema.

LAS VÍCTIMAS

Hay que recordar que, como la muestra incluye a sujetos condenados por homicidios en grado de tentativa y de consumación, no todas las víctimas fueron mortales. Hubo un total de 105 víctimas, de las cuales cincuenta murieron y 55 no. En cuanto al número de víctimas por agresor, 11 agresores tuvieron dos víctimas; nueve agresores, tres; siete agresores, cuatro víctimas; y cuatro agresores, más de cuatro víctimas (véase gráfico 1). El promedio de víctimas por agresor asciende a tres, considerando las que fallecieron y las que sobrevivieron.

Del mismo modo que no todas las víctimas fueron mortales, no todos los agresores son homicidas por cuanto que no todos lograron su propósito de acabar con la vida de los que atacaron. De los 31 asesinos, 23 mataron al menos a una persona; y ocho intentaron matar al menos a dos personas, pero las víctimas sobrevivieron.

Gráfico 1. Número de víctimas y porcentaje por agresor

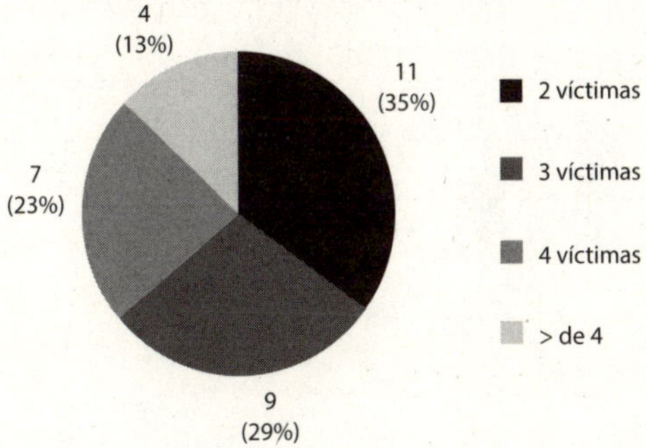

De las 105 víctimas totales, 27 (31%) eran mujeres y 59, hombres (67%). Veinte víctimas eran policías que fueron asesinados o heridos gravemente cuando se encontraban ejerciendo sus funciones. En unos casos acudieron al lugar de los hechos con motivo de una agresión previa. En otros, simplemente fueron sorpresivamente atacados mientras cumplían con su deber (por ejemplo, al pedir la documentación).

La forma más común de causar la muerte es el disparo de arma de fuego, seguida del apuñalamiento. Concretamente, de las cincuenta víctimas que murieron, 21 lo hicieron a causa de disparos, 13 por apuñalamiento —o heridas similares producidas por arma blanca—, siete víctimas murieron a causa de golpes efectuados por el mismo agresor o a través de un objeto, cinco por un incendio, dos víctimas de asfixia y tres al ser arrolladas por un vehículo. Una de las víctimas murió como consecuencia tanto de las heridas producidas por arma blanca como por los múltiples golpes recibidos, por ello si contamos las víctimas en el gráfico 2 son 51 en lugar de cincuenta (véase gráfico 2).

Cuarenta víctimas (un 38%) no tenían ningún tipo de relación previa con el agresor (incluyendo en este número a los veinte policías atacados). De esta forma, el 62% (65 vícti-

Gráfico 2. Diferentes formas de homicidios consumados (% de víctimas, n.º de víctimas = 51)

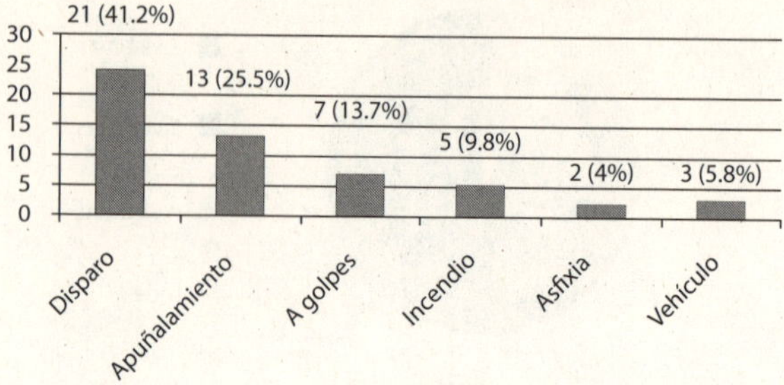

mas en concreto) sí conocía a su agresor. De estas últimas, treinta víctimas (el 45%) tenían algún tipo de vínculo familiar (incluyendo familia directa, pareja y expareja, familia de la pareja y familia de la expareja), dos eran amigos/pareja de la expareja del agresor, diez tenían relación en el ámbito laboral, cuatro tenían una amistad, cuatro convivían con el agresor (sin guardar ningún otro tipo de relación excepto la de convivencia) y uno era vecino. Por último, 15 eran conocidos aunque no se especifica el motivo (véase gráfico 3).

De lo anterior se concluye que, de todas las relaciones posibles entre el asesino y la víctima, la más común es la familiar. Es decir, treinta víctimas (del total de 105) tenían una relación familiar con el asesino. Esas víctimas constituyen el 45% de todas en las que existía una relación previa de cualquier tipo entre homicida y víctima. En el capítulo próximo estudiaremos el asesinato múltiple familiar.

Por otro lado, la investigación referenciada se hizo eco de la afirmación de muchos autores en el sentido de que las víctimas de los homicidios múltiples son tanto específicas como posibles extraños escogidos aleatoriamente. Los asesinos múltiples estudiados por Salazar incluyeron casos en los que el agresor realmente pretendía atacar a una víctima específica y conocida (por ejemplo, por venganza) y otros en los que aquel atacó a personas desconocidas que en ese mo-

Gráfico 3. Relación víctima-agresor (n.º de víctimas = 105)

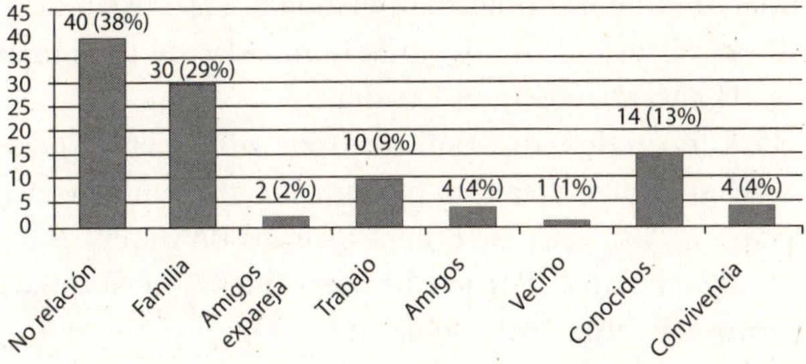

mento se encontraban en el lugar del hecho, bien por azar, por razón de sus rutinas o porque era su deber acudir, como sucede con los policías. Por lo tanto, es cierto que los asesinos múltiples matan tanto a víctimas aleatorias como escogidas específicamente.

Un ejemplo bien representativo de una víctima específica y otra no desconocida, pero sí incidental (no hubiera muerto de no haber estado junto a la víctima deseada por el asesino), fue el protagonizado por Sergio Morate.

DOBLE ASESINATO EN CUENCA

¿Quién es Sergio Morate? O mejor dicho, ¿qué es? Como autor del doble crimen de Cuenca cometido en 2015, de su expareja de 26 años Marina Okarynska, y de la amiga de esta, Laura del Hoyo, de 24, Morate es un asesino múltiple en un solo acto (dos muertes o más es el criterio utilizado por algunos investigadores, que coincide con el mío), que mata por venganza, el móvil fundamental de estos asesinos, como acabamos de ver. Pero hay una diferencia fundamental con Patrick Nogueira, el asesino de Pioz, que analizamos en el capítulo siguiente. Morate solo quería matar a Marina, no a Laura. Cuando se dio cuenta de que Marina había ido al piso que ambos compartían antes de la ruptura acompañada de su amiga Laura, tuvo que improvisar. Su intención original era matar a una sola persona, y en este sentido su móvil era el mismo de los otros homicidas de sus mujeres que cada año aparecen en España.

Pero no todos los homicidas por violencia de género *podrían* haber matado a otra persona en compañía de la que lo rechazó. Para esto hace falta un plus de narcisismo, de deseo de venganza. Porque la pregunta obvia que habría que formular aquí es la siguiente: ¿por qué no renunció Morate a su plan cuando vio que Marina no había ido sola a su casa? Probablemente el factor más importante fue la determinación homicida que lo animaba. Quería castigar a su exnovia por encima de todo. No había nada más importante para él en esos momentos, y seguro que esa idea le había golpeado en la cabeza desde que aquella lo abandonó. Pero, por otra parte, ya vimos en un capítulo anterior que los asesinos múltiples tienen un sentimiento de inevitabilidad de su acción una vez que alcanzan un determinado estadio en su premeditación, un punto de no retorno, en el que *sienten que no pueden dejar de hacer* lo que habían decidido: han sido *seducidos* por una acción muy planeada en su fantasía. Así, cuando Laura se presentó con Marina, Morate supo rápidamente que eso iba a complicarlo todo, porque él había preparado la desaparición de un cadáver, no de dos, y que además tendría que mostrar una ferocidad mayor; pero llegado a este punto comprendió que *tendría* que hacerlo. «Pobre Laura», declaró a uno de los policías cuando fue apresado.

Los planes y preparativos que Morate tenía, a saber, bolsas de plástico industriales, cinta americana, bridas de plástico (una de ellas redujo el diámetro del cuello de Okaryinska de 24 a 8 centímetros), dos sacos de cal viva, una linterna frontal, un teléfono nuevo, un coche prestado... Todo se vio arruinado por la presencia de Laura del Hoyo, que aquella tarde de agosto acompañó a Okaryinska a casa de su exnovio para dar mayor seguridad física a su amiga. Según las declaraciones escuchadas en el juicio y el alegato de la fiscal, «mató a Laura para no dejar testigos», pero se encontró con dos cuerpos. «Cuando vio que cavar en ese sitio no era tan sencillo, fue cuando decidió emprender la huida», declaró uno de los policías con los que se sinceró tras ser extraditado a España desde Rumanía. A partir de ahí, todo fueron errores: se dejó una botella de agua en el lugar, donde se encontró su ADN; encendió el teléfono al salir de España; contactó con amigos y familiares; confesó su crimen a dos de ellos y después a dos policías... «La he liado gorda», dijo.

Sergio Morate es, como acabamos de leer, un chapucero de mucho cuidado, y culmina así su vida en libertad como vivió, con una absoluta mediocridad, fiel reflejo de una inteligencia limitada. Además, había estado un año en la cárcel en 2007 por la detención ilegal de otra exnovia, la cual dijo que una vez encerrada la había obligado a desnudarse, que le había sacado fotos y que la había amenazado de muerte si lo dejaba.

Morate tiene en común con otros asesinos múltiples su narcisismo, pero a diferencia de los que actúan fuera de las relaciones amorosas o familiares, que han experimentado —o al menos es su percepción— humillaciones y afrentas durante años, o en un tiempo más breve pero con gran intensidad, su vida no era un caos y tenía a su familia, que lo había apoyado después de su salida de la cárcel.

Morate está lejos de la psicopatía de Nogueira. Es un amante celoso y posesivo, que defiende su narcisismo con violencia cuando las mujeres deciden que ya tienen bastante. Pero no hay ese deleite sutil con la violencia, esa capacidad asombrosa del joven de Pioz para echarse a dormir o a descansar después de su matanza. Morate se asusta cuando ve que no puede ocultar su doble crimen y escapa a Rumanía, adonde llega sin parar debido a la adrenalina que regaba su cuerpo. Es un tipo cruel, no hay duda, en todos ellos hay una gran dificultad para sentir la empatía profunda hacia las personas que no se avienen a sus deseos, pero este rasgo caracteriza a todos los delincuentes violentos. El psicópata va más allá: no empatiza con nadie.

¿ES EL ASESINATO MÚLTIPLE ESPAÑOL IGUAL AL QUE DOMINA EN OTROS PAÍSES?

En algunos sentidos, así es. El asesino múltiple español es mayoritariamente varón, nacido en España, caucásico, en un rango de edad entre los 25 y los 45 años, que actúa motivado fundamentalmente por el dúo ira-venganza, sin antecedentes penales, y que en su mayoría no presenta graves trastornos mentales. No obstante, hay una minoría importante que sí que mostró una psicología anormal, que al menos supuso una atenuación de la pena: si consideramos que la aplicación de una eximente (completa o incompleta) implica una patología psíquica seria, ocho individuos (aproximadamente un 25% del total) entrarían dentro de esa categoría. En todo caso, son hombres de mediana edad que matan en un intento desesperado de recuperar el control de sus vidas, que creen haber perdido. La pérdida de control está estrechamente ligada a la presencia de un evento estresor en momentos cercanos al crimen (como la pérdida del empleo o una ruptura sentimental), suceso que precipita finalmente la agresión.

Es importante destacar, en el apartado de las víctimas, los veinte policías que resultaron muertos o gravemente heridos como consecuencia de su intervención en los hechos; supone casi un 20% del total, lo que prueba el intenso riesgo que conlleva hacer frente a este tipo de crimen, en el cual, como ya sabemos, muchas veces el asesino no está dispuesto a dar un paso atrás. Por otra parte, que la relación familiar sea la dominante entre todos los homicidios en los que agresor y víctima se conocían previamente a los hechos coincide también con las investigaciones en otros países, donde el asesinato múltiple familiar es también un grave problema.

Ahora bien, hay diferencias importantes en alguna de las características de las víctimas y del hecho delictivo por lo que respecta a los datos en España y los que aparecen en otros países, en especial Estados Unidos.

Así, en España existen pocos homicidios múltiples que cuenten únicamente con víctimas desconocidas. No es extraño que, en el proceso de matar a alguien conocido, finalmente se hiera o se mate a otros sujetos que están en el lugar del crimen por azar, o que estaban ahí realizando alguna actividad. También existe algún caso de víctimas completamente desconocidas. Pero lo más común en España es que el homicida busque matar a personas de su entorno, con frecuencia familiares suyos o de su pareja o expareja.

En lo que respecta a las características del hecho en sí, existen otras diferencias. En primer lugar, en España es más común el uso del arma blanca que el del arma de fuego (recordemos la gran disponibilidad que tienen los estadounidenses para adquirir todo tipo de armas de fuego). En segundo lugar, en España este tipo de delitos se comete mayoritariamente en el interior de domicilios privados, como la vivienda de la víctima. En Estados Unidos, sin embargo, si descontamos los familicidios, estos hechos suelen tener lugar en el exterior o en lugares abiertos al público. Por último, en España la premeditación no es un factor tan importante, mientras que en el país americano la gran mayoría de estos crímenes se comete de forma premeditada.

Para concluir, es importante recordar que el estudio de Salazar no incluyó a los sujetos que se suicidaron después de la matanza. De haberse hecho, hubiera ascendido el número de familicidios. De hecho, este es el tipo de asesinato múltiple más habitual también en Estados Unidos, seguido por el suicidio de su autor. Excluido este, existe una sustancial diferencia entre el que denominaríamos el asesino múltiple típico de Estados Unidos y el que se da en España. En Estados Unidos el asesino múltiple más característico se corresponde con el protagonizado por el tipo denominado por Dietz como «seudocomando» (véase capítulo 2). Recordemos que este se caracteriza por ser un individuo obsesionado con las armas, que planifica bien las muertes de forma previa y ejecuta un tiroteo en algún lugar público al aire libre o en una institución o local. En España, el asesino más habitual mata con arma blanca a personas que conoce en lugares privados y públicos interiores a consecuencia de un factor desencadenante como una discusión o insulto, aunque no es despreciable el uso de armas de fuego. Sencillamente, aquí no existe el asesino que tirotea a gente reunida en iglesias, conciertos o centros de enseñanza. Su número de víctimas, por consiguiente, es muy inferior también al que acontece en Estados Unidos.

5

Los asesinos múltiples en la familia

Vimos en el capítulo anterior que, cuando hay una relación entre el asesino múltiple y sus víctimas, una parte sustancial de dicha relación es familiar. La expresión «familicidio» implica el asesinato múltiple en un solo acto de varios miembros de una misma familia, la familia del agresor (biológica o política), aunque *en su sentido estricto incluye a la pareja (o expareja) y al menos uno de los hijos.* En este capítulo, en primer lugar, nos ocupamos de analizar un caso de familicidio en sentido amplio (el asesino de Pioz), porque es un buen ejemplo de una combinación que no es habitual: la psicopatía y el asesinato múltiple, y nos permite vislumbrar ya algunas diferencias importantes entre el asesino múltiple y el serial, precisamente porque el autor de los crímenes de Pioz tiene una personalidad más afín a la del asesino en serie que a la del múltiple.

En segundo lugar, presentamos una breve panorámica sobre la investigación criminológica existente acerca del familicidio como pórtico para el siguiente apartado, que ya presenta una investigación realizada en España.

En efecto, en la última sección de este capítulo nos ocupamos, dentro del marco de los padres que asesinan a sus hijos como una expresión de la violencia contra la mujer, de aquellos homicidios múltiples acaecidos en España en los que el asesino o bien mató a su pareja o expareja y a alguno de sus hijos, o bien al menos a dos de sus hijos, aunque no matara a su pareja. En otras palabras: debido a que es un tema poco estudiado, hemos querido ofrecer una visión, aunque sea panorámica, de los niños asesinados a causa del acto de venganza de sus padres hacia sus madres, para a continuación analizar una parte de tales actos de venganza, la que se realiza en forma de asesinato múltiple.

EL ASESINATO MÚLTIPLE DE PIOZ

En España, como hemos visto, no son infrecuentes los homicidios múltiples en los que las víctimas son miembros de la familia, en todo o en parte. Casos como los de «la catana», en el que un adolescente mató a sus padres y a su hermana, o el triple crimen de Burgos, que implicó el asesinato de los padres y uno de sus hijos —aún sin esclarecer—, son tristemente célebres en nuestra memoria de crímenes célebres.*

El suceso de Pioz nos recuerda que algunos asesinos múltiples son psicópatas, como se comenta en otra parte de esta obra. No es lo habitual, pero cuando se reconoce en el *modus operandi* una violencia premeditada hacia víctimas específicas y no se tienen datos de que el autor haya sufrido situaciones de humillación o fracaso que lo hayan hundido psicológicamente, las probabilidades de que el autor sea un psicópata aumentan de manera sensible. La principal diferencia entre el asesino múltiple que no es un psicópata y el que sí lo es se encuentra en que el primero lleva un tiempo viviendo en un caos personal; llega un momento en que él percibe que la única forma de solucionar su proble-

* El triple crimen de Burgos se analiza en profundidad en el libro de V. Garrido y P. López *Crímenes sin resolver* (Ariel, 2014).

ma es con un acto extremo de violencia, tal y como ya lo comenté anteriormente. En cambio, el asesino múltiple psicópata actúa desde el enojo, el cansancio, el placer por matar y sentir el poder o el mero aburrimiento. Su forma de matar revela tranquilidad, la envuelve en un aire de sosiego. Su conexión con las víctimas en el acto homicida es más cercana que la que realiza el asesino múltiple convencional. Este efecto resulta acentuado si no emplea un arma de fuego, dado que el uso de armas blancas le ofrece mayor detenimiento y sensación de autoría. Recordemos a Breivik, quien miró directamente a los ojos de sus víctimas, a las que cazó como conejos en el campo (véase el capítulo 8).

Todo comienza porque Patrick Nogueira tiene muy mala relación con sus tíos —Marcos y Janaina—, con los que vivió unos meses en un apartamento de Torrejón de Ardoz. Los padres de Patrick lo habían enviado a España para ver si el chico cambiaba, pero solo se preocupaba por jugar al futbol y a los videojuegos (*Call of Duty*), no hacía nada de provecho, no tenía regularizada su residencia en España, y en casa mostraba un comportamiento irrespetuoso. Tío y sobrino tenían broncas constantes, y cuando Marcos toma la decisión a principios de julio de mudarse con su familia fuera de la provincia de Madrid, Patrick prefiere quedarse en el piso donde estaba viviendo, para irse luego a un hotel y finalmente a un piso compartido en Alcalá de Henares.

Pero pocos días después de que sus tíos se mudaran a un chalet en Pioz (Guadalajara), como suele pasar, se preocupan por su sobrino. Lo llaman para pedirle que vuelva a vivir con ellos. Patrick no les contesta, pero al fin el 17 de agosto de 2016 se presenta en el chalet con dos pizzas, significando con este gesto que quería reconciliarse con sus tíos. Están su tía y sus dos primos, de 1 y 3 años de edad. Lo que sigue es de una crueldad pocas veces vista en la historia del crimen en España.

A las 22:40 del 17 de septiembre, una patrulla de la Guardia Civil que entró al chalet por una ventana debido a los avisos de hedor insoportable, descubrió la razón del silencio de la casa y la familia. Marcos Campos (40 años), su esposa Janaina Santos (39) y sus dos pequeños, Carolina, de 3 años, y David, de 1, llevaban justo un mes cortados en pedazos por su pariente y metidos en bolsas de plástico selladas con cinta americana en el centro del salón de la vivienda que habían alquilado en julio.

Pero no ha terminado, queda su tío. Patrick reconoció haber planificado el crimen días antes. «Estaba claro que quería matarlos antes de llegar a la casa. No pasé miedo», contó después a los investigadores. Había mirado en internet cómo matar de forma rápida a varias personas. Se esfuerza por limpiar todas las huellas. Tiene «conciencia forense», con el añadido de que cuenta en tiempo real a su amigo Marvin, que está en Brasil, sus homicidios y los sentimientos asociados mientras los ejecutaba. Al matar a los niños, que se quedan aterrados, agarrados entre sí, le escribe, divertido, a su amigo: «Los niños ni corren». Acaba de fregar el suelo. Son ya las siete de la tarde. Pero todavía faltan tres horas para que su tío llegue de trabajar. Dedica el tiempo muerto a enviar selfis y mensajes de WhatsApp a Marvin. «Cuando dieron las 18:45 horas aún estaba enjuagando el suelo. Estoy feliz», presume ante él.

> [Mi tío] Llega aquí a las 22:00. Tengo hambre. Y ese desviado no llega. Está todo seco. Y tener que ensuciar de nuevo... Volver a partir el cuerpo por la mitad otra vez... Meter los órganos en una bolsa... Después limpiar... —cuenta a su colega en un mensaje de WhatsApp—. Espero no fallar matando a ese mierda —añadió en otro que llevaba un enlace de la noticia «¿Cuánto tiempo tarda un cuerpo en descomponerse?».

Después se queda a dormir y de madrugada regresa en autobús a la habitación alquilada de un piso de Alcalá de Henares adonde se había mudado. «En días posteriores se fue deshaciendo de los objetos con los que había realizado los crímenes, tirándolos a contenedores en horas y días distintos», dice el escrito de acusación. Un mes después, cuando se descubren los cadáveres, Patrick se escapa a Brasil, pero cuando se hace evidente que él es el asesino decide regresar a España porque teme que no sobreviviría en las cárceles brasileñas.

Patrick es un buen ejemplo de lo que denomino el «psicópata consciente», que *comprende y expresa* la maldad que lo domina. No todos los psicópatas tienen esa conciencia nítida, o al menos no la expresan antes de ser capturados. Es evidente que él comprende que le gusta mucho asesinar. Mata a cuchillazos a todos los miembros de su familia y luego los corta en pedazos (excepto a los niños, a los que metió enteros en las bolsas). Semanas antes de matarla, este joven de 20 años le había dicho a su tía: «La gente cree que tengo carita de bobo, pero soy una persona mala y me gusta ser malo». Y después de dar muerte a su tía y primos escribiría a su amigo Marvin: «Pensé que me daría asco, soy un enfermo. —Y a continuación—: Solo estoy esperando al cuarto integrante», comentó con Marvin. Este bromeó a continuación: «Me imagino la escena, llegando para matar». No cabe duda de que, al margen de cuál haya sido su responsabilidad ante la ley, el amigo Marvin es un digno compañero del psicópata, lo que nos recuerda la tradicional complicidad que el psicópata asesino múltiple (serial o en un solo acto) establece en ocasiones con otro psicópata que no tiene el coraje (o la necesidad) de experimentar por sí solo el asesinato, y que finalmente comparte los crímenes porque sí se atreve bajo el manto protector de alguien que, con sus mismas inclinaciones, tiene el poder para matar que a él le falta.

Patrick actuó por fastidio, porque su tío hablaba mucho con sus padres y le preocupaba que, de algún modo, estos y aquel le acabaran imponiendo cosas que él no quería hacer, como volver a Brasil. Pero en general es la sensación de que hay personas que están a tu alrededor y que suponen un motivo de irritación, porque te controlan y te exigen hacer cosas que no quieres hacer. También está, por supuesto, el atractivo de la masacre, la fantasía producto de sus demonios interiores. ¿Por qué no atreverse? ¿Va a renunciar a vivir una experiencia única? Es la seducción del crimen, de la que me ocuparé en otro capítulo, pero de la que quiero adelantar algo ahora.

Como indicó el profesor Katz —a quien conocemos por su concepto de «masacre íntima»—, la criminología no ha prestado mucha atención a «qué significa, cómo se siente, cómo suena, sabe o aparenta el hecho de cometer un crimen». Y es cierto, los que estudian o leen sobre crímenes «no oyen los golpes y maldiciones, no ven los empujones y forcejeos, ni sienten la humillación y la cólera que pueden llegar a emerger en el ataque, y que incluso a veces perduran luego de la muerte de la víctima». Y es justamente eso lo que de forma muy aproximada nos permite averiguar la lectura de los mensajes de WhatsApp del asesino de Pioz, como hace muchos años nos permitió saber Javier Rosado, el asesino del «crimen del rol», quien en su fatiga por asesinar alevosamente a un hombre escribió en su diario: «Cuánto tarda en morir un idiota». Hay una fascinación en el asesinato para quien lo ejerce convencido de que ha de llevarlo a cabo, y en los asesinos seriales psicópatas el crimen tiene siempre un sentido estético, alejado generalmente de lo funcional. Cuando Patrick escribe a su amigo Marvin «pensé que me daría asco, soy un enfermo», está diciendo que en realidad le ha gustado, se ha sorprendido de esa experiencia multisensorial que acompaña un asesinato. Si fuera un asesino en serie y no uno múltiple, vería que tal experiencia empieza ya en el momento de fantasear y planificar el siguiente asesinato. Es esto lo que le permite señalar, divertido, que los niños «ni corren», es decir, que esperaron a que su primo los matara, que no huyeron despavoridos.

Finalmente, quiero añadir una nota que luego desarrollaré también en el capítulo de los asesinos en serie. Patrick actúa como némesis de su familia por fastidio, irritación y hostilidad, pero no porque haya sido aplastado por la experiencia subjetiva de la humillación, que es la clave que anima en tantos asesinos múltiples. Patrick, al contrario, *es atraído* por la experiencia seductora del crimen múltiple; no hay nada en sus antecedentes o experiencias que «lo empujen» al mal, él lo elige, por eso afirmó ante su tía: «Soy una persona mala y me gusta ser malo». Cuando al fin toma la gran decisión y cruza el umbral de la casa de Pioz, Patrick va a ser fiel a su necesidad de trascendencia del yo vulgar que ahora proyecta ante los otros y que le resulta irritante, porque demuestra que él puede influir poco en la vida, para convertirse en alguien realmente poderoso, al menos ante sus ojos. Y va a ser capaz de un acto inimaginable, porque experimentarlo le va a fascinar y le va a insuflar nueva vida.

PANORÁMICA INTERNACIONAL SOBRE EL FAMILICIDIO

La prevalencia del familicidio *en sentido estricto*, es decir, matar a la pareja más alguno de los hijos, es muy baja. Dada la naturaleza de estos homicidios, sin embargo, su cobertura mediática es muy grande, lo que provoca gran consternación en el público. En Canadá hay una tasa anual de cuatro casos, y de tres para Reino Unido. Para Estados Unidos, entre el periodo 2000-2009 se detectaron 207 familicidios, lo que implica 23 casos por año.

La mayoría de los estudios señalan que los perpetradores son varones de raza blanca, entre los 30 y los 40 años. Comparados con los homicidas exclusivos de su pareja, parece que disponen de una mejor situación económica y una menor probabilidad de tener antecedentes penales y delitos violentos previos;* además de que, con más frecuencia, están casados y sufren de un trastorno de personalidad.** Los investigadores de la Universidad de Melbourne Christine Alder y Kenneth Polk encontraron que los familicidas tenían una edad superior a la de los que solo mataban a sus hijos, por lo que los hijos víctimas de los primeros también eran mayores.

La investigación ha señalado una alta incidencia de suicidio entre los familicidas, superior a los que matan exclusivamente a sus parejas o a sus hijos, lo que los une a los asesinos múltiples en general, cuya tasa de suicidios, como sabemos, es muy elevada. En el estudio realizado en España que luego comentaré hallamos que más de la mitad de los 14 asesinos de sus hijos y de sus madres se suicidaron o intentaron hacerlo.

En general, los estudios han distinguido dos tipos de motivación para el familicidio. El profesor Frazier definió en 1975 el primero como el impulsado por un «asesinato por delegación», porque mata por ira y venganza como consecuencia de la amenaza o del hecho del abandono de su pareja (el 76%). Por su parte, el profesor Neil Websdale, de la Universidad de Arizona, los denominó «atacantes furiosos» (*livid coercive*), porque operan desde la rabia y la vergüenza como consecuencia del abatimiento que los invade

* Aunque este dato de tener menos antecedentes penales presenta algunos resultados contradictorios en la literatura especializada.

** Es decir, una alteración del modo de ser y relacionarse que puede como mucho suponer una atenuante de la responsabilidad criminal, no una eximente (véase capítulo anterior).

cuando se sienten abandonados y solos. En sus mentes, se sienten profundamente traicionados por su mujer y sus hijos. Desde esta perspectiva el familicida se asemeja al homicida de pareja, ya que el móvil es el mismo y la pareja constituye el principal objetivo del delito.

El segundo tipo se corresponde con el «suicidio por delegación» y señala al homicida que quiere *proteger* a su familia del destino que le esperaría una vez que este hubiera fallecido (también se conoce como «suicidio ampliado»). En estos casos aparecen con frecuencia problemas financieros o laborales significativos. Websdale los denominó «homicidas por reputación» (*civil reputable*), porque su acción se explica por la pérdida de reputación frente a los demás: se deprimen y se llenan de ansiedad porque una crisis financiera grave los humilla ante todos. Estos sujetos responden al caos personal que les supone la pérdida financiera mediante la acción criminal para obtener el control de nuevo: matando a la familia entera solucionan un problema irresoluble y evitan así el dolor del fracaso y la vergüenza. El suicidio, por consiguiente, en la mente de quien lo comete aparece como una acción lógica y necesaria, por dramática e incomprensible que nos parezca.

En otro estudio desarrollado por la profesora Marieke Liem y su equipo en el norte de Europa, que implicaba 208 eventos de familicidio, 207 homicidas y 583 víctimas, el 64% de los asesinos cometió suicidio, y solo cuatro o cinco casos al año correspondían a familicidas cuya motivación radicaba en los problemas financieros; por otra parte, tampoco se observó una relación entre la prevalencia de este motivo para el homicidio múltiple y la crisis económica, lo que nos muestra que la relación entre ambas variables dista de ser clara y lineal. Por consiguiente, la mayoría de los homicidas formaba parte del subtipo «asesinato por delegación» o «atacante furioso», quienes tienen un gran parecido con los homicidas de pareja: matan debido a la rabia que sienten al ser abandonados, y buscan así venganza. Es interesante destacar que, en su estudio, un niño de cada cinco asesinados fue adoptivo, lo que se ajusta a lo investigado años atrás en el sentido de que los niños adoptados tienen un mayor riesgo de perecer en los homicidios múltiples ocurridos en las familias.

NIÑOS ASESINADOS POR ACTO DE VENGANZA DE LOS PADRES HACIA SUS MADRES

En noviembre de 2017 un padre de 28 años asesinó mediante degüello a su hija de 2 años como represalia: su mujer había anunciado que iba a abandonarlo. Tras intentar suicidarse tirándose desde un segundo piso, una acción que a duras penas puede asegurar el resultado, lo que me lleva a pensar que dicho intento de suicidio no fue real, fue detenido por la Policía Nacional.

«Llamad a la policía, he matado a mi hija», dijo a quienes fueron a socorrerlo. El hombre y su hija se encontraban solos en el domicilio en el momento del suceso. Al conocer los hechos, la madre, de 24 años, tuvo que ser trasladada al hospital con una crisis de ansiedad. La pareja tenía una mala relación, la mujer quería separarse y en anteriores discusiones él ya la había amenazado con hacer daño a la niña. El día del homicidio, después de una pelea, la mujer se marchó de casa decidida a denunciar a su marido y este cumplió su amenaza. Tras cometer el crimen, llamó por teléfono a su mujer para decirle lo que había hecho.

La pareja, de origen rumano, vivía de alquiler en un piso en Alcira, en la provincia de Valencia. No había constancia de denuncias previas por violencia de género. Una amiga de la madre y compañera de trabajo en un almacén frutícola comentó que ella no se había separado antes por limitaciones económicas. «No tenía dinero para divorciarse», dijo tras asegurar que la pareja convivía en el mismo piso, pero no tenía relación de pareja.

> La madre salió, según fuentes de su entorno, el domingo por la tarde dispuesta a denunciar a la policía a su pareja tras una discusión, y apuntan a que la madre pudo recibir en ese momento una llamada de su pareja en que la amenazaba con hacer daño a la niña. Cuando la madre llegó corriendo hasta el domicilio, se encontró a la policía y una unidad del SAMU.
>
> «Mi hermana está acabada, terminada —ha dicho la tía de la niña—. Mi hermana quería venirse a vivir conmigo. "Déjalo", le dije hace tiempo. Pero él le decía que la quería mucho, que iba a cambiar, incluso que se mataría si lo dejaba.»

María José Galvis, profesora de la Universidad de Valencia, investigó las circunstancias que caracterizaron los asesinatos de niños relacionados con causas penales de violencia de género. Para tal fin estudió las escasas estadísticas (y de difícil acceso) existentes al respecto, y sobre todo tuvo que revisar las noticias aparecidas en la prensa de forma exhaustiva, durante el período 2008-2015.

La profesora Galvis encontró que el número total de menores fallecidos a causa de la violencia familiar entre el año 2008 y el mes de septiembre de 2015 ascendía a 41 (figura 1). Generalmente, las cifras anuales se mantuvieron estables; sin embargo, durante el año 2015 se produjo un incremento respecto al año anterior, probablemente por una fluctuación estadística normal. Las parejas hombre-mujer en las que acontecieron esos homicidios fueron 31. En diez de los sucesos fallecieron dos hermanos menores, lo que da el total de 41 niños asesinados.

FIGURA 1. Menores fallecidos en el período 2008-2015

La distribución del número y tipo de víctimas la tenemos en la tabla número 4. Puede verse que si mantenemos el criterio de dos víctimas o más para definir el asesinato múltiple, veinte sucesos tuvieron esta condición, y si añadimos una tercera víctima los homicidios múltiples descienden a seis.

TABLA 4. Distribución del n.º de víctimas en los diferentes sucesos en el período 2008-2015

Víctimas	*N.º de familicidas*	*Suicidio del autor*	*No se suicida*	*Tentativa*
Un niño	11	5	4	2
Un niño y la madre	9	3	5	1
Dos niños	5	2	2	1
Dos niños y la madre	4	3	1	
Dos niños, la madre y una abuela	1	1		
Un niño y dos abuelos	1			1
TOTAL	**31**	**14**	**12**	**5**

Por lo que respecta a la nacionalidad, las víctimas eran en su mayoría españolas (un total de 32 menores). El rango de edad más prevalente oscilaba entre los 3 y los 10 años. De los 41 fallecidos, 24 eran varones y 17 mujeres.

En cuanto al parentesco, casi la totalidad de los agresores eran los propios progenitores de las víctimas (31); siete no lo eran, pero mantenían una relación sentimental de convivencia con la madre de los niños (padrastros). Solo tres niños no presentaban ninguna relación con su agresor porque este era la pareja sentimental de la madre, pero no convivía en el domicilio familiar ni mantenía una relación estrecha con el menor.

El método de homicidio predominante resultó ser el apuñalamiento con arma blanca, con un total de 15 casos. El resto se distribuyó entre los homicidios con un arma de fuego (6), la paliza (5), la asfixia (3), así como la administración de psicofármacos e incineración (se corresponde con el doble asesinato perpetrado por José Bretón).

En cuanto al momento y lugar de los homicidios, la mayor parte se cometieron en el domicilio familiar (25 niños), coincidiendo con la situación de convivencia entre ambos, mientras que tan solo 11 de los 41 fallecimientos se produjeron durante el régimen de visita del progenitor, si consideramos la separación o divorcio de los padres.

¿Qué podemos decir de las madres? Recordemos que teníamos 31 madres y 41 hijos: diez madres sufrieron la pérdida de dos hijos por la acción homicida de su pareja. De esas 31 madres, 17 no resultaron atacadas, *pero las otras 14 fallecieron al mismo tiempo que sus hijos.* En aquellos casos en los que la progenitora resultó muerta junto con sus hijos, el asesino se sirvió sobre todo de un arma blanca, seguida por el arma de fuego, lo que coincide con los casos restantes donde solo mueren los hijos.

La mayoría de las madres tenía entre 31 y 50 años, y salvo en cinco casos *no existía denuncia previa por parte de las mujeres*; en tres se dictó una orden de protección.

En cuanto a los asesinos, el perfil básico sería este: la mayor parte posee la nacionalidad española, entre los 31 y 50 años (dato coincidente con las madres fallecidas) y sin antecedentes penales (a excepción de siete agresores).

Tras la comisión de los hechos constitutivos de delito, 14 de los agresores se suicidaron (prácticamente la mitad), mientras que cinco de ellos lo intentaron (figura 2). No parece que haya una relación entre el número y tipo de las víctimas y el suicidio del asesino. Los métodos más comúnmente empleados fueron el suicidio con arma de fuego (5 asesinos), el arma blanca (3), seguidos por medios esporádicos como el ahorcamiento, la colisión con vehículo de motor, la precipitación al vacío, la sobredosis con psicofármacos tranquilizantes, etc. Por desgracia no se pudo extraer información relativa a los problemas psiquiátricos que padecían los asesinos; solo se pudo explicitar su existencia en cinco de los casos: el diagnóstico de depresión se había otorgado a tres agresores, otro se hallaba bajo tratamiento psiquiátrico no especificado, y finalmente un asesino era disminuido psíquico.

Asimismo, se recopiló información referente al estado de los agresores en el momento de la comisión de los hechos, si bien en la mayor parte de los casos no constaba que estuvieran bajo los efectos de sustancias estupefacientes; no obs-

FIGURA 2. Suicidio del agresor

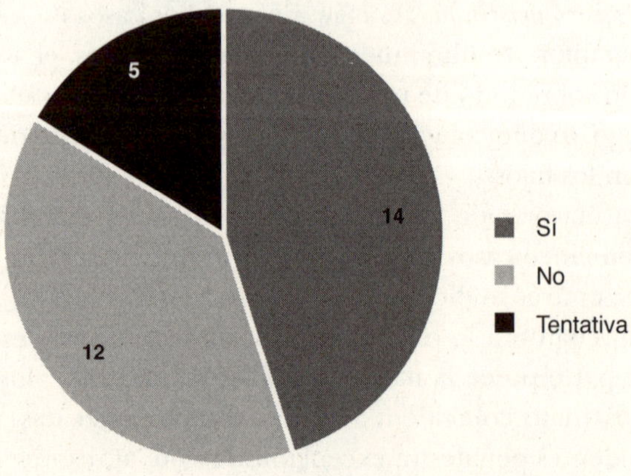

tante, en cinco de los casos sí que se logró confirmación por parte de fuentes oficiales de que habían consumido drogas.

Respecto a la entrega voluntaria, únicamente cuatro agresores se entregaron, y en un solo caso el agresor simuló la desaparición del menor tras su homicidio.

En resumen, en prácticamente la mitad de los casos los asesinos de sus propios hijos matan también a su pareja o expareja (14 casos), y en igual cantidad se suicidan (14), un número que se eleva si contamos los intentos de suicidio. Cuando el padre mata solo al niño se está vengando de la madre; su vínculo con su hijo (si alguna vez lo hubo) está roto. El filicidio prueba que este hombre era incapaz de generar una relación emocional profunda y real, tanto con su mujer como con su hijo. Cuando el agresor mata a varios miembros de su familia, podemos reconocer aquí la psicología esencial del asesino múltiple, superado ya por su existencia desgraciada, y aunque no tenemos datos al respecto, sin duda creo que la depresión en algunos casos jugó un papel importante en los sucesos en los que el propio autor se suicidó o lo intentó de verdad. Cuando el homicidio múltiple aparece y no obedece a causas «altruistas» implícitas en el concepto de suicidio ampliado, tenemos que sospechar que la base fundamental para dicha acción se encuentra en la humillación sentida por el asesino por el comportamiento de su pareja o expareja. Jack Katz la define como una «profunda pérdida del control sobre la propia identidad o alma»; el recurso al crimen múltiple es así un intento desesperado por ejercer un control ante una realidad que lo supera, aunque sea al precio de su propia destrucción.

6

El terrorismo yihadista: las preguntas del atentado de Cataluña

Dentro de la criminología hay un espacio amplio donde se puede aplicar la expresión «violencia»: junto con la acción física destinada a dañar o matar al otro, podemos hablar de la violencia de la «estructura social», por ejemplo, si queremos significar cómo el racismo o la pobreza impiden a ciertos sectores de la sociedad desarrollar una vida digna y, por ello, los incitan a delinquir o ser violento. No hay misterio en esto: sabemos desde hace decenios que sentirse excluido o marginado y tener un difícil acceso a las oportunidades legítimas para tener una vida esperanzada son elementos que favorecen las actitudes y conductas violentas. Ahora bien, el habla o el discurso también puede facilitar la violencia: las palabras pueden construir relatos en los que se exalta la destrucción o el asesinato del otro.

En tal caso decimos que los relatos están al servicio de ideologías o de visiones del mundo destructivas, y estas pueden ser restringidas, como cuando afectan a una secta, con sus docenas o cientos de miembros, o bien de alcance extraordinario, como cuando se concretaron en las ideologías nazi o comunista del siglo pasado.

En la actualidad, un nuevo relato violento ha estremecido al mundo: el relato del yihadismo,* representado por el Estado Islámico, también conocido como ISIS (siglas del inglés Islamic State of Irak and Syria) o Dáesh (acrónimo árabe de al-Dawla al-Islamiya al-Iraq al-Sham, es decir, Estado Islámico de Irak y el Levante); nosotros emplearemos indistintamente Dáesh o Estado Islámico. Digo que los relatos están al servicio de las ideologías o de visiones del mundo porque para que estas realmente atrapen a las masas han de ofrecer una historia que pueda entenderse fácilmente y que, en su simplicidad, contengan las ideas esenciales para generar una motivación que haga que el acólito esté dispuesto a hacer sacrificios asombrosos con el fin de conseguir las metas prescritas por tales relatos. En resumen, el lenguaje, incluyendo el audiovisual, transmite relatos o historias que promueven ideas, emociones y acciones en quienes los consumen.

En este capítulo y el siguiente comprenderemos cuál es el poder de los relatos del yihadismo para convertir en homicidas múltiples a personas que, *aparentemente*, no tenían ninguna razón para convertirse en cómplices del Dáesh y sufrir graves penas de cárcel o la muerte como consecuencia de sus acciones criminales.

LOS TERRORISTAS DE RIPOLL: LA GRAN PREGUNTA

El auto de la Audiencia Nacional que envió a prisión a los terroristas supervivientes del ataque realizado en Barcelona

* Empleamos esta expresión para referirnos al terrorismo yihadista y así agilizar el lenguaje, aunque ha de quedar claro, como se menciona en la Wikipedia, que la yihad como concepto del islam presenta dos acepciones: la yihad menor, de inspiración violenta, en la que se intentan legitimar los yihadistas, y la yihad mayor, de interpretación espiritual, que representa el esfuerzo que todo creyente debe realizar para ser mejor musulmán, mejor padre o madre, esposo o persona.

y Cambrils lo explica de manera aséptica, como corresponde al relato de los hechos en un proceso penal:

> Sobre las 16:30 horas del 17 de agosto de 2017, una furgoneta marca Fiat [...] arrolló en las Ramblas de Barcelona a una gran cantidad de personas, causando hasta el momento 13 víctimas mortales y más de cien personas heridas de diversa consideración [...]. La furgoneta realizó un recorrido de unos 700 metros desde la plaza de Cataluña hasta la altura del mercado de La Boquería, arrollando a cuantas personas encontró a su paso, realizando movimientos en zigzag con la finalidad de causar el mayor número de víctimas, hasta que finalmente se detuvo, [el conductor] salió a pie y se metió en el mencionado mercado, donde se le dejó de ver.

Días después se le imputaría una nueva víctima a Younes Abouyaaqoub, el conductor, quien en su huida asesinaría a Pau Pérez, un joven de Vilafranca del Penedès que estaba de visita en Barcelona, para robarle el coche y escapar de la ciudad. Todos recordamos bien los hechos, no hace falta insistir en ellos. Queda, eso sí, la segunda parte, el ataque en Cambrils. Con Younes huido, cinco miembros de la célula buscan aumentar la masacre de ese día. Y así, Moussa Oukabir, Said Aalla, Mohamed Hichamy, Omar Hichamy y Houssaine Abouyaaqoub penetran por el paseo marítimo de Cambrils con un Audi A3, ya en Tarragona, y empiezan a atropellar a los viandantes, hasta que el coche colisiona con otro perteneciente a la policía: «Como consecuencia del violento impacto —continúa el auto de la Audiencia Provincial— el vehículo de los atacantes volcó e inmediatamente salieron los cinco ocupantes armados con un hacha y diversos cuchillos de grandes dimensiones [...] y, haciendo uso de las armas que portaban, dejaron un total de seis personas heridas y una fallecida, antes de ser abatidos por miembros de los Mossos d'Esquadra».

Cuatro días después vendría el final de todo. Younes Abouyaaqoub, identificado por varios testigos mientras merodeaba en torno a una gasolinera, fue tiroteado el 21 de agosto de 2017 por una dotación de los Mossos d'Esquadra, en el municipio de Subirats. Llevaba un chaleco con bombas falsas.

El lenguaje, como digo, es aséptico, pero estos atentados conmocionaron no solo a la opinión pública, sino también a los expertos de la lucha antiterrorista, y dejaron en el aire la gran pregunta: ¿cómo es posible que estos chicos hicieran algo así?

«Era imposible que alguien imaginara un escenario así, que gente tan joven llegase a atacar a la sociedad en la que viven. En anteriores casos lo que había eran chavales que eran captados y se iban a combatir a Siria en las filas del Estado Islámico. Ahora, por primera vez, no han hecho el viaje... Los atentados de Cataluña marcan un antes y un después», explicó Mohamed Azahaf, experto en gestión de la diversidad y prevención de extremismos.

En efecto, antes del atentado de Barcelona, el mayor temor en España se centraba en el retorno de los luchadores autóctonos de España y Europa de las tierras del califato, a medida que los aliados iban conquistando las tierras ocupadas por el Dáesh en Siria e Irak. «Hay cierto consenso en que la cifra de *foreign fighters*, los que se fueron, está en torno a 5 000. De ellos, un tercio ha regresado y algo menos de un tercio han muerto», dijo el coordinador de la lucha contraterrorista de la Unión Europea, Gilles de Kerchove. Se temía a los retornados de Siria, unos 25 de los aproximadamente 130 que viajaron para unirse a las filas del Dáesh o Estado Islámico desde 2013, todos ellos fuertemente vigilados y algunos de ellos en la cárcel. Pero con Ripoll ya no se trataba de terroristas de fuera, eran de dentro, nacidos o criados en las mismas calles y escuelas que sus vecinos. Nadie veía venir esto. Según comentó un miembro de la policía antiterrorista, «aquí muchos llegaron en patera y se han ganado la vida bien. Todavía no se ha conformado una segunda generación y los de la primera solo quieren trabajar y vivir mejor que lo harían en sus países de origen».

Pero en realidad otros países de Europa ya habían vivido este fenómeno. Así, las parejas de hermanos Said y Chérif Kouachi e Ibrahim y Khalid El Bakraoui tienen algo en común: todos ellos perpetraron ataques terroristas en los países que los vieron nacer. Son los llamados yihadistas *homegrown*, es decir, yihadistas autóctonos o crecidos en el mismo lugar donde atentaron. Los Kouachi asesinaron a 12 personas en enero de 2015 durante su ataque a la sede del seminario satírico *Charlie Hebdo* en París. Ambos habían nacido en la capital francesa en los años ochenta. Por su lado, los hermanos Bakraoui formaron parte de una célula yihadista que en marzo de 2016 asesinó a 32 personas en el metro y el aeropuerto Zaventem de Bruselas. Ambos habían nacido en Bruselas y habían crecido en la localidad de Laeken de ese mismo país.

Agosto de 2017 fue el turno de España: los hermanos Moussa y Driss Oukabir, de familia originaria de Marruecos, se habían criado en la localidad gerundense de Ripoll. Es más, Moussa, fallecido en Cambrils, había nacido en Ripoll en 1999. Otros dos hermanos involucrados en los atentados de Cataluña, Omar y Mohamed Hichamy, de 21 y 24 años, también se educaron en Ripoll. Sus padres llegaron de Marruecos 23 años antes. Ninguno de los yihadistas involucrados en los atentados del 11-M de Atocha en Madrid había nacido o se había educado en España.

Los yihadistas de España y de Europa procuran involucrar en su lucha a individuos de las comunidades musulmanas recurriendo a códigos culturales islámicos próximos a su tradición e identidad. Una de esas referencias culturales históricas es la emigración o hégira hacia lugares donde se está ejerciendo la yihad o guerra santa, como sucede actualmente en Siria o Irak. La literatura del islamismo extremista asocia esa emigración contemporánea a la que realizó el profeta Mahoma desde La Meca a Medina en 622 para fundar y expandir el islam. Por esta razón, hasta hace unos pocos meses los foros radicales llamaban a los jóvenes musulmanes de cualquier parte del mundo a emigrar a lugares como Siria para combatir a los que ellos consideran «infieles» y «apóstatas».

Pero, debido a la progresiva pérdida de los territorios conquistados por el califato, esa misma literatura propagandística estableció que cualquier país de Europa es también territorio propicio para hacer la yihad contra los «cruzados». De modo que ya no es necesaria la emigración para llegar a ser un verdadero *muyahid* o combatiente en favor de la yihad.

EL CREDO DE LOS YIHADISTAS: EL SALAFISMO

El estudioso del islam Cole Brunzel describe la ideología sobre la que se asienta el Estado Islámico como yihadismo-salafismo o yihadismo a secas, englobado dentro de la rama sunita del islam. Esta se basa en una lectura minoritaria y extremista de la escritura islámica que nos remite a la tradición teológica premoderna. Brunzel determina dos corrientes de pensamiento islámico que desembocan en este cuerpo ideológico, nacido en el siglo XX.

La primera surge de la fundación de Hermanos Musulmanes en 1928 por el clérigo egipcio Hasan al-Banna. «El movimiento emergió como una respuesta al alza del imperialismo occidental y al asociado declive del islam en la vida pública, tendencias que buscaba invertir a través del activismo islámico de base», explica Brunzel. Con la caída del Imperio otomano reciente (1924), el resurgimiento de un califato estaba entre los planes de Al-Banna.

La otra corriente es el salafismo. Se trata de un movimiento teológico sunita medieval que persigue la «purificación» de la fe islámica y ordena acabar con la idolatría que reina en muchas corrientes islámicas. Los salafistas consideran que solo ellos son los verdaderos musulmanes.

El pensamiento salafista se ha desarrollado desde la Edad Media a través de diversos pensadores. Algunos de ellos procedían de la escuela wahabí, fundada en la Península Arábiga por Mohamed ibn Abd al-Wahhab hace dos siglos. En el siglo XVIII, la clase política de Arabia Saudita abrazó el salafismo, una comunión que perdura hasta la actualidad.

El salafismo es una corriente supremacista, que proclama su superioridad sobre las demás religiones e ideologías; totalitaria, puesto que pretende imponerse mediante la fuerza; y mesiánica, convencida de que en última instancia será victoriosa. Con referentes que se extienden hasta el siglo IX,* de modo general, por lo que respecta a Occidente, el salafismo adoptaba un rol de perfil bajo, limitándose a predicar para atraer a adeptos y aislarlos en la medida de lo posible de las sociedades en las que viven, conservando así su pureza. Pero después del 11-S, primero con Al Qaeda y luego con el Dáesh, se impuso el salafismo yihadista, generando de este modo una versión activa y destructiva del credo que amenaza a todo el mundo.

Así pues, este es el relato que asumen los yihadistas que están en la cúspide de la organización terrorista, y que han logrado con éxito inculcar a todos los occidentales que se han sumado a la causa: la lucha contra el hereje es la obligación del musulmán verdadero, y esto incluye tanto a los que se desvían de este credo como, por descontado, a los

* Los principales son Ibn Hanbal (780-855), que se enfrentó a los mutazilíes que intentaban conciliar fe y razón; e Ibn Taymiyya (1263-1328), en la época de las invasiones mongolas.

cristianos. La recompensa del sacrificio es inmensa: la gloria eterna con Alá en el paraíso. Otra cosa bien distinta es el grado de conocimiento del Corán que tienen todos estos jóvenes terroristas, que suele ser solo un recital de tópicos aprendidos de forma apresurada. Según el estudio *Estado Islámico en España*, publicado en el Real Instituto Elcano por Fernando Reinares y Carola García-Calvo en 2016, solo el 11% tiene un conocimiento relevante del islam, o lo que es lo mismo: el 89% solo tiene una noción básica de los preceptos del Corán.

EL ADOCTRINAMIENTO

Volvamos a los jóvenes de Ripoll. Lo primero que llama la atención es la importancia de las narrativas sencillas: en sus visitas a Marruecos durante los veranos, Younes y Hichamy tuvieron mucho contacto con un sujeto procedente de Mequinez. Según los amigos que ambos tenían en época de vacaciones, el Hombre de Mequinez se dedicaba a llenar de odio las cabezas de los jóvenes de familias pobres con una simple idea en forma de relato muy corto, pero muy sugerente para mentes ingenuas, a saber, que «los malos musulmanes y los europeos son los culpables de que ellos estén pasando hambre y que ahora hay un ejército muy lejos que está luchando por ellos y vengando con su sangre siguiendo el mensaje del Corán». También les enseñaba videos de muertos en Siria y de mujeres del Estado Islámico haciendo prácticas de tiro.

Ahora bien, sabemos que ese sujeto era solo un refuerzo en el lavado de cerebro de los chicos, que el villano fundamental de estos trágicos acontecimientos era el infame imán de Ripoll, Abdelbaki Es Satty, quien se reunía con frecuencia en su furgoneta con Mohamed Hichamy, con su hermano Omar, con Moussa Oukabir y con Youssef Aalla.

«Estaban dentro de la furgoneta y se tiraban dos horas o más. Si pasaba alguien caminando cerca, se callaban y empezaban a mirar los móviles —declaró uno de los familiares, quien destacó la discreción de esos encuentros, por espacio de un año—. Si se cruzaban en algún sitio que no fuera la furgoneta (en la mezquita o por la calle), pues se saludaban como si fueran desconocidos. *Salam aleikum* [que la paz esté contigo] y ya está».

Este imán, que había sido rechazado en Bélgica para ejercer como tal porque no había presentado sus antecedentes penales (estuvo en la cárcel por tráfico de drogas), había abrazado el salafismo hacía una década, y no tuvo ningún impedimento para tener acceso a la mezquita de Ripoll. Aunque en esta tarea no decía nada que pudiera infundir sospechas, está claro que su posición le permitía tener una influencia importante sobre los jóvenes del pueblo. Lo que nos lleva al problema de quién controla a los imanes. Hay 1 200 mezquitas o centros de oración en España, y ninguna autoridad ejerce control alguno sobre lo que se enseña. Tal y como declaró el presidente de la Asociación de Amigos del Pueblo Marroquí, Mohamed Alami:

> Esto no se ha acabado. Las administraciones han dejado a algunos imanes campar a sus anchas y hacer lo que les da la gana. Son un verdadero peligro. La consecuencia es que ya está sembrada la semilla del odio. Determinados chavales están siendo educados en el rechazo. Se pasan todo el día oyendo hablar de los infieles. No se sienten ni de aquí ni de allí, por lo que tenemos un gran problema. ¡Por favor, hagan algo, porque esto es un cáncer!

Lo cierto es que el adoctrinamiento funcionó. Mohamed, uno de los amigos marroquíes del terrorista que condujo el coche por la Rambla, declaró que «Younes decía que había descubierto la verdad». Y en marzo, la última vez que Mohamed estuvo con los hermanos Abouyaaqoub, cuando ambos viajaron desde España a Mrirt, su pueblo en Marruecos, dijeron algo profundamente revelador (las cursivas son mías):

> Vinieron con el aspecto sano de siempre, con esa superioridad del que tiene millones de anécdotas que contar en un lugar aburrido donde cada día es igual. Pero habían cambiado. Nos sentábamos a tomar té en las terrazas como siempre, pero ya no hablaban de las mujeres de su ciudad ni de futbol, coches o videojuegos. Se habían vuelto más reservados. Younes dijo que esos temas ya no importaban. Estaba enfadado y preocupado. *Decía que vivíamos todos engañados y que había descubierto toda la verdad, pero que todavía no estábamos preparados para conocerla.*

Una vez que entendemos que los jóvenes terroristas habían descubierto «toda la verdad», es comprensible que ellos se sintieran unos elegidos; por eso los no iniciados «no estaban preparados para conocerla». Se entiende así su alegría interior frente a lo que van a hacer, que es asesinar a inocentes. Por mucho que sea el rechazo que podamos sentir, esos sentimientos son coherentes con la psicología que habían desarrollado. Por eso dice con acierto Ángel Gómez, profesor de psicología de la UNED, ante las imágenes captadas por las cámaras de una gasolinera donde se puede ver a los cinco jóvenes de Ripoll bromear y comer alegremente mientras se dirigen a matar a Cambrils: «Es el objetivo de su vida y están a punto de cumplirlo, ¿cómo van a estar? Para ellos es como una celebración. Llevan un año esperando algo que consideran importante. No están relajados. Están activados».

Ahora bien, mucha gente se pregunta si todo eso no es sino «una cosa de locos», una duda que surge de la extraordinaria maldad de los actos, porque es común que el ciudadano medio asocie la desviación extrema de las normas morales más básicas, como el respeto a la vida, con la perturbación mental. Aquí recordamos que, antes del atropello de la Rambla, había estallado en Alcanar (Tarragona) un edificio entero donde se preparaban bombas terroríficas para volar la Sagrada Familia, lo que causó la muerte de Es Satty y otro terrorista. Para Luis de la Corte, profesor de la Universidad Autónoma de Madrid, no hay dudas al respecto: «Los terroristas son personas distintas a la mayoría por su orientación para cometer atentados especialmente crueles, pero en otras muchas facetas de su psicología son personas normales». Y en el mismo sentido opina el experto Miguel Perlado: «No, no son psicópatas. Otra cosa es que el proceso de adoctrinamiento los psicopatice, los insensibilice y los endurezca», comenta, e insiste en que las técnicas de captación y reclutamiento son idénticas a las de las sectas. Así pues, ambos profesores distinguen entre vulnerabilidad y enfermedad. Es decir, hay jóvenes con una mayor facilidad para ser indoctrinados, como ocurre con los seguidores de las sectas, pero ser susceptible a sufrir un gran cambio personal, aunque sea extremo, no lo convierte a uno en un loco.

La prueba de que, a pesar de todo, eran chicos normales la tenemos en Said Aalla, uno de los jóvenes yihadistas abatidos en Cambrils, que almorzaba en su casa de Ripoll cuando, poco antes de que dieran las tres de la tarde, recibió una llamada de un amigo. Nunca más volvieron a verlo. Después de los atentados se encontraron en su casa varios teléfonos móviles, ordenadores y una carta escrita por Said y dirigida a sus padres. Estaba en uno de los cajones de la habitación del chico. La misiva rezaba así: «Pido perdón a las personas a las que pueda hacer daño estos días. Muchas gracias por todo lo que me habéis dado».

PERFIL DEL GRUPO DE RIPOLL

Que eran chicos «normales» lo prueba la biografía de sus escasos años.* El joven de 17 años Moussa Oukabir, uno de los cuatro muertos de Cambrils, era bien considerado por todos. Un gesto: según un vecino, «fue a comprar al supermercado que está enfrente de su casa. Se llevó seis botellas, pero solo le cobraron una. Cuando salió de la tienda y se dio cuenta del error de la cajera, volvió a entrar para decirle que le había cobrado mal y pagó lo que debía», lo que confirmaron en el supermercado. Uno de sus tíos en Marruecos simplemente acertó a decir, después de conocerse la noticia de su implicación en el atentado, que «Moussa era un buen chico, amable, siempre sonriente. No fumaba ni bebía».

Sin embargo, dos años antes —cuando solo contaba 15 años— mostró una actitud radical en contra de los católicos en Facebook. A la pregunta de una internauta sobre qué haría si fuese por un día «rey absoluto», el chico afirmó: «Matar a los infieles y solo dejar a los musulmanes que sigan la religión». Y preguntado por dónde no viviría nunca, contestó: «En el Vaticano».

Y ¿qué decir de Younes, el autor material del atentado de la Rambla y que luego acuchilló a traición al desventurado de Pau Pérez para robarle el coche? «Un tío de puta madre. De verdad, un tío de puta madre. —Así lo calificó uno de sus amigos, poniendo voz a todo el grupo, que lo

* La única excepción de desviación social podría ser la representada por el hermano de Moussa, Driss Oukabir, que pasó un mes en la prisión de Figueras (Gerona) en 2012 como preso preventivo por un supuesto delito de abusos sexuales.

conocía desde pequeño. Es más—: Mis padres siempre me lo ponían como ejemplo, cuando yo me metía en un lío me decían que podía ser como Younes».

Younes Abouyaaqoub tenía apenas 4 años cuando se trasladó con su familia a Ripoll desde Marruecos. Tenía cinco hermanos: uno del mismo padre y otros tres de padre y madre común. Uno de estos tres era Houssaine, muerto en el tiroteo de Cambrils. Muy buen estudiante en el colegio, completó sus estudios con la obtención de un grado superior de electromecánica.

Younes trabajaba con un contrato fijo en una empresa de soldadura y mantenimiento industrial a las afueras de Ripoll. Tenía dos pasiones: los coches y el futbol. Escribe Lorenzo Silva:

> Sus otras pasiones eran la PlayStation (como truculento augurio, le encantaba el videojuego *Grand Theft Auto*, donde uno de los alicientes es atropellar peatones y el jugador recarga vidas acostándose con prostitutas callejeras), los coches (su primer coche fue un BMW serie 1) y las motocicletas. Con su último sueldo se compró una moto negra que apareció a 10 metros de la vivienda de los hermanos Oukabir, también relacionados con los atentados. Le gustaba salir al campo a derrapar con el coche y hacer *rallies*, y practicaba con destreza la escalada, como su hermano Houssaine. Este era muy activo en redes sociales, y algo imprudente: llegó a escribir en ellas mensajes como «paz para mí mismo, odio para el resto» o «voy con la esperanza del que todo lo ha perdido y así todo es bienvenido», en los que ya se aprecia su radicalización. Younes, en cambio, era discreto.

Estos dos ejemplos hablan por el resto de la célula de Ripoll. Todos eran «de casa» y muy jóvenes (si exceptuamos al imán, que tenía 44 años): el menor tenía 17 años, y la mayoría oscilaba entre los 19 y los 28 años, siendo el mayor de 34. Esos perfiles concuerdan con los que dibuja el estudio publicado en el Real Instituto Elcano, según el cual el 63.1% de los detenidos por delitos relacionados con terrorismo yihadista en España tiene entre 20 y 34 años. Si comparamos estos datos con los de los autores del atentado del 11-M de 2004 en Madrid, aparecen diferencias significativas. Todos los terroristas muertos implicados en esa acción tenían más de 25 años, y entre los condenados solo hubo un joven de 21. Por otra parte, la mayoría eran emigrantes de primera generación, es decir, llegaron a España como mayores de edad aunque jóvenes, por sus propios medios, no acompañados por familiares, y en consecuencia no cursaron estudios básicos o medios en nuestro país, aunque varios siguieron estudios universitarios en España y en otros países europeos.

EXPLICANDO LO INEXPLICABLE

Bien, sabemos hasta ahora lo siguiente. Que como consecuencia de la rápida pérdida de territorio del califato, los yihadistas piden a los que abrazan su credo en Occidente que ataquen en su propia casa. Que se opera un proceso de radicalización muy rápido a la sombra de una figura que los congrega, alguien con autoridad que los intoxica y les inculca la versión salafista del islam. Sabemos también que ahora los elegidos son jóvenes de segunda generación, que han nacido o vivido en Europa desde muy pequeños, y que son chicos «normales», aunque por diversas razones son vulnerables a ser objeto del lavado de cerebro del cómplice del Dáesh que los va a llevar a la ruina.

Ahora bien, ¿dónde están las causas de esta vulnerabilidad? Es cierto que son ignorantes en cuanto a su propia religión, pero eso es común para todos los jóvenes de Ripoll, y solo cinco sucumbieron a los cantos de sirena de Es Satty. Aquí vemos la importancia de las diferencias individuales: no, esos chicos no eran locos ni psicópatas, pero en cierto sentido eran «diferentes». Los integrantes de la célula que llevó a cabo los atentados de Barcelona no fueron los únicos a los que el imán Es Satty intentó radicalizar. Al menos dos jóvenes de la familia de los terroristas admitieron que el imán se aproximó a ellos en alguna ocasión con un discurso que les repelió. «Me quiso dar alguna charla y un día empezó a hablarme de que escuchar música era malo o no sé qué... y le dije que no me comiera la cabeza. Nunca más me volvió a hablar», aseguró un primo de uno de los fallecidos en Cambrils.

Esta es la clave: ¿por qué algunos le dicen al imán «no me comas la cabeza» y otros acaban matando a 15 personas y buscando su propia muerte? Descontando la habilidad del imán en su labor de captar incautos (que utilizó la relación directa y cercana), por propia lógica tenemos que pensar que el gran relato de la yihad a ellos les resultó más atractivo, es decir, que en aquellos años de su juventud esa narración les servía para entender quiénes eran y qué pretendían hacer con sus vidas.

En primer lugar, figura la ofensa. Ven lo que sucede en el califato y consideran que están matando a sus hermanos. Esa es su auténtica tierra y su pueblo. España y Ripoll son un accidente; su lugar de pertenencia real es la tierra donde se lucha en nombre de Alá contra sus enemigos. Es una lucha muy desigual: el mundo entero contra los elegidos, pero eso confiere una mayor santidad a su pelea, más épica y heroísmo.

A continuación tenemos la importancia de la relación especial que se establece en el grupo de los escogidos: solo ellos conocen «la verdad», el resto vive en la ignorancia, como los residentes de la caverna en el mito de Platón que toman por verdaderas las sombras que se proyectan en su interior. Los lazos familiares son cruciales en la radicalización. Los terroristas se suelen integrar en grupos con sus hermanos u otros familiares, o bien son amigos desde la infancia o compañeros del barrio. Así, y solo a modo de ejemplo, los 14 kamikazes que atacaron Casablanca tenían entre 20 y 23 años, había hermanos entre ellos y todos eran amigos de la infancia. Los perpetradores del atentado de *Charlie Hebdo* eran los hermanos Kouachi. Los hermanos Abdeslam atentaron en la sala Bataclan de París. Los ataques de Boston durante el maratón (2013) fueron obra de los hermanos Tsarnaev. En la célula de Cataluña hubo tres parejas y un trío de hermanos.

Pero también esa relación especial se ve poderosamente reforzada porque incluye elementos emocionantes; es como estar en una película de espías. Por ejemplo, el manual de radicalización encontrado por la policía seguía la corriente Takfir Wal Hijra (Anatema y Exilio) que el imán empleó con sus adoctrinados. Viene a decir que todo lo prohibido para un buen musulmán está permitido en favor del ocultamiento y la clandestinidad.* El ejemplo más señero de esta práctica nos remite al infausto 11-S de Nueva York: Mohamed Atta, el jefe del comando terrorista sobre el terreno, meses antes del ataque contra las Torres Gemelas había viajado junto con otros de sus compañeros a Las Vegas para jugar en los casinos y beber alcohol en prostíbulos.

Esta fue la táctica que permitió a los miembros del grupo creado por el imán Es Satty pasar desapercibidos. Así, se puede leer en dicho manual: «El musulmán tiene que imitar a los infieles en su forma de vestirse si eso va en beneficio

* Otros autores se refieren a este sistema de camuflaje entre los infieles como la versión Abdeslam, por Salah Abdeslam, el suicida de París que renunció a inmolarse en el Estadio de Francia y huyó a Bélgica, que no llevaba una vida de asceta. Todo lo contrario: fumaba, bebía alcohol y acudía a fiestas en clubs de moda de Bruselas. Una conducta alejada de la imagen de islamista radical, y que dificulta la identificación de sus miembros.

del islam. Como los judíos que habitaban la península árabe en el tiempo del profeta». La mentira y el disfraz están autorizados si se persigue matar a los infieles. «¡Acuérdate de que puedes mentir!... Hay que ir cambiando de forma de vestir, de corte de pelo, lugar de residencia, coches, rutas diarias, reuniones, encuentros».

Sin embargo, como ya hemos visto, hubo cambios que sí fueron detectados por sus amigos, aunque predominó la idea de que todo era normal, cumpliendo así las instrucciones de «imitar a los infieles». Por ejemplo, un amigo de los yihadistas recordó que, dos meses antes de los atentados, a pesar de que «los notaba muy raros —refiriéndose a Moussa, dijo—: Hace unos tres meses [...] bebíamos y fumábamos de la misma cachimba. Él apenas podía andar sin caerse».

Los jóvenes captados por Es Satty viven una gran aventura. Se establece entonces entre ellos una relación especial, que cada vez se refuerza más porque están más cerca de su objetivo final. Dado que lograr su meta implicará casi con toda seguridad su muerte, todavía se refuerza más en ellos su adhesión a la causa. La investigación ha revelado que cuando las personas sienten con mayor fuerza la presencia o la amenaza de la muerte, aunque sea en un nivel puramente simbólico, una forma de hacer frente al sentimiento de angustia ante ella es afirmar más los valores de su cultura, volviéndose más hostil a los valores de otras culturas que rivalizan con la suya. Este proceso, además, lleva aparejado un aumento de la autoestima del individuo. ¿Por qué ocurre esto? La respuesta se relaciona con lo que escribí en el capítulo 1 acerca del mal: «La cultura nos proporciona un contexto simbólico en el que participamos, y nos ofrece un sentido de orden, permanencia y significado frente al caos de la destrucción». Es decir, las creencias en la nobleza de la causa y en la gloria reservada a un mártir se fortalecen en las vísperas de los atentados porque así se calma el horror a la muerte, y en la medida en que los jóvenes se creyeron mártires, se sintieron más valiosos y virtuosos.

Por otra parte, no podemos despreciar la especial importancia del premio que van a lograr con su sacrificio. Dado que ellos no gozan de los beneficios que proporciona el Dáesh a quien combate en el califato de modo regular, lo que esperan alcanzar después de muertos ha de ser extraordinariamente atractivo.

En otras palabras, para los yihadistas adoctrinados que nunca verán el califato el premio ha de ser del todo espiritual. Para los que cada día han de vencer el miedo a morir —siempre muy posible—, es necesario ofrecer algo más tangible, como ilustra este ejemplo:

> «Mantuve a las cuatro chicas en una casa abandonada. Cada noche tuve sexo con una distinta». Así declaraba Mohamed Ahmed cómo eran sus noches con las mujeres yazidíes que el Dáesh de Irak y el Levante captura como esclavas sexuales. La minoría yazidí perseguida sirve al Dáesh con trabajos forzados o bien, en el caso de las mujeres, como esclavas sexuales. Mohamed no se arrepiente de los crímenes cometidos bajo su mano. Su conducta es estremecedora. «Algunas veces parecían asustadas, pero nunca dijeron que no. Eran todas vírgenes cuando me las dieron», afirmó. Según el propio terrorista, su sueldo consistía en 60 000 dinares iraquíes —poco menos de 50 euros— más un plus consistente en mujeres. La esclavización de las mujeres se da de forma similar a obtener un botín de guerra. «Maté a 10 o 12 yazidíes en un colegio, incluidos niños», señala recordando un ataque perpetrado en el verano de 2014 en la región de Sinyar, al norte de Irak. «El emir nos ordenó coger a las mujeres más guapas de la ciudad y llevarlas a Mosul». A Mohamed le correspondieron cuatro. La más joven tenía 22 años. La mayor, 33. «Dáesh mató a ochenta ancianas porque no servían como esclavas sexuales». El escudo de Mohamed durante el juicio fue librarse de toda culpa señalando a los líde-

res de Dáesh. «Me lavaron el cerebro. Creí que los yazidíes eran infieles, como los judíos, que todo lo que les hacíamos estaba bien. Los líderes me drogaron, por eso actué así», sentenció. A la pregunta del juez sobre qué hacía con las mujeres después, respondió: «Las vendía a otros soldados por 200 dólares».

Los jóvenes de Ripoll no contaban con estas recompensas, pero tienen la más poderosa de todas: la gloria eterna y, lo más importante, encontrar un sentido a sus vidas como mártires. Ello supone perder el miedo a morir. Un amigo de los yihadistas de Ripoll aseguró que fue en junio, dos meses antes del ataque, durante el Ramadán, cuando perdieron el miedo a morir. «Creo que fue ahí cuando ya sabían lo que iban a hacer. Desde ese momento se empezaron a comportar de una manera muy cariñosa con sus madres y con la familia, estaban mucho en casa y siempre atentos a sus familiares. La madre tenía cualquier problema y ellos ya estaban ahí en un segundo para ayudar».

Pero también exige la pérdida del tabú moral que nos impide matar. ¿Cómo se logra esto? ¿Cómo superan los terroristas la natural tendencia que tenemos los seres humanos a inhibir el acto de matar? El psicólogo Albert Bandura explicó este proceso de convertirse en un asesino mediante su concepto de «desvinculación moral»; sin embargo, el terrorista no se considera amoral, sino todo lo contrario, por lo que habría que explicar que tal desconexión de la moral convencional tiene que estar asistida por motivos poderosos que, en el caso del terrorista, modifiquen radicalmente la percepción negativa del hecho, y de este modo el asesinato sea, contrariamente, una «obligación» de su fe y por ello *un acto plenamente moral.* El capítulo siguiente tratará más ampliamente este punto.

Sea como fuere, las células terroristas han de desconectar sus procesos de autorregulación moral y reevaluar lo que implica usar la violencia; es un proceso gradual, que algunos miembros puede que ni siquiera reconozcan. Es necesario que antes de que un sujeto participe en una acción violenta sea capaz de justificarla. Los líderes facilitan esta labor no permitiendo que sus discípulos vean tales hechos bajo un componente emocional. Para ello es fundamental la división entre el «nosotros» y «ellos», con lo que el camino está dispuesto para *deshumanizar* a las víctimas, que se incluyen en tales «ellos» (reconocer al otro como humano o semejante a nosotros dispara los mecanismos de inhibición de la violencia, como la empatía). Otro mecanismo citado por Bandura que nos sirve para asesinar es el que denomina «comparación ventajosa», a partir del cual se observa que los ideales que el grupo terrorista pretende conseguir son muy superiores a los que encarna el grupo al que hay que aniquilar. Finalmente, también ayuda emplear las palabras apropiadas y *redefinir el acto violento* que se va a realizar: los nazis hablaban de la «solución final» para referirse al Holocausto, mientras que los yihadistas califican sus atrocidades de «guerra santa».

Por otra parte, existen otros trucos psicológicos muy útiles para superar la censura de matar, pero que requieren un esfuerzo más personal: es decir, implican una mayor voluntad del sujeto en utilizar esa forma de pensar, y menos del «lavado de cerebro» al que ha sido sometido por el líder de la célula. Así, *la atribución de la culpa* consiste en pensar que el otro se ha buscado ser objeto de la violencia; son sus culpas o pecados los responsables del mal que está padeciendo, y no tanto una decisión personal o algo deseable por parte del terrorista.

No cabe duda de que el imán Es Satty realizó una labor extraordinaria en facilitar que sus discípulos superaran el tabú del homicidio. De chicos normales de pueblo pasaron a ser asesinos múltiples, y solo en un período de un año, aproximadamente.

¿Hasta qué punto es necesario sentirse desubicado para ser presa del Dáesh?

Recordemos que algunos primos de los jóvenes asesinos de Ripoll mandaron a paseo al diabólico imán (le dijeron: «No me comas la cabeza»), y vivían puerta con puerta con estos, habían visto las mismas cosas, estudiado en las mismas escuelas y jugado en las mismas calles.

Por otra parte, hay sobrados ejemplos de gente con un gran presente y futuro que se apuntó al Dáesh de forma entusiasta, dejando toda su vida tras de sí. Este artículo publicado en *El Mundo* muestra uno de los casos más espectaculares:

> «Completó sus estudios en Informática en la Universidad de Massachusetts y se graduó como ingeniero y programador antes de decidir que debía emprender el camino hacia Alá con algunos amigos». Así comienza la semblanza que el autodenominado Estado Islámico le dedica a uno de los adalides de su propaganda, Abu Sulayman al Shami [...] uno de los miles de combatientes extranjeros que desembarcaron en la región al calor de la guerra civil siria. Estudió en el Massachusetts Institute of Technology (MIT), el mejor centro de ingeniería y tecnología del planeta. «Con un dominio excelente del inglés, el graduado escapó de Estados Unidos cuando el FBI estaba a punto de detenerlo por una operación preparada en suelo estadounidense», reseña Veryan Khan [analista del terrorismo yihadista]. Tras su frustrado atentado, Abu Sulayman viajó a Siria y comenzó a luchar en Alepo a las órdenes del Frente Al Nusra, la exsucursal siria de Al Qaeda...

El artículo sigue detallando el paso de Sulayman de Al Qaeda al Dáesh y la gran labor que realizó allí, y cómo, en un momento crítico, no dudó en dejar de lado su gran inteligencia y habilidades informáticas para empuñar las armas en el campo de batalla:

> En las entrañas del Estado Islámico, Abu Sulayman congeló sus aspiraciones kamikazes y se empleó a fondo para construir el andamiaje de la unidad de idiomas extranjeros con el propósito de «informar a los musulmanes del este y el oeste acerca del Estado Islámico e instarlos a efectuar la *hégira* [la emigración hacia el califato]». Tras traducir del árabe al inglés varios videos, creó *Dabiq*, la revista en inglés que durante los primeros años del califato divulgó su propaganda. Sulayman fue, además de su arquitecto, el redactor de algunos de sus artículos e incluso actuó como una suerte de estratega [...]. Afectado por el óbito de Al Furqan, su mentor, Abu Sulayman rescató sus sueños de luchar en el campo de batalla. Perdió la vida poco después, bajo el plomo.

LA FRANQUICIA DEL TERROR O TERROR *LOW COST*

La llegada del Estado Islámico ha introducido una profunda innovación en el uso sistemático del terror. El grupo se ha desprendido de la idea de élite para ofrecer una práctica del «terrorismo para todo el mundo». Ya no se necesita una estructura, ni contactos específicos, ni conocimientos especiales sobre armas o explosivos. No se necesita otra cosa más allá de una buena dosis de desesperación, narcisismo y arrojo. La consigna es clara: ser violento, donde y como se pueda, utilizando cualquier cosa al alcance. Un martillo. Un cuchillo de cocina. Un coche alquilado.

Alemania ha sufrido el golpe de ese terror cotidiano en varias ocasiones. En febrero de 2016, Safia S., de 16 años, apuñaló en la garganta a un policía en la estación central de Hannover. En julio, Riaz Khan A., de 17 años, atacó con un hacha a los pasajeros de un tren regional al sur del país. En diciembre de ese mismo año, Anis Amri empotró un camión robado contra un mercadillo navideño en Berlín. Luego, como sabemos, siguieron otras ciudades en 2017 como Londres, Barcelona y Nueva York.

En todos los casos los agresores se declararon «soldados del califato» y los medios se lanzaron a escribir, una vez más, sobre el cortejo deliberado de los salafistas a jóvenes impresionables, frustrados y llenos de rencor. El periodista Luis Rodríguez escribió un magnífico artículo donde mostraba cómo se realizaba este proceso de captación solo mediante internet a través de la experiencia del reportero del diario *Bild* Björn Stritzel, quien se creó una identidad ficticia para hacerse pasar por salafista con ganas de matar en Alemania. Todo empezó cuando preguntó en la red cómo enviar un video a Amaq, el canal de noticias del Estado Islámico.

> Poco después, dos personas se ponen en contacto con él, aparentemente desde Siria. Los dos le ofrecen recomendaciones de seguridad. «Hermano, si estás planeando algo, te recomiendo que no te comuniques vía Telegram —le dice un tal Abu K., quien le explica que el Estado Islámico prefiere ese canal para la propaganda, pero que no es seguro para otro tipo de comunicaciones—. Abu Abdullah recomienda que destruyas la tarjeta SIM actual de tu móvil», le aconseja.
>
> Abu le recomienda otro servicio de mensajería, Wickr. Lo consideran más seguro. «*Akhi* [hermano], fija el temporizador para la autodestrucción de los mensajes en un minuto. Los mensajes que envíes se borrarán en ambos dispositivos después de ser leídos».
>
> A los pocos días, Abu K. vuelve a contactar con Stritzel. «Me urge a planear un ataque concreto. Me promete que seré enaltecido como un "soldado del Estado Islámico" por sus oficiales de propaganda. Antes de que haga nada, me pide que le envíe un video para reclamar la responsabilidad».
>
> El periodista asiente. Abu K. lo guía sobre la fórmula a seguir para ese video. «No digas cosas como "Hago esto por-

que vosotros nos atacáis". Algo con más vigor es mejor. "Estoy haciendo esto porque el califato me ha instruido a atacar a los cruzados contra el islam y sus ciudadanos" —le recomienda Abu—. Esa idea de que esto es una guerra meramente política está equivocada. Los matamos porque Alá nos pidió que lo hiciéramos, y no porque ellos nos ataquen», aclara.

Stritzel prepara un borrador de su declaración para el video y se lo manda a Abu para que lo revise un «hermano alemán» (simplemente «D»), pero después de que le llegue el texto corregido este lo urge a que realice el atentado, porque cada día que pasa la policía tiene mayor posibilidad de detenerlo e impedir su martirio. «Simplemente coge un cuchillo y mata a tu vecino. Nadie espera eso», le dice.

Después otro «hermano alemán» contacta con él, un tal Mahmoud, quien también lo apremia para que realice el atentado.

Cuando Stritzel le habla de sus intentos de fabricar una bomba, el instructor trata de quitarle la idea de la cabeza. «Queremos ayudar. Mira, hermano, olvídate de la bomba, es demasiado peligroso, un pequeño fallo lo puede arruinar todo. Es mejor que alquiles un coche, o cojas el coche de alguien y lo conduzcas contra una multitud».

El periodista le explica que no tiene carnet de conducir. Busca ganar tiempo. Pregunta si alguien le puede ayudar a fabricar una bomba. D. se enfada. Alude al terrorista suicida de Ansbach. «El hermano se inmoló y no mató a ningún infiel». D. propone otra alternativa: «Hoy va a aparecer un video que va a mostrar cómo hacer varias cosas. El video explica en detalle cómo manejar un cuchillo».

El periodista se estremece viendo el video. Es brutal. D. le llama y le dice: «Vete a un asilo de ancianos, eso es fácil. O ve a un monasterio o a una iglesia. Créeme, hermano, llenará sus corazones de terror, porque cualquiera puede hacer algo así». El periodista responde que es pronto, que no está preparado, y D. le responde:

> *Akhi*, confía en Alá. Simplemente entra en un hospital... Lleva flores contigo y ve al ala donde esté ingresada la gente grave. Luego, con calma, entra en las habitaciones y vete matándolos. Con mucha calma. Sheikh al-Adnani lo ha dicho muchas veces. Queremos muchas operaciones simples, porque el enemigo no puede detener eso. ¿Lo entiendes, *Akhi*?

JÓVENES ALIENADOS: «¿LO HUBIERAS HECHO MEJOR?»

No, los yihadistas no están locos, pero sin duda una estrategia como la descrita arriba no puede funcionar con la mayoría de los jóvenes de Europa. De un modo u otro, los jóvenes como los de Ripoll estaban integrados como podrían estarlo millones de españoles, con la excepción de los inconvenientes que su aspecto marroquí pudiera causarles. *Pero ese hecho no puede ser una razón para ponerse a matar a cualquiera como un perro rabioso.* No, claro que no. La conclusión solo puede ser que, en determinados momentos, estos jóvenes se sintieron alienados de todo, de los esfuerzos y logros de su pasado y de lo que el presente les daba, hasta tal punto que su realidad cotidiana no les decía nada para un futuro prometedor.

Los yihadistas creen en la profunda moralidad de sus asesinatos. Vemos que, al igual que los asesinos múltiples, y en realidad de un modo más destacado, están convencidos de hacer lo correcto. El capítulo siguiente presenta de forma concisa lo que yo considero las claves para entender el proceso de radicalización de la yihad sobre los jóvenes, pero antes de terminar quiero reproducir una extraordinaria aportación que hizo una madre en el *New York Times* relatando la experiencia de su hijo. Es notable porque representa bien lo que entiendo por alienación, que no ha de ser necesariamente una ausencia de integración entre sus pares o de la sociedad, sino que en realidad la alienación es muchas veces personal y no social, apunta al cerebro de los jóvenes, quizá impulsada por la rabia. Son agujeros en un equilibrio inestable, y el joven se precipita al abismo.

Mi hijo, el yihadista

Por **Nicola Benyahia** 8 de julio de 2017

BIRMINGHAM, Inglaterra. Descolgué el teléfono, tratando de distinguir las palabras en la línea crepitante. Hubo un momento de silencio antes de que la voz en el otro extremo dijera: «Lo siento, pero su hijo está muerto».

Era la llamada que había temido durante meses. ¿Cómo iba a decirles a las hermanas de Rasheed que su hermano, un luchador del llamado Estado Islámico, había muerto en un ataque aéreo en algún lugar de la frontera entre Siria e Irak? ¿Cómo respondería a sus preguntas? Yo no tenía las respuestas. Ni cuerpo para soportarlo. Todo lo que quería era tenerlo por última vez y decirle adiós.

Rasheed nació el 26 de abril de 1996 en la ciudad de Gales donde yo había vivido la mayor parte de mi vida. Fui criada como anglicana, pero me convertí al islam en mi adolescencia; mi nueva fe me dio consuelo y significado después de una infancia difícil. El hombre que conocí después y con el que me casé también era musulmán, de Argelia. La vida como miembros de una minoría musulmana en una pequeña ciudad de provincias no fue fácil, por lo que nos trasladamos con nuestra creciente familia a Birmingham.

Rasheed era un chico feliz y nervioso, entusiasmado por casi todo. Tenía grandes ojos verdes y una sonrisa que le iluminaba el rostro. Era travieso, gastaba bromas a sus hermanas, que gritaban y lo perseguían por la casa en señal de protesta. Esto solo le generaba ataques de risa. Era una casa ruidosa, un poco revuelta a veces, pero esta era mi familia y mis hijos. Los amaba y estábamos felices.

Birmingham, la ciudad más multicultural de Gran Bretaña, con una mezcla de comunidades blancas, asiáticas, somalíes y árabes, parecía un buen lugar para que nuestros niños se sintieran integrados. A pesar de los desafíos típicos de crecer en un área del centro de la ciudad, Rasheed era un buen estudiante. Fue a la universidad durante un tiempo, pero luego se inscribió en un curso de ingeniería eléctrica. Parecía progresar y comentaba cómo quería establecer su propio negocio.

A principios de 2014, las cosas comenzaron a cambiar. Mi esposo y yo estábamos teniendo problemas matrimoniales, y Rasheed comenzó a evadirse. Mi chico divertido y despreocupado se convirtió lentamente en un chico distante de 18 años. Se dejó crecer el cabello liso de forma rebelde. Usaba vaqueros desgastados y sudaderas con capucha, pero ahora elegía pantalones holgados sueltos con una túnica larga tradicional.

Rasheed incluso insistió en que le acortara el dobladillo de sus pantalones para que se le vieran los tobillos. Siendo una madre conocedora de la moda, esto me irritó. Pero también me molestó porque sabía que era una forma de vestirse común entre los que se adherían a interpretaciones estrictas del islam.

Rasheed tenía la costumbre de asistir a la mezquita local con su padre. Era una mezquita moderada, que acogía a inmigrantes de primera y segunda generación de países asiáticos y árabes. Pero Rasheed comenzó a impacientarse con los asistentes mayores y más cultos en esta mezquita y buscó una congregación más joven en otra conocida por su enseñanza más conservadora.

No había sido un gran lector, pero Rasheed se volvió ávido, trayendo a casa literatura islámica de autores de los que nunca había oído hablar. También comenzó a ayunar más, fuera de la norma del Ramadán. Esto causó tensión, porque significaba ausentarse de las comidas familiares. Con nuestra relación ya tensa, no insistí en el problema porque no quería otro motivo para una discusión.

Fue un año complicado y me distrajeron los altibajos de nuestro matrimonio. Mi esposo y yo finalmente resolvimos nuestras diferencias, pero Rasheed se aisló más. A medida que pasaban los meses, parecía estar más agotado y preocupado, como si el esfuerzo de mantenerlo unido fuera excesivo.

A veces sentía que ya no lo reconocía, pero luego notaba un destello de su antiguo yo. Tenía la esperanza de que Rasheed todavía estuviera allí, debajo de la angustia adolescente. Finalmente, en diciembre, pensé que había vuelto la luz del día. Rasheed de repente se volvió más relajado y optimista. Comenzó a salir con sus viejos amigos de nuevo. Me sentí aliviada: lo habría superado, fuera lo que fuese.

Un día Rasheed dejó un regalo en mi almohada: un collar de diamantes con una nota que decía: «A mamá, no importa cuánto oro y cuántas piedras preciosas se usen, nunca es suficiente para mostrar lo valiosa que eres para mí. Con amor, Rasheed». Recuperé a mi hijo.

Solamente un tiempo más tarde me di cuenta de que su cambio no era una recuperación, sino algo triste y siniestro. Rasheed había entrado en la fase de radicalización en la que una persona se prepara para irse. Es similar a cuando una persona deprimida decide quitarse la vida; su estado de ánimo puede mejorar con la decisión, arrullando a familiares y amigos con una falsa sensación de seguridad.

Ahora sé que el regalo de Rasheed fue su manera de despedirse.

El viernes 29 de mayo de 2015 comenzó como cualquier otro día, pero fue la última vez que vi a mi hijo. No hubo besos. Ni siquiera una nota. Él simplemente se había ido. Rasheed se alejó de su vida con nosotros solo con la ropa en la espalda, dejando atrás todo lo que sabía.

Llenos de aprensión, informamos de su abrupta partida a la policía. Mientras la policía realizaba su investigación, una nube se cernía sobre nosotros. Entendimos por qué tenían que preguntarnos, pero sentimos el peso de su sospecha: ¿sabíamos más de lo que estábamos diciendo? Esto solo aumentó nuestra culpa de que deberíamos haber leído mejor las señales y de alguna manera haber sido capaces de detenerlo.

La policía nos pidió que viéramos imágenes de vigilancia del aeropuerto de un joven que se preparaba para abordar un vuelo a Turquía. Mientras miraba las fotos pixeladas, no hubo dudas. Era Rasheed.

Mi ánimo cambió de tristeza a furia. ¿Cómo pudo haberme hecho esto? Después de diez semanas angustiosas, Rasheed finalmente contactó conmigo a través de mensajes de WhatsApp. Él dijo que estaba en Siria. Una vez que escuché eso, supe que tenía que prepararme para lo peor. Pero también tuve que hacer una elección. Podía mantener mi enojo con Rasheed por las decisiones que había tomado y correr el riesgo de que nunca más contactara conmigo, o podría tratar de mantener la calma y mantener viva nuestra relación con la esperanza de que finalmente le volviera el sentido común. Elegí este último recurso.

Ocasionalmente, parecía haber un rayo de esperanza. En una conversación con su hermana, él dijo: «Si me equivoco sobre esta elección que hice, ruego a Dios que me aleje de ella». ¿Estaba teniendo dudas? ¿Acaso era esta su forma de pedir ayuda, una salida? Cuando me comuniqué con Rasheed durante los siguientes meses, a través de llamadas telefónicas y mensajes de texto, traté desesperadamente de ganar la batalla por el corazón y la mente de mi hijo. Me aferré al vínculo que alguna vez tuvimos. *El chico que había criado había desaparecido*, sin embargo, cuando hablamos, nunca dejó de llamarme mamá.

Un día me dijo torpemente que un alto líder del Estado Islámico había propuesto encontrarle una novia yihadista. Habló de su nerviosismo al conocer a la joven y la idea del matrimonio. Él me preguntó. Pensé: «¿Qué podría decir?». A pesar de todo, todavía deseaba la aprobación de su madre.

Él y su grupo vivían bajo el temor constante de los ataques aéreos, después de lo cual tendrían que buscar supervivientes entre los escombros. Me contó cómo los obligaron a mirar las decapitaciones públicas, lo que sirvió como una dura advertencia para cualquiera que considerara la deserción. Nunca me contó qué cosas tenía que hacer, pues sus llamadas telefónicas fueron monitorizadas, pero cuando su padre sondeó una vez dijo que había sido enviado desde el bastión oriental del Estado Islámico, Al Raqa, para «visitar a Bashar al-Ásad». Entendimos que esto significaba que había estado involucrado en la lucha contra las fuerzas del gobierno sirio.

Sabía que Rasheed podía ser asesinado en cualquier momento, y lidié con ese dolor previo. No hay un manual de crianza para esto.

Luego recibí la llamada.

Desde la muerte de Rasheed, he revisado cada detalle de cada recuerdo, buscando pistas sobre qué lo hizo salir de casa para luchar en Siria. ¿Qué había extrañado? Las pistas eran difíciles de descifrar; sus contextos siempre permitieron otras explicaciones inocentes. En mi búsqueda de respuestas, he conocido a familias en todo el mundo que han experimentado los mismos problemas con la identificación de señales de advertencia. Con bastante frecuencia, *hay antecedentes de problemas de salud mental,* por lo que los padres ven un aumento en el comportamiento agitado, mayor ansiedad o aislamiento social a través de ese prisma, en lugar de signos de radicalización.

En el caso de Rasheed, cambió su apariencia y decidió asistir a una mezquita diferente. En retrospectiva, yo debería haber cuestionado más su distanciamiento de su grupo social habitual. Ingenuamente, quizá, había pasado por alto los cambios en Rasheed como parte de su proceso de exploración y formación de una identidad alejada de sus padres. Fue el mayor error y remordimiento de mi vida. Pero pregúntale a cualquier padre de adolescentes: ¿lo hubieras hecho mejor?

7

Las claves del asesino yihadista: relato e identidad

Podemos definir el terrorismo como *la violencia dirigida a crear el terror en la población, para lograr un fin político.* En esta definición vemos implícito el sentido de premeditación y finalidad, es decir, la idea de que hay alguien detrás que ha pensado antes de actuar, no un loco irresponsable o una mente desequilibrada. El acto terrorista *tiene pleno sentido y racionalidad* para la persona que decide llevarlo a cabo, de ahí su planificación estratégica y la conducta desplegada, eficaz para conseguir la meta propuesta.

Ahora bien, decir que los terroristas son personas «normales» o «racionales» no ayuda gran cosa a *comprender realmente cómo son.* En un sentido amplio, hay tres aspectos en la cuestión acerca de la conducta terrorista. La primera es intentar averiguar *cómo actúan* los terroristas (así como el operativo logístico detrás de sus actos); la segunda es *cómo piensan,* y la tercera es *cómo sienten.* Es más sencillo investigar las dos primeras interrogantes, porque tenemos métodos para analizar los actos y *modus operandi* del terrorismo, así como su discurso ideológico. Profundizar en el complejo mundo de los sentimientos es más arduo, razón por la cual leemos con mucho interés el análisis sentimental de la vida terrorista en novelistas como John Updike y Joseph Conrad. Este último, en la famosa novela de espías *El agente secreto,* presenta a un anarquista llamado el Profesor, que camina por las calles del Londres de final de siglo con una bomba bajo su abrigo. Conrad deja bien claro al lector que lo que motiva a este no es el deseo de libertad o justicia, sino «fuerzas emocionales más oscuras: resentimiento y envidia, el ansia de sangre y poder, la violencia por ella misma».

Aunque los científicos sociales no son novelistas, no es menos cierto que su objetivo (al menos la ciencia social que no renuncia a profundizar en el significado de los actos que realiza el sujeto) es muy parecido, ya que consiste en comprender por qué las personas piensan y sienten como lo hacen, es decir, comprender el mundo tal y como estas lo comprenden, lo que exige tratarlos como seres humanos —con sus miedos, sueños y deseos—, y no como meros datos de una encuesta, por completa que esta sea.

Este punto es ciertamente importante para lo que intentamos explicar en este capítulo. Los terroristas pueden ser sujetos «normales», pero ciertamente *no lo son sus vidas*, o al menos aquella parte relacionada con la génesis y realización de las intenciones violentas.

INTEGRACIÓN, AGRAVIO E IDENTIDAD

La educadora social que trabajó con los terroristas de Cataluña dijo que eran como sus hijos. El relato de quien los conoció cuando eran pequeños, de quien los vio crecer, describe a unos «niños como todos». Uno soñaba con ser piloto, otro maestro, un tercero quería ser médico y un cuarto quería trabajar en una ONG. Pero Moussa, Said, Mohamed y Younes llegaron a su veintena, esa década de vida plena, convertidos en terroristas. «¿Cómo puede ser, Younes...? No he visto nadie tan responsable como tú», escribió la educadora social Raquel Rull en una carta remitida a los medios de comunicación. Los jóvenes terroristas de Ripoll no eran diferentes a los demás; estaban plenamente integrados. Pero ¿es eso cierto?

El profesor de la Universidad de Pensilvania Marc Sageman reunió una base de datos con quinientos terroristas yihadistas y concluyó que no podía considerarse probada la idea de que la gran mayoría de aquellos fueran personas pobres sin educación. Su trabajo es valioso, porque incluyó muchas entrevistas con los terroristas, además de emplear fuentes documentales indirectas. Los hay pobres, sin duda, pero la pobreza y la falta de integración derivada de esta no pueden constituir una explicación generalizada.

La célula de Ripoll nos sitúa en un plano nuevo del concepto de integración: *el plano subjetivo.* Si una persona se siente tratada injustamente, percibirá una afrenta o agravio, aunque de forma objetiva no viva en situaciones de pobreza o marginación. Es decir, uno puede sentirse injustamente tratado en relación con otros jóvenes de su entorno. La *privación relativa* es el conjunto de sentimientos percibidos de ser objeto de un trato desigual e injusto como consecuencia de pertenecer a un grupo determinado. Por ello no se ha podido demostrar que los terroristas sean mayormente pobres o marginados de la educación; lo que importa es ese sentimiento subjetivo de ser tratado de modo injusto. En resumen, de lo escrito hasta aquí se concluye que las pobres condiciones de vida no son un precursor del terrorismo; sí lo es, en cambio, el sentir que las estructuras vigentes donde uno vive lo hacen objeto de un trato que considera injusto, ofensivo y vejatorio, en comparación con otros grupos que son tratados mucho mejor. En estas condiciones uno puede sentirse *moralmente legitimado* para actuar con violencia si en su medio encuentra personas con autoridad que lo alientan a emprender ese camino, convirtiendo su alienación personal en combustible de la violencia.

Los investigadores españoles Alonso y Reinares lo señalaron explícitamente en su análisis de uno de los terroristas del 11-M en Madrid (Abdennabi Kounjaa), quien había manifestado: «No puedo soportar esta forma de vivir, como una persona débil y humillada», en comparación con las circunstancias en las que vivían otros.

Ahora bien, el sentirse uno agraviado significa que sufre con su identidad actual, es decir, con la persona que es tal y como lo ven los otros. Junto con este trato injusto, tal identidad puede sufrir también a causa de que el joven no tiene una comunidad fuerte que lo ampare. La profesora de la Universidad de Stanford Sarah Lyons-Padilla, en su obra *Belonging Nowhere* (Pertenecer a ningún sitio), afirma que «aquellos que no se identifican con su herencia cultural y tampoco con la cultura de acogida se sienten marginados e insignificantes. Las experiencias de discriminación empeoran la situación y conducen a un mayor apoyo del radicalismo».

El concepto de agravio o trato injusto forma parte de la «planta baja» de la denominada «escalera de Moghaddam hacia el terrorismo», ideada por este investigador para destacar el hecho de que el terrorista no es un ente pasivo sujeto exclusivamente a influencias sociales; al contrario, él interviene de manera activa, con sus decisiones, en caminar por el proceso de radicalización cuando no encuentra otros métodos de mejorar sus condiciones. El gráfico 4 representa dicha escalera.

En la planta baja tenemos el *sentimiento de agravio*, producto de la privación relativa ya explicada. En la 1.ª planta el sujeto analiza *qué posibilidades tiene para escapar* de esa situación que amenaza su identidad de ser humillado. Es aquí donde cobra su importancia el papel del imán o reclutador de yihadistas, cuya influencia será decisiva en el resto del proceso, y que convence al reclutado de que hay *culpables de su situación* que merecen ser castigados (2.ª planta). El liderazgo implica autoridad sobre el grupo u organización, y dicha autoridad puede provenir de varias fuentes: carisma o autoridad personal, la ideología (o autoridad intelectual) y,

Gráfico 4. Escalera de Moghaddam de radicalización

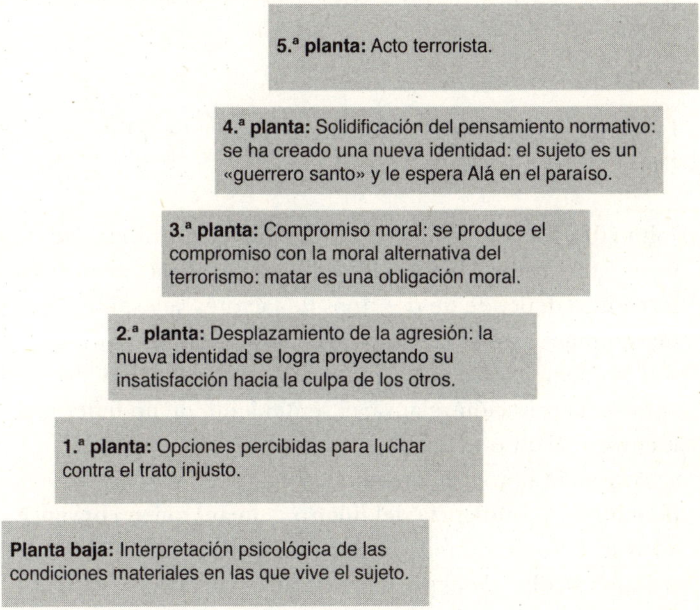
5.ª planta: Acto terrorista.
4.ª planta: Solidificación del pensamiento normativo: se ha creado una nueva identidad: el sujeto es un «guerrero santo» y le espera Alá en el paraíso.
3.ª planta: Compromiso moral: se produce el compromiso con la moral alternativa del terrorismo: matar es una obligación moral.
2.ª planta: Desplazamiento de la agresión: la nueva identidad se logra proyectando su insatisfacción hacia la culpa de los otros.
1.ª planta: Opciones percibidas para luchar contra el trato injusto.
Planta baja: Interpretación psicológica de las condiciones materiales en las que vive el sujeto.

en ciertos casos, de la autoridad que otorga el poder. En la célula de Ripoll, la ascendencia del imán Es Satty provenía de su carisma y de su ideología, que ofrecían la posibilidad de crear una nueva identidad para los jóvenes. Con él, los jóvenes de Ripoll conciben un *nuevo compromiso moral* (3.ª planta): se constituyen en una célula secreta que a partir de ahora trabajará para proveerse de los medios con los que matar a los infieles. Su fuerza deriva de la fe con que le sigan los acólitos, y para ello el líder cuenta con la manipulación psicológica y los incentivos políticos o religiosos derivados del éxito de su misión. Este proceso de indoctrinación en la creación de la *nueva identidad* es generalmente lento y gradual; el líder cuida y guía al nuevo miembro por los vericuetos de la ideología o relato que ha de aprender, al tiempo que realiza el proceso de hermanamiento con el grupo. Es fundamental la completa sumisión del adoctrinado: tiene que creer y hacer lo que le pide el líder. Ya no es libre en modo alguno (4.ª planta).

LOS MOTIVOS EXISTENCIALES: LA BÚSQUEDA DE UNA NUEVA IDENTIDAD

John Horgan, especialista en terrorismo de la Universidad de Georgia (Estados Unidos), afirma que la implicación en actos terroristas depende de dos tipos de factores, a los que llama de «empuje» y de «atracción», respectivamente. Los primeros son los comentados en la escalera de radicalización. Son el agravio, la privación relativa, el sentimiento de no tener una identidad clara o el deseo de escapar de una identidad que se considera humillada; también se incluye en estos factores de empuje la influencia del líder o el imán, quien convence a los jóvenes de que esa sensación de no pertenencia o de fracaso es culpa de alguien, y de que la violencia es la única forma de acción útil y moralmente correcta.

Pero Horgan entiende que, en muchos casos, esos factores no bastan, y que es necesario también considerar la importancia de los *factores de atracción.* Es en este punto donde los profesores de Reino Unido Simon Cottee y Keith Hayward han planteado la importante tesis de que un porcentaje indeterminado de terroristas decide cometer actos violentos porque encuentra dicha actividad muy excitante, o bien los hace sentirse poderosos, o incluso les proporciona un estado de «intoxicación espiritual», es decir, una misión en la vida que justifica el riesgo que hayan de correr. En otras palabras, estos autores plantean que el terrorismo no es solo un fenómeno de violencia política, sino también existencial: es un «modo de ser»; los terroristas se sienten atraídos o llamados hacia un tipo de vida que satisface sus aspiraciones o necesidades como seres humanos.

Por ello, continúan estos investigadores, no basta con analizar lo que hace quien participa en él, su operativa criminal, sino lo que *le hace sentir*, de ahí que se aplique el término «existencial», entendido como «un conjunto de sentimientos, inquietudes, aspiraciones o deseos relacionados con uno mismo, en cuanto vinculado con su moralidad». En palabras de estos autores:

> Para algunos sujetos, el terrorismo en una elección existencial [...] por eso no es apropiado decir que resultan «empujados» o «dirigidos» hacia la violencia por fuerzas lejanas de índole psicológica, política o ideológica. Es más acertado manifestar que estos individuos «son atraídos» por el terrorismo: los seduce, se integran en él por propia iniciativa; acuden a él porque lo encuentran irresistible y, una vez que están actuando en este proceso de violencia, lo encuentran excitante, compulsivo y embriagador, es decir, la experiencia más elevada de sus vidas.

¿Qué siente un terrorista cuando se embarca en una misión suicida? ¿Y cuando pone una bomba y la ve estallar? ¿Qué emociones le invaden cuando arrolla a civiles con una furgoneta o un camión? ¿Cuando se lanza con un cuchillo en la mano para matar a policías o civiles? ¿Qué supone para él participar en un grupo terrorista? ¿Qué cambios se producen en él al tener que llevar una vida secreta con una misión tan terrible? Estas preguntas, y todas las de esta misma índole, nos orientan hacia ese sentido existencial. Porque no podemos olvidar que el terrorismo implica para quienes lo realizan una apuesta descomunal y muchas veces definitiva, en la que abundan el riesgo, la excitación, el sacrificio y el drama.

Considero muy interesante la aportación de estos investigadores británicos. Ellos no dicen que todos los terroristas estén motivados por estas metas existenciales, que sintetizan en (1) el deseo de excitación o de vivir emociones extremas, (2) la búsqueda de un sentido a sus vidas, y (3) el anhelo de gloria. Tampoco afirman que estos fines sean razón suficiente para explicar por qué alguien se convierte en un terrorista. Se limitan a afirmar que existe suficiente evidencia empírica para considerar dicha motivación existencial como un fenómeno relevante digno de estudio, ya que de ser cierto podría abrir consecuencias importantes para la prevención.

Veamos con un cierto detalle estos tres motivos para el terrorismo.

La excitación y el deseo de aventura

¿Por qué puede encontrar alguien *apasionante* destrozar cuerpos y ver salpicar de sangre el parabrisas mientras arrolla a tranquilos viandantes? Si el terrorista es consciente de que no va a salir vivo de esa empresa tal acto solo lo vivirá una vez; si aspira a sobrevivir después de cada atentado será una experiencia recurrente. En ambos casos —pero particularmente en el segundo— tenemos que darnos cuenta de que se trata de personas que ejercen una violencia brutal y despiadada; no son solo «agentes políticos». Esa violencia, la masacre, tiene su capacidad de seducción y fascinación. Hay pues una sensualidad —por macabro que suene esto— en ver los cuerpos fracturados y el terror en los ojos de las personas a las que uno acuchilla.

Comparemos este acto, no solo en su ejecución sino en todo el proceso de su preparación, con la actividad cotidiana de un día cualquiera en un barrio obrero o incluso de clase media. Nada que ver con la exaltación extrema de los sentidos que proporciona un acto de esta naturaleza. No cabe el pensamiento crítico en toda la secuencia homicida del terrorista. Pensemos en el joven de Ripoll lanzando su vehículo por la Rambla: él era una especie de fuego vengador, poseedor de un poder omnímodo y devastador; él era ese mismo fuego, fundido en lo más íntimo con la sangre y terror de sus víctimas. Por lo demás, tenemos abundantes relatos de soldados que experimentan esa sensación de exaltación del yo. Como declaró un soldado estadounidense que sirvió en Afganistán: «En muchos sentidos, veinte minutos de combate suponen vivir más que toda una vida haciendo cualquier otra cosa». Y Aukai Collins, que luchó como yihadista a las órdenes de Bin Laden contra las tropas rusas en Afganistán antes de pasar a colaborar con el ejército de Estados Unidos, escribió: «Cuando empezamos a correr pude sentir la sangre circular por mis venas con cada latido del corazón, con cada aliento que tomaba, con el sudor bañando mi rostro. Nunca me sentí más vivo. Eso era real».

Ahora bien, no debemos olvidar que la excitación o ese *estado exaltado de conciencia* no provienen únicamente de la acción violenta. También hay mucha aventura en la nueva identidad adquirida, en el tipo de vida que supone ser un agente terrorista. Muchas veces esto implica una vida solitaria, mirando siempre por encima del hombro; otras veces supone correr el riesgo de realizar actividades clandestinas mientras se simula una existencia ordinaria. En el primer caso, si el asesino dedica su vida a ser un agente terrorista, no cabe duda de que está liberado de cumplir con las obligaciones de ser un ciudadano corriente; es una vida en muchos sentidos plena de adrenalina, lo que no es obstáculo para que conlleve sus costos en términos de miedo a ser apresado o muerto, además, como antes señalé, de la soledad autoimpuesta.

El célebre caso del norteamericano convertido en terrorista Omar Hammami Shafik, quien se integró en el grupo Al-Shabab de Somalia renunciando a una plácida vida en Texas, es del todo procedente aquí. En un correo electrónico que escribió a su hermana Dena, en diciembre de 2009, podemos leer:

> Puedes decir que me he convertido en un somalí. Oigo las balas, esquivo los morteros, escucho las *nasheeds* [canciones islámicas] y juego al futbol. Algunas veces vivo entre arbustos con los camellos, a veces llevo una vida de cinco estrellas [...]. Algunas veces el enemigo me quiere cazar, otras yo voy en su caza. Me han odiado. Me han amado. ¡Es la mejor vida sobre la tierra!

Es obvio que algunos terroristas no estarán hechos para esta vida. Ni su personalidad ni su rol tienen por qué necesariamente exigir una vida llevada al límite; pienso ahora en reclutadores de occidentales para la yihad que, si bien arriesgan mucho (su libertad), no entran en contacto con la violencia. Pero no podemos descartar esa motivación en aquellos que una o más veces se aprestan a destrozar a seres humanos, ya sea inmolándose o como miembros más permanentes de la «guerra santa».

El sentido de la vida

Está bien documentado que las organizaciones terroristas suponen una fuente importante de identidad y propósito a sus miembros, con el resultado de que los ayudan a sobrellevar la incertidumbre que los angustia: el crimen terrorista genera certezas, y con ellas el individuo que se convierte en terrorista ya no tiene que enfrentarse al desafío que tiene todo ser humano por el hecho de vivir: construir una vida, hacerse como persona, bregar con las frustraciones y pelear por las aspiraciones que lo motivan. En efecto, el terrorismo construye un gran relato, donde todas las respuestas están dadas («luchamos por la gloria de Alá para matar a los infieles, quienes no merecen vivir porque son impuros y buscan destruir el auténtico islam, por eso también destruimos a quienes apoyan a los infieles»), y el individuo no tiene sino que seguir unas prescripciones muy nítidas. A cambio de no pensar, su existencia toma una dirección clara.

En relación con esto, junto con la certeza existencial («por qué estoy en el mundo y cuál es mi misión»), la ideología yihadista proporciona un sentido último de la vida, algo que puede llenar de gozo al individuo que se siente partícipe de una meta más grande que él: su defensa de lo «sagrado» minimiza sus preocupaciones y los riesgos en los que incurre, porque ¿qué valor tiene su vida comparado con el logro de la causa por la que decide inmolarse o morir en el acto terrorista? Este sentimiento de «formar parte» de un todo se genera en el vínculo físico (cuando se pelea con otros «hermanos» codo con codo), pero también —en el caso de los lobos solitarios— mediante la conexión espiritual que se mantiene viva a través de los rezos, las lecturas y en los últimos años con comunicaciones y acceso a material en internet.

Si esta explicación es válida al menos para un grupo importante de terroristas (los más entusiastas, temerarios y activos), entonces tendríamos que reorientar la investigación habitual acerca de su psicología, la cual se ha centrado tradicionalmente en las emociones negativas que han podido jalonar su biografía: alienación, frustración, humillación, etc. Por supuesto, tales emociones bien pueden ser aplicables a muchos terroristas como elementos facilitadores de su implicación en tales grupos, pero no debemos dejar de lado que otros —donde tales estados de ánimo no resultaron obvios en el análisis de sus biografías— pueden estar motivados por sentimientos positivos como amor, solidaridad y compasión. En tal caso tenemos que hacer un análisis que separe lo execrable de sus métodos —el asesinato múltiple— del significado de esas emociones: ¿puede un terrorista verse impelido por solidaridad con los que él piensa que son sus hermanos? ¿O puede entenderse que lo haga por amor a un pueblo que guarda el sentido más fiel de las enseñanzas de Alá? Al menos esta hipótesis debería tomarse en serio.

El deseo de gloria

Recapitulando lo escrito más arriba: la defensa de lo sagrado ante el infiel no es solo una actividad criminal, sino también *el producto de un relato* que el sujeto ha asumido por el que él, poseedor ahora de una *nueva identidad*, vence a la incertidumbre de su propia existencia, y le proporciona un sentido último (sentido de la vida) al ser capaz de sacrificar todo por un fin que está por encima de cualquier otra cosa, en defensa de la cual su penalidad e incluso su vida son hechos irrelevantes. Cuando los yihadistas conforman células donde se adoctrinan y luego preparan las acciones, se generan en ellos vínculos positivos que contribuyen de forma poderosa a generar una «intoxicación espiritual», donde abundan las emociones positivas de solidaridad y sacrificio por el grupo y la causa.

No hay duda de que los terroristas buscan generar terror y presentar ante el mundo sus reivindicaciones políticas, por vagas o poco precisas que estas sean. Pero los crímenes de los terroristas pueden tener también un *sentido existencial* al comunicar igualmente diferentes tipos de significados *en torno a lo que ellos son*: su conducta es un proyecto de autoafirmación, de creación de una identidad poderosa, la de unos soldados plena y moralmente justificados para enfrentarse a los infieles, que son los enemigos declarados del auténtico islam. De ahí que rechacen el apelativo de «terroristas», porque ellos se ven como soldados de Alá que luchan en una guerra justa contra un enemigo agresor e inmoral. Esta autopercepción aparece casi siempre en las narrativas de los yihadistas.

Se sigue de lo anterior que un puntal de extraordinario atractivo en esa identidad es la de verse a sí mismos como héroes, de lograr la gloria para siempre. Refiriéndose a los terroristas suicidas mediante bomba, escriben Cottee y Hayward:

Esta táctica particularmente brutal y despiadada bien puede ser un acto racional desde la perspectiva de quien la ordena. Pero, para los propios sujetos que han de detonar la bomba, todo el proceso de preparar y ejecutar la acción bien puede ser la culminación de una odisea personal, el último acto simbólico dentro de un proyecto más amplio de construcción de su identidad. Así pues, de forma paradójica, la misión suicida puede ser tanto un acto de *autodestrucción* como un acto de *autocreación*.

Este deseo de gloria no es, desde luego, algo privativo de los yihadistas. Marc Sageman ha constatado que son muchos los casos de terroristas en los últimos cien años que dieron pruebas abundantes de albergar el profundo ideal de sacrificarse por una causa considerada «sagrada», alcanzando así un estado de héroe en la consideración de su grupo, y en culminación a una vida emocionante lejos de las miserias de sus conciudadanos.

Refiriéndose a los suicidas-bomba de Hamás, muchos de ellos filmados en video, los profesores Anne Marie Oliver y Paul Steinberg escriben unas líneas muy gráficas de la idea que subyace a todo este apartado:

> Esos tíos saben que van a morir. La vida tradicional, en este tiempo de espera, ya les resulta insoportable. Solo están deseando hacerlo. Al mismo tiempo, nosotros tenemos el sentimiento de que la vida nunca les ha parecido a ellos mejor: tan intensa, tan exuberante, tan llena de sentido. Quizá esta es la razón por la que no paran de sonreír.

ALGUNAS CONCLUSIONES

La frustración existencial puede ser particularmente fuerte entre aquellos sujetos que tienen severas limitaciones en desarrollar una vida digna, es decir, que les proporcione un sentido. Estas dificultades pueden provenir de diferentes frentes: el laboral, las relaciones amorosas, la integración en la escuela, la participación y aceptación en la vida comunitaria del barrio, etc. Buena parte de nuestra investigación se centra en determinar la trayectoria (o trayectorias) que lleva a estos jóvenes bloqueados en estos ámbitos a desear participar en la yihad, pero llegados a este punto esto no es suficiente. En primer lugar, porque otros millones de chicos en situaciones parecidas no optan por implicarse en el terrorismo. Y en segundo lugar, porque resulta muy difícil señalar dónde ponemos el nivel de lo que consideramos una vida «no digna» o una falta de integración adecuada. Los terroristas de Ripoll nos recuerdan de modo grave este hecho: en muchos sentidos eran chicos del todo «normales» y, aunque se podría argüir que, en el fondo, no dejaban de ser mirados como «moros» por bien que fueran en la escuela o lo integrados que estuvieran en el barrio, una conclusión inquietante es que en muchas ocasiones son más importantes los factores subjetivos que los objetivos, esto es, el modo en que estos jóvenes decidieron ver su situación actual y si tenían a su alcance una alternativa mejor, *más humanamente significativa para ellos,* aunque supusiera traicionar a sus amigos y familiares, y convertirse en asesinos.

Uno siempre podría preguntarse si existe algún nivel de integración o de éxito que suponga una barrera insalvable para el adoctrinamiento. En forma de pregunta: si los jóvenes de Ripoll hubieran sido, por ejemplo, promesas relevantes del futbol o hubieran regentado un bar con notable éxito, lo que les hubiera permitido en ambos casos contar con dinero y tener una visibilidad y aprobación social mayor, ¿hubieran sido presa igualmente del infausto imán? ¿Se hubieran decidido a jugarse la vida? Quizá cada persona tiene un límite o frontera. Unos jamás, en ninguna circunstancia, la cruzarán. Otros necesitan condiciones muy adversas en la vida convencional para, con la ayuda de otras personas, decidirse por el camino de la yihad. Unos terceros puede que, más que las propias condiciones objetivas de vida, tengan una inquietud o desasosiego que, hábilmente manipulado, los conduzca a la yihad. Y finalmente estarían los que por puro deseo, por afán de aventura o convencimiento, se suman a la causa, dejando todo lo que tuvieran en ese momento. Una vez más, no existe un único perfil de terrorista; y los factores explicativos deben amoldarse, en su diversidad, a la complejidad de un fenómeno como el terrorismo.

8

Entre el asesinato múltiple y el terrorismo

Sabemos que los terroristas aspiran en su mayoría a matar a muchas personas, pero los científicos sociales no los estudian dentro de la categoría general de asesinos múltiples debido a sus fines políticos y al hecho de que actúan motivados por una ideología que todos ellos comparten. En el caso del yihadismo, tal ideología está fuertemente unida a la interpretación salafista del islam. Sin embargo, algunos yihadistas dicen que han matado en apoyo de una causa, pero un análisis detallado del caso nos demuestra que sus creencias en esa causa eran muy frágiles o muy recientes, de modo tal que tenemos poco más que sus palabras (una reivindicación gritada en la escena del crimen o algún tipo de mensaje dejado como testamento póstumo) para creerles. Es habitual que sus allegados aseguren que pocos meses antes de morir habían hecho comentarios en favor del Estado Islámico, y que los policías encuentren en sus ordenadores un historial de páginas webs vinculado con el yihadismo. Sin embargo... ¿mataron de verdad por el «auténtico islam»?

En los últimos años ha tomado una gran popularidad el concepto de «lobo solitario» para referirse a los terroristas que actúan en solitario. Sin embargo, este concepto es equívoco, porque muchos de estos sujetos fueron adiestrados por otros terroristas, bien durante su estancia en los territorios ocupados (cuando los tenían) del Estado Islámico, bien en Europa o Estados Unidos. Por otra parte, muchos de los lobos solitarios han contado con apoyo logístico por parte de cómplices o facilitadores, ya sea en la adquisición de armas, la fabricación de una bomba o aportando información logística sobre el objetivo. Lo que quiero decir es que si bien estos sujetos actuaron solos en la realización del ataque, fueron guiados o apoyados por otros hasta llegar a ese momento. Un apoyo que puede combinar el contacto mediante internet y las reuniones personales, o bien ser exclusivamente a través de uno de los dos modos. Mi opinión es que, si los sujetos jamás contactaron con nadie y ellos mismos se radicalizaron, deberíamos emplear otro término para distinguirlos de los que sí contaron con apoyo de otros terroristas. A estos últimos podríamos denominarlos «yihadistas solitarios» o «terroristas solitarios».

Ahora bien, en algunos de estos «yihadistas solitarios» —que, según lo dicho, jamás tuvieron contacto alguno con adiestradores o facilitadores terroristas, ni tampoco tuvieron una relación mediante internet—, si repasamos su biografía, encontramos el hecho sorprendente de que jamás se sintieron vinculados con el islam y que llevaron una vida poco edificante de acuerdo con las enseñanzas de esta religión. No me estoy refiriendo a que fingieran no ser devotos musulmanes, siguiendo las pautas que el Estado Islámico proporcionó para pasar desapercibidos, sino a que realmente no lo eran, y no es raro descubrir en ellos un historial de violencia, delincuencia o abuso de drogas. Yo llamo a estos supuestos yihadistas «seudoyihadistas».

Así las cosas, ¿por qué entonces cometer una masacre en nombre del islam? Los yihadistas que forman parte de células en Occidente llevan a cabo sus ataques para ser contemplados como parte de una campaña de terror que alterará de modo permanente su imagen pública: para los infieles será un asesino, sin duda, pero para sus hermanos en el islam será un mártir. En su mente, los atentados son revelaciones, las pruebas de un compromiso hacia una versión del yo que ha sido cultivada en círculos sociales compuestos por sujetos con la misma mentalidad. Pero en el caso del yihadista de «última hora», un «radicalizado exprés» como lo han denominado los medios, ¿quiénes hay de entre los suyos que lo consideren como un mártir de la causa de Alá? Y ¿por qué esa conversión, si no ha tenido relación alguna con miembros que se encargan de adoctrinar y dar apoyo logístico? ¿Una conversión que lo transforme en un asesino múltiple y que implica su propia extinción? Veamos algunos casos y luego continuaremos el análisis.

LOS ATENTADOS DEL PUENTE DE LONDRES Y DE MANHATTAN (2017)

El primer terrorista que nos concierne en este apartado es uno de los responsables del atentado en el puente de Londres en junio de 2017, Khuram Butt, quien, junto con dos colaboradores, mató a ocho personas arrollándolas primero y luego mediante cuchillo (un precedente obvio de Ripoll). Butt era británico de origen paquistaní, tenía 28 años cuando decidió morir matando, y era frecuente verlo sentado en las escaleras del parque de al lado de su casa en Barking, en el este de Londres. Allí era donde pasaba muchas de sus tardes. También vivía en ese barrio Rachid Redouane, el segundo de los tres autores del ataque. Barking tiene el índice de desempleo más alto de la ciudad y el más alto en reclamaciones de viviendas sociales.

Pero nos interesa Butt, porque no hay duda de que este hombre vivía para su misión y era un salafista convencido. Se dedicaba a adoctrinar.

«Charlaba con los chavales del barrio, echaba con ellos algún partidillo de futbol, leían revistas —escribió la enviada especial de *El País*—. Fue en esa zona verde [...] donde Erica Gaspari lo vio hace más de un año hablando de religión con los adolescentes. Su hijo ya le había contado que Butt les comentaba cosas sobre el islam [...]. A Gaspari, de 42 años, no le gustó y tras confrontar a Butt decidió acudir a la policía. Nunca volvió a tener noticias sobre su advertencia».

Se había cambiado el nombre hacía un par de años por el de Abu Zeitum, y un miembro de la mezquita del lugar relató que Butt era conocido por sus visiones radicales del islam y por animar a los vecinos a no votar en las elecciones. A consecuencia de estas actitudes, la mezquita le prohibió la entrada. Tras la expulsión, Butt buscó otra mezquita en Londres que se amoldara a sus necesidades (supuestamente, que le diera apoyo en sus deseos de servir a la causa yihadista), pero también fue expulsado.

El final ya lo sabemos, pero lo que me importa destacar es que Butt deseó servir como yihadista y se implicó de manera firme, adoctrinando a los niños de su barrio mientras establecía lazos con otros que resultaron ser sus cómplices para la preparación del ataque. Formó parte de una célula y decidió sacrificarse por la causa del Estado Islámico. Comparemos este caso con el último atentado en Manhattan, el ocurrido en la vía cicloturista de la parte baja de la ciudad en octubre de 2017. También utilizó una furgoneta para atropellar a todos los que pudiera, e igualmente mató a ocho personas, como hizo la célula de la que formaba parte Butt.

Sin embargo, hay una diferencia sustancial. Este hombre, llamado Saipov, de 29 años, tenía una vida hasta hacía relativamente poco tiempo que no tenía nada que ver con el islam, y actuó en solitario, sin ningún tipo de ayuda externa (a pesar de lo que creyó en un principio el FBI). Saipov detuvo su cacería cuando perdió el control de su vehículo y se estrelló contra un autobús escolar. Entonces salió del vehículo con *una pistola de perdigones y otra de paintball* y gritó *Allahu akbar* (Dios es grande), según informó el *New York Times.* El terrorista esta vez no resultó muerto porque sobrevivió a un balazo de la policía. Encontraron una nota escrita por él (es de suponer que pensó que no iba a sobrevivir) donde decía que «el Estado Islámico perduraría para siempre».

¿Quién era Saipov? Llegó a Estados Unidos en 2010, era de origen uzbeko y residía legalmente en el país. Primero se instaló en Ohio y luego, en 2015, se mudó a Florida, hasta que finalmente en marzo de 2016 recaló con su familia en Nueva Jersey, donde vivía cuando cometió el atentado. Sin embargo, lo que me interesa es que este hombre, en muy poco tiempo, prosperó, consiguió ser empresario trabajando de forma incansable, pero... las cosas empezaron a irle mal, y la llegada de un tercer hijo en julio de 2017 se produjo en una época de estrecheces financieras.

Antes de mudarse a Nueva Jersey acudió a una mezquita de Tampa (Florida), en la que llamó la atención. Un predicador de esa mezquita, Abdula, dijo que trató de alejar a Saipov del camino del extremismo: «Solía decirle: "Oye, eres demasiado emocional, lee más libros. Primero aprende tu religión", pero no aprendió la religión correctamente». Abdula dijo que se encontró con Saipov en una visita a Ohio, donde el atacante vivió poco después de su llegada a Estados Unidos. Asistió a la boda de Saipov y comentó que incluso trabajó durante un tiempo como despachador en una empresa de transporte por carretera de la que Saipov era dueño. También añadió un dato importante de su psicología. «Tenía un problema de carácter», dijo: cuando las cosas iban bien, era una persona amable, pero en otros momentos era propenso a estallar de ira.

Por otra parte, el testimonio de un conductor de camiones de Ohio, donde Saipov tenía la empresa de transporte, decía que no parecía haber nada extraño ni especial sobre el presunto atacante, pero que en los tres años que aquel lo conoció, notó varios cambios. Se volvió más agresivo y se dejó barba; definió a Saipov como alguien «con monstruos internos». Sin embargo, a pesar de todo, no parecía haber señal de que se estuviera volviendo más religioso: «Por ejemplo, un musulmán tradicional nunca dice malas palabras, pero Saipov maldecía seguido. Llegaba tarde al rezo vespertino de los viernes en la Sociedad Islámica [...] y su conocimiento del Corán era muy básico».

Finalmente hay otro testimonio interesante, el de Kadirov, quien conoció a Saipov en 2014 en Florida y lo acompañó en su traslado a Nueva Jersey. Explicó que Saipov era un «musulmán impostor», al que nunca le había interesado de verdad vivir acorde con su religión, y que, como consecuencia de sus problemas económicos, había tenido que trabajar como conductor en la conocida empresa Uber. En esta actividad, dijo Kadirov que «Saipov se iba poniendo cada vez más impaciente y agresivo, e incluso tuvo peleas físicas con algunos de sus clientes».

Al mismo tiempo, obligó a su esposa a vestir el *nicab* como parte de una ropa que solo dejaba ver sus ojos, algo insólito en los emigrados de Uzbekistán. Según dijo, planeaba esperar a que su mujer tuviera la ciudadanía norteamericana y luego mudarse a su país para comenzar de nuevo. Sin embargo, por razones desconocidas, cambió sus planes y cometió el atentado.

Aquí tenemos a alguien que nunca vivió de cerca su religión, que llegaba tarde a los rezos, que maldecía, que era un ignorante en el Corán, un «musulmán impostor». Parece que empezó a tener ideas extremas a partir de 2014, pero todo este proceso de derivación radical se relaciona mucho con los problemas económicos. Es en ese año cuando viaja a Tampa (Florida) y las cosas no le funcionan, hasta el punto de que ha de vender el camión que usaba en su empresa de transportes y mudarse a Nueva Jersey dos años después, a trabajar por un sueldo que a duras penas da para sostener a su familia.

Mi opinión es que Saipov es un ejemplo de falso yihadista o, si se prefiere, es un asesino múltiple «disfrazado» de yihadista. El mundo de Saipov se viene abajo, no puede soportar el fracaso... su narcisismo recibe una herida muy dura: ha de trabajar como un vulgar conductor aguantando a todo tipo de gentes; él, que en breve tiempo a su llegada a Estados Unidos fue empresario... El islam le da la oportunidad de enmascarar todo: su familia, a la que a duras penas podía mantener, es eliminada de la ecuación de su vida. Esperaba morir y buscar un modo de liberar todo el odio que progresivamente le roía el alma. De nuevo, la creación del caos como modo de controlar el propio caos.

EL ASESINO DE NIZA: VIVO PARA LA DANZA

Pero el asesino de Niza, Mohamed L. Bouhlel, que mató a 84 personas con un camión alquilado al arrollarlas en el Paseo de los Ingleses de Niza, el 14 de julio de 2016, es todavía un ejemplo más nítido de lo que considero «seudoyihadista», un asesino múltiple convencional bajo el manto de una supuesta fidelidad al ideario del Dáesh. Tenía 31 años cuando murió en ese ataque suicida, tiroteado por la policía a través de las lunas del camión. En lo fundamental tenemos a un sujeto con historial violento, antecedentes delictivos, maltratador de su mujer y de sus hijos, bebedor habitual, un fracasado social en toda regla que, definido como un «narcisista pervertido» por la abogada de su mujer, vivía en los últimos cuatro o cinco años una doble vida. En su página de Facebook aparecía como un consumado profesor bailarín de salsa, con un nombre ficticio junto con una biografía inventada, que aprovechaba ese medio para quedar con mujeres mayores y tener sexo y copas gratis. Nunca nadie lo vio en una mezquita ni practicar la religión musulmana. «Bailaba, fumaba, comía carne de cerdo. Era casi como si él ni siquiera fuera musulmán —dijo el hermano de Bouhlel en una entrevista—. Él ni siquiera rezaba». Un año antes del asesinato múltiple, Bouhlel derramó alcohol sobre la cabeza de su mujer para humillarla durante el Ramadán.

Natural de Túnez, Bouhlel aceptó casarse en 2009 con una prima para escapar de su país y tener pasaporte francés, ya que su futura mujer vivía en Niza. Pero en cuanto consiguió los papeles acabó su farsa y empezó a maltratarla, y después del nacimiento de su primer hijo (de los tres que tuvo) a golpearla físicamente, y en alguna ocasión también a su suegra. Cuenta la abogada de la que era su esposa que en una ocasión acuchilló furiosamente un juguete de uno de sus hijos, lo que acabó de alarmar a su esposa, que pidió el divorcio.

Sus padres ya le tenían miedo. Fue después de que los dejara sin poder entrar en su casa por un tiempo largo que buscaron ayuda psiquiátrica; él tenía 19 años. El médico que lo atendió explicó a la prensa que, al igual que muchos adolescentes, «no estaba satisfecho con la imagen de su cuerpo», declaró. Él decía en su consulta: «Soy feo. Tengo que construirme». Pero lo suyo era una obsesión, hasta tal punto que, para el especialista que atendió al futuro asesino, este «tenía una percepción alterada de la realidad». Con el tiempo logró mejorar su autoestima. Una de las mujeres con las que intimó en su época de experto en salsa declaró que «se veía a sí mismo como un semental». Tenía mucha confianza en su atractivo.

Sea como fuere, la policía descubrió en su ordenador que *solo dos semanas antes* del atentado había empezado a mirar páginas de contenido radical, así como las noticias relacionadas con el entonces reciente ataque de Orlando realizado por Omar Mateen y el asesinato de cinco policías en Dallas. Es cierto que la policía arrestó a otras personas por ayudar en la logística del atentado, pero ninguna de ellas mostró tener relación alguna con el Estado Islámico.

De nuevo tenemos aquí al sujeto narcisista que se mueve en un mundo que de un modo u otro le resulta hostil. Escaso de dinero, divorciado, sin pagar la mayoría de las veces la pensión, sin familia a la que recurrir ni amigos, decidió cometer un crimen masivo. El Estado Islámico lo reivindicó como un soldado de los suyos, pero Bouhlel no proclamó nada ni dejó nada escrito.

Analizando los casos de los llamados «lobos solitarios», pero que yo he definido como «seudoyihadistas», el profesor de la Universidad de Dartmouth Daniel Benjamin se acerca a mi interpretación de casos como los de Mateen y Bouhlel al aseverar que «el Estado Islámico y el yihadismo se han convertido en un tipo de refugio para gente inestable que se encuentra al final de la cuerda y toma la decisión de que ellos pueden redimir sus vidas fracasadas muriendo en nombre de la causa». No obstante, mi punto de vista no es exactamente este, porque lo que estoy planteando aquí es que la utilización de la causa yihadista no obedece al hecho de que ellos crean realmente que se están sacrificando por una causa noble, y que de este modo pueden redimirse de una vida inmoral, sino más bien que utilizan esa reivindicación —cuando lo hacen, no olvidemos que Bouhlel no dijo nada al respecto— para ofrecer una razón comprensible ante los ojos del mundo y de sí mismos. Sería, pues, un autoengaño, un modo de presentar ante sus ojos la masacre como un acto de justicia. Pero, en realidad, su motivación fundamental es la misma que impulsa a los otros asesinos múltiples: acabar con una identidad fracasada y erigirse en seres poderosos como acto final de sus vidas.

Cuando desde la policía y los analistas se adscribe un móvil terrorista a uno de estos lobos solitarios como Bouhlel se debe a que sigue las instrucciones del manual del Estado Islámico, y que es un caso que encaja con otros ya acaecidos. Pero no debemos olvidar que Bouhlel nunca fue un musulmán practicante, sino más bien todo lo contrario, y que su única relación con la causa yihadista fueron unas visitas a webs radicalizadas solo dos semanas antes de la matanza. Veo un gran parecido entre este acto y el protagonizado por Lubitz en su avión de la compañía Germanwings. Él había comentado a su antigua novia Maria que estaba dispuesto a hacer algo que todos recordarían. Ambos hicieron, en efecto, algo que se recordará durante mucho tiempo, porque, si mi interpretación es correcta, son los dos asesinos múltiples más importantes de la historia por el número de sus víctimas.

EL ATENTADO DE ORLANDO: UN HOMBRE SIEMPRE AGRAVIADO

En cambio, el agresor de Orlando, Omar Mateen, sí que dijo que actuaba en favor de la causa yihadista. Sus 49 víctimas en el club Pulse constituyeron el récord del asesinato múltiple en Estados Unidos, que perdería un año después en beneficio del tirador de Las Vegas. La prensa ofreció un perfil del asesino:

> El hermano de la novia llegó tarde para su recepción. Pero pronto se mezcló en el pabellón junto al lago en West Palm Beach [...]. Luego llegó el momento de unirse a una danza tradicional afgana llamada *attan*, en la cual los bailarines forman un círculo y son guiados a través de una serie de giros y movimientos sincronizados. [...] Pero aquí estaba el hermano de la novia, el fornido y con gafas Omar Mateen, bailando en el grupo y bailando a la par. Torpe, fuera de sincronía, con la cabeza hacia abajo, el hombre vestido de negro seguía su propio ritmo.
>
> Cuatro meses después de esta celebración de la vida en febrero, el incómodo hombre de negro causó la muerte al por mayor. Riéndose y declarando lealtad al Estado Islámico, abrió fuego contra un club nocturno homosexual y latino, dejando 49 muertos e hiriendo a otros 53 antes de ser abati-

do por la policía para terminar con un prolongado enfrentamiento [...]. Había mostrado ocasionales destellos de interés en el islam radical, suficiente para ser investigado dos veces por el FBI en los últimos años por posibles vínculos extremistas. Pero su profeso abrazo del Estado Islámico y su llamada a los musulmanes descontentos para atacar a Occidente *parecen haber llegado de repente, como si algo se rompiera.* Y aunque algunos informes han sugerido que era homosexual, los funcionarios federales dicen que no han encontrado evidencia en sus efectos o presencia en línea que los respalde.

En cambio, los recuerdos de aquellos que lo conocieron o lo encontraron conjuraron a un hombre que podría ser encantador, incluso relajado, pero que también parecía «*siempre agraviado, siempre no en paz, siempre fuera de sí.* Un niño regordete que hace bromas inapropiadas sobre el 11 de septiembre en la estela reciente de esa catástrofe [...]. Un empleado desconcertante que hablaba despreocupadamente de matar a quienes lo ofendían». El guardia de seguridad y el aspirante a policía cuya ira dispersa hacía que los demás se sintieran inseguros. «Simplemente estaba agitado por todo —recordó Daniel Gilroy, un antiguo compañero de trabajo en el negocio de la seguridad—. Siempre agitado. Siempre agitado. Siempre enojado».

En la escuela Omar era un chico problemático, con gafas, delgaducho, abusivo de palabra, agresivo, y fue objeto de parte disciplinario más de treinta veces durante el período de enseñanza obligatoria. Sus conversaciones giraban muchas veces en torno a la violencia y el sexo. No es extraño que sacara muy malas notas y tuviera que cambiar tres veces de escuela secundaria.

Sin embargo, parece que con el tiempo maduró. Trabajó mucho la musculatura y se puso fuerte. Se aplicó en la escuela y se graduó en bachillerato con buenas calificaciones en 2003. Un amigo suyo de esos años finales de adolescencia lo consideraba «raro», pero no violento. Al terminar trabajó en diferentes empleos sin cualificar mientras asistía a un *college* de la comunidad, porque su pasión era ser agente de la ley y quería graduarse en tecnología de la justicia criminal. Después de obtener su título, Mateen solicitó un trabajo de oficial en el Departamento de Prisiones de Florida, reforzando su solicitud con una impresionante carta de recomendación del oficial Steven J. Brown de la Policía de Port St. Lucie. «Dormiría profundamente por la noche sabiendo que una persona como Omar nos está protegiendo», escribió como recomendación.

Sin embargo, las cosas empezaron a torcerse. Obtuvo un puesto en un centro penitenciario de Indiantown, pero fue despedido a los seis meses. Un oficial informó en un memorándum que durante el período de formación Mateen le había preguntado riéndose que «si tuviera que llevar un arma a la escuela, ¿se lo diría a todo el mundo?». Hizo esa pregunta el 14 de abril de 2007, dos días antes de que el estudiante Seung-Hui Cho matara a 32 personas e hiriera a otras 17 en el campus de Virginia Tech. Parece que este comentario colmó la paciencia del director del centro, porque ya había recibido noticias de que Mateen muchas veces se quedaba dormido y otras veces se ausentaba del aula sin permiso.

Expulsado, buscó refugio en la seguridad privada, se casó con una inmigrante de Uzbekistán, pero al año de casarse ella huyó con la ayuda de sus padres, porque él la encerraba y golpeaba. Se volvió a casar al año siguiente con una mujer que conoció en internet. En su historial investigado por el FBI aparecen episodios de acoso a mujeres y datos falsos en la web de citas que utilizó.

> Otros indicios de una mente perturbada continuaron emergiendo. En 2013, G4S [su empresa] retiró a Mateen de su puesto de seguridad en el juzgado del condado de St. Lucie después de que él hubiera hecho «comentarios incen-

> diarios» sobre estar involucrado de alguna manera en el terrorismo. [...] dijo que tenía conexiones con Al Qaeda, el grupo extremista sunita, y con su casi opuesto Hezbollah chiita. Sus comentarios fueron lo suficientemente preocupantes como para que la oficina del alguacil del condado notificara al FBI.

Pero la investigación posterior de la agencia federal no llegó a nada, porque en realidad no había nada real en todo lo que decía. Al año siguiente Mateen nuevamente atrajo el escrutinio federal, después de que un conocido de su mezquita, el Centro Islámico de Fort Pierce, realizara un atentado suicida en Siria. Según el director del FBI, los investigadores federales concluyeron que Mateen conocía al atacante solo por casualidad. El imán de la mezquita insistió en que Mateen nunca había escuchado enseñanzas en la mezquita que lo hubieran radicalizado. A finales de 2014 seguía quejándose de todo en su puesto de vigilante de seguridad en un resort de golf de Port St. Lucie.

Aquí tenemos de nuevo el habitual narcisismo herido del asesino múltiple:

> Mateen hacía que la gente esperara en la puerta de embarque, a veces causando retrasos, si sentía que no lo habían respetado, o si era la hora de sus oraciones. Jasmine Kalenuik, una visitante frecuente del resort, temía encontrarse con el guardia en la puerta, quien, dijo, «actuaba como un depredador de libro. Cuando iba a tomar mi identificación de su mano, se agarraba a ella y trataba de retirarla —recordó la señora Kalenuik, de 31 años—. Pasaba por encima de la ventanilla de mi automóvil y se inclinaba hacia mí mientras respiraba pesadamente con los dientes tan apretados que se podían ver los músculos de su mandíbula sobresaliendo». El esposo de la señora Kalenuik, Jerry, se había enfrentado recientemente al guardia de seguridad, acercando mucho su cara a la de él en gesto desafiante, pero Mateen no mostró

ninguna emoción. «Fue como si estuviera mirando a los ojos a Ted Bundy —dijo el señor Kalenuik, de 27 años—. Estaba furioso, pero parecía completamente indiferente».

Finalmente, parece que la ira consumió a Mateen. El detonante, sin embargo, no se pudo averiguar. Su padre sugirió que su hijo se indignó al ver a dos hombres besándose frente a su hijo pequeño, cuya habitación estaba repleta de todo lo que era típico de Disney y de Estados Unidos: un casco y bicicleta Spiderman, una mochila y unas cortinas de *La guerra de las galaxias*, y tres muñecos de Mickey. Lo que sí se supo es que unos días antes de la matanza Mateen había comprado legalmente un subfusil de asalto y una pistola Glock de 9 mm. Antes de ser abatido por la policía, Mateen declaró su lealtad al Estado Islámico y se quejó de los ataques aéreos estadounidenses en Oriente Próximo. «¿Qué voy a hacer aquí cuando mi gente está siendo asesinada allí? —dijo al negociador en su primera conversación—. ¿Entiendes lo que estoy diciendo?» Es impresionante escuchar esas grabaciones. Omar Mateen habla con control, con un poco de indignación en su tono, pero ahora sabemos que su discurso solo era una forma de vender la masacre. Fuera o no homofóbico u homosexual, lo que se desprende de su biografía es que este hombre era un «acumulador de agravios». Y ya sabemos lo que sucede en algunas ocasiones con algunas personas. Matar en nombre de una religión que le importó muy poco le daba una coartada ante sí mismo y el mundo. Si iba a morir, que fuera por una buena causa.

ASESINOS MÚLTIPLES SUPREMACISTAS

La investigadora de la Universidad de Tennessee (Estados Unidos) Lois Presser entrevistó al asesino múltiple Jim David Adkisson, quien el 27 de julio de 2008 penetró en la iglesia universalista unitaria del Valle de Tennessee y, haciendo uso de su pistola automática, disparó contra los fieles congregados allí, matando a dos personas e hiriendo a otras seis antes de ser enfrentado por algunos de los asistentes y finalmente tiroteado por la policía, si bien sobrevivió y fue condenado posteriormente a cadena perpetua.

Este caso es muy revelador de la mentalidad del asesino múltiple con creencias supremacistas y xenófobas, y nos permite un examen en profundidad de sus motivos y creencias, no solo por las entrevistas realizadas por Presser, sino porque escribió una extensa nota de cuatro páginas a modo de testamento, ya que sin duda pensaba morir a causa de la acción policial o bien disparándose.

La idea esencial es que Adkisson quiere denunciar a los «liberales» y su modo de proceder, por llevar a América a la ruina. Expresa su profunda frustración por no haber obtenido un trabajo decente, debido a que era discriminado por su edad (58 años), y por ello decidió acabar su vida con un «gran gesto»: matando a algunos de los liberales a los que tanto odiaba, en este caso ejemplificados por los fieles de la iglesia unionista, así como «para servir a su país». Odiaba a los unionistas porque estaban (según él) a favor del sexo interracial, el marxismo y la homosexualidad.

En su pasado encontramos un largo período de desempleo (diez años) y cinco divorcios; estaba socialmente aislado y deprimido. Había abusado años atrás de las drogas, y en el tiempo de su ataque bebía mucho. En su nota urgía a otros a seguir su ejemplo.

En sus entrevistas con Presser, él, no obstante, dijo: «Nada de esto hubiera pasado si no hubiera estado tan solo, si hubiera habido una mujer en mi vida», lo que verdaderamente parece una explicación pobre, como si sus ideas —las que lo impulsaron a matar— no hubieran sido razón suficiente, lo que entra en profunda contradicción con sus otras declaraciones.

¿De dónde vino toda esa rabia? ¿Cuáles fueron las razones reales? ¿Por qué empleó esa violencia tan extrema para enfrentarse a sus problemas, enunciados por él mismo? (Desempleo, soledad).

Hemos de tener en cuenta, primero de todo, que en general los asesinos son selectivos acerca de cuáles son sus víctimas. Diferentes valores y creencias, además de las coyunturas y experiencias vitales de las que surgen aquellos, entran en juego para decidir quiénes tienen que morir y en qué circunstancias. Aquí las víctimas no eran específicas, pero sí estaban unidas por el carácter simbólico de la iglesia a la que pertenecían.

En segundo lugar, para contestar a estas preguntas tenemos que prestar atención a la narrativa, a la historia creada por el propio sujeto para realizar su acción violenta y darle un sentido. Analizar los valores y las creencias que forjan el relato del asesino no excluye comprender el impacto de la personalidad o socialización del individuo, o las circunstancias ambientales que lo constriñen, pero acentúo la idea de que todos esos elementos cristalizan en un relato que induce finalmente la motivación para realizar el asesinato múltiple. Dicho en otras palabras: estén basados en aspectos reales o meramente imaginados, lo que resulta crucial en el asesino múltiple es que sea capaz de construir una historia que para él explica y da pleno sentido a la acción que va a realizar, generalmente con la conclusión de su propia muerte. Esa historia o guion (*script*) puede ser compartida por un grupo, movimiento, minoría o subcultura más o menos amplios: lo importante no es que sea única, sino que sea asumida por el individuo y rectificada, ajustada o «personalizada» para que en su caso pueda encontrar en su vida las razones necesarias para dar ese paso fatídico.

Visto desde esta perspectiva, el homicidio múltiple representa, en palabras de Jack Katz, un «logro narrativo», un final feliz, una obra de la que el individuo puede sentirse orgulloso, porque da fin a una situación que le atormenta, en ocasiones durante mucho tiempo, y a la que no ha sido capaz de hallar una solución alternativa. Katz utiliza la expresión «masacre (o sacrificio) justiciero» para significar que el asesino se erige en una especie de dios vengador, quien, creando el caos del homicidio múltiple, resuelve al fin el dilema moral que le plantean, por una parte, el gran sufrimiento (humillación e injusticia) que padece y, por otra, la necesidad de cometer un crimen execrable, que *a priori* supone quebrantar las normas morales más básicas. Paradójicamente, una vez más, con el crimen el asesino afirma su respetabilidad.

En buena medida, las historias que creamos y que nos contamos a nosotros mismos se asocian a las emociones más poderosas y habituales que nos acompañan. Así, si nos sentimos realizados y capaces de conseguir metas, nuestro autodiálogo transmite ideas de confianza en nuestra capacidad y pondera nuestro valor como una persona apreciada. Por el contrario, si sentimos ira y depresión, sufrimos al considerarnos inferiores y sentirnos maltratados, y solo esperamos resignados una nueva prueba de nuestra incompetencia. En otras palabras, generamos un relato acerca de *quiénes somos nosotros* y cómo deberíamos ser (o qué deberíamos tener), y eso mismo hacemos acerca de los otros con los que nos relacionamos («mi supervisor no hará nada por defenderme, y mi empresa la dirige gente que me odia») y sobre el mundo o la vida («el mundo es un asco; está controlado por gente sin escrúpulos; gente como yo no podremos prosperar»).

Jim Adkisson había desarrollado dos grandes temas en su relato. Uno era el de sus problemas y penurias personales; el otro, la ruina o decaimiento de América (Estados Unidos) y sus causas y soluciones. Uniendo los dos en una narración que no se resentía de las contradicciones que contenía, se sintió moralmente justificado para responder con violencia a modo de venganza contra quienes representaban el origen de sus penurias:

> No podía acceder para matar a los generales y oficiales de alto rango del movimiento marxista, así que busqué a los soldados, a esos mierdas de liberales que votan a esa gente traidora. Alguien tenía que iniciar todo esto y yo me presenté voluntario. Espero que otros hagan lo mismo, es el único modo en que América [Estados Unidos] pueda librarse de este cáncer, de esta pestilencia.*

Otro ejemplo más reciente es el del joven blanco Dylann Roof, quien mató a nueve afroamericanos en una iglesia metodista de Charleston en junio de 2015. La noche del ataque a la iglesia, Roof se sentó durante 45 minutos en uno de los bancos con un arma semiautomática mientras los feligreses leían la Biblia, antes de comenzar a disparar de manera repetida contra los asistentes y matar a nueve de ellos.

Roof recuerda el argumento empleado por Charles Manson para ordenar los asesinatos en casa de Sharon Tate y LaBianca en 1969: provocar una guerra racial entre blancos y negros aprovechando las tensiones raciales existentes en ese país a consecuencia de la muerte de sospechosos negros por la policía. Los fiscales definieron a Roof como un «frío y calculador» supremacista blanco que planeó durante meses el ataque. En todo momento se mostró convencido de que había actuado correctamente. Roof, ferviente seguidor de la causa confederada/libertaria, dijo que había que responder ante el hecho de que «los negros violan a las mujeres blancas», y ante el jurado que lo consideró culpable y

* *I couldn't get to the generals and high ranking officers of the Marxist movement so I went after the foot soldiers, the chicken shit liberals that vote in these traitorous people. Someone had to get the ball rolling, I volunteered. I hope others do the same, it's the only way we can rid America of this cancer, this pestilence!*

luego lo sentenció a la pena capital declaró: «Sentía que tenía que hacerlo y sigo sintiendo que tenía que hacerlo».

ANDERS BREIVIK: LA EXUBERANCIA DEL MAL

El 22 de julio de 2011, a las 15:25 horas, el más importante edificio gubernamental de la ciudad de Oslo voló por los aires. El artefacto responsable fue una bomba de 950 kilogramos, de fabricación casera, con base en los compuestos usados en los fertilizantes, instalada en el interior de una furgoneta aparcada en las proximidades. La explosión fue descomunal, cubrió las calles de cristales y pudo oírse a siete kilómetros de distancia. Felizmente, la mayoría de los funcionarios estaba de vacaciones o había abandonado ya sus oficinas, por lo que «solo» murieron ocho personas, aunque otras diez sufrieron heridas muy graves, y otras 190, heridas leves.

El autor del atentado, Anders Breivik, ahora vestido como un oficial de policía y fuertemente armado, se dirigió en otro vehículo hacia el embarcadero que lo llevaría a la isla de Utoya, donde las juventudes del Partido Laborista Noruego celebraban un campamento de verano. Así pues, se hizo pasar por un agente de policía que tenía la misión de proteger a los jóvenes y se subió al ferri. Nada más llegar, a las 17:21 horas, comenzó a disparar y mantuvo una caza asesina durante una hora: sus víctimas eran los jóvenes. Asesinó a 69 de ellos e hirió de gravedad a 33. Cuando un miembro de las fuerzas especiales le hizo frente, Breivik cesó el fuego, dejó las armas que llevaba en el suelo y se rindió sin ofrecer resistencia a las 18:34 horas.

¿Fue la acción de Breivik un acto de terrorismo? Hubo mucha polémica al respecto. La Asamblea General de las Naciones Unidas determinó en 1994 que los actos terroristas eran «los actos criminales realizados con el propósito de provocar un estado de terror en el público, en un grupo de personas o en personas en particular por razones políticas», los cuales no podían justificarse en modo alguno sin que importaran las razones de tipo político, religioso, ideológico o racial esgrimidas para llevarlos a cabo. De acuerdo con esta definición, no cabe duda de que Breivik provocó un estado de terror en la sociedad en general por razones políticas. Tal y como él señaló, quería salvar a Noruega de la invasión del islam; se había nutrido de una ideología extremista de derechas y había actuado como un «lobo solitario». Esa soledad quedó constatada no solo porque la investigación que siguió lo dejó claro al no haberse podido hallar ningún rastro de colaboración logística con otras personas, sino porque los ideólogos que inspiraron a Breivik rápida y contundentemente condenaron los ataques.

Breivik había comunicado sus intenciones y propósitos en un manifiesto colgado en internet poco antes de dar inicio a los ataques. Con el título de *2083: una declaración europea de independencia*, se inspiraba sobre todo en el bloguero de extrema derecha conocido como Fjordman (pseudónimo de Peder Are Nøstwold Jensen), quien había alertado de que un día no muy lejano Europa dejaría de ser independiente para ser anexionada por el mundo árabe, formando así un nuevo orden político conocido como Eurabia. Se llegaría a él por las altas tasas de natalidad de los inmigrantes de origen musulmán y por las crecientes emigraciones de los europeos a Estados Unidos u otras naciones.

El 24 de agosto de 2012 Breivik fue condenado por actos de terrorismo con resultado de múltiples muertes. La sentencia optó por imponerle una pena de prisión especial, conocida como «contención» (*containment*), que consiste en el cumplimiento de 21 años de prisión más la posibilidad de estar preso indefinidamente por medio de prórrogas de cinco años de internamiento que el tribunal puede imponerle sin limitación, en tanto considere que el convicto sigue siendo un peligro para la sociedad.

¿Por qué fue considerado criminalmente responsable Anders Breivik, y no un loco al que habría que someter a tratamiento en un régimen de seguridad? En la explicación de la sentencia, el tribunal razonó que mucha gente compartía la teoría conspiradora de Breivik —incluyendo la teoría de Eurabia—, pero que ello no los llevaba a cometer crímenes, mucho menos uno de la magnitud alcanzada por Breivik.

Este no apeló la sentencia, a pesar de que cuando el juez le preguntó si aceptaba el veredicto y la sentencia contestó que no reconocía al tribunal, así que ni la aceptaba ni la iba a apelar. Su intento posterior de llamar a la movilización violenta a otros «nacionalistas militantes» de Noruega y toda Europa fue interrumpido por el tribunal, que ordenó a los oficiales del juzgado que lo sacaran de la sala.

Tanto el público como las víctimas mostraron su satisfacción por la sentencia: querían que Breivik fuera considerado un hombre cuerdo, un asesino, alguien responsable de su propia maldad, y que pagara por sus crímenes estando encarcelado durante el resto de su vida, algo que muy probablemente sucederá, dado que ningún tribunal se puede arriesgar a que cometa nuevos crímenes si es liberado.

Sin embargo, mi opinión es que Breivik tiene mucho más que ver con un asesino múltiple convencional que con un terrorista, y no solo porque en realidad él fuera el único integrante del movimiento que él decía abanderar que había pasado a la acción, sino porque, al igual que los seudoyihadistas Bouhlel y Mateen, la matanza que provocó decía mucho más acerca de su psicología (un hombre repudiado incluso por los que pensaban como él, sin oficio ni beneficio ni relaciones sociales significativas) que de la finalidad que confirió a su acto: matar a los jóvenes del Partido Laborista en modo alguno podía considerarse un objetivo realista para variar el rumbo de la política integracionista y multicultural de su país, ni mucho menos de Europa.

Por otra parte, Breivik comparte con otros asesinos múltiples el disponer de una personalidad que no puede entenderse como normal, sin que esto signifique que no era responsable de los actos. Este punto, el de su posible psicopatología, fue un tema muy debatido, como veremos a continuación.

La exploración mental de Breivik

Breivik fue examinado en dos ocasiones por expertos diferentes en cuanto a su salud mental, y constituye un ejemplo paradigmático de los problemas habituales del diagnóstico clínico cuando se solicita de los expertos que valoren una situación del pasado, es decir, de la etapa de la vida de los sujetos en la que cometieron los hechos por los que han de responder ante la justicia.

La primera evaluación aseguraba que el asesino múltiple sufría de una esquizofrenia paranoide, mientras que la segunda no lo consideraba un psicótico, sino en realidad un psicópata* y un narcisista clínico (es decir, poseedor de trastorno narcisista de la personalidad). El primer par de psiquiatras rehusó analizar si Breivik era un psicópata; en su opinión eso no tendría sentido porque durante la mayor parte de su vida adulta había sufrido de una psicosis, la cual se mantenía en la época del examen. Por el contrario, el segundo par de psiquiatras evaluó la psicopatía del acusado mediante la prueba considerada más fiable para medir el trastorno: la Escala de Evaluación de la Psicopatía Revisada (PCL-R) desarrollada por Robert Hare. Su conclusión fue que Breivik presentaba rasgos de psicopatía moderados (es decir, mostraba más síntomas de psicopatía que la pobla-

* En realidad no se empleó este término, sino el de «trastorno antisocial de la personalidad», que, aunque no es un sinónimo, es el que se utiliza en los informes forenses con mucha frecuencia para designar al psicópata, tal y como ocurrió en este caso.

ción en general, pero no podía calificarse de ser un psicópata en el sentido pleno de la expresión).

El segundo examen forense valoró también el riesgo de cometer nuevos delitos violentos mediante una escala especializada, también validada en la investigación internacional, la HCR-20, e indicaron que Breivik en libertad constituiría una seria amenaza para la sociedad, por lo que se recomendaba su internamiento en una prisión de máxima seguridad. Los forenses que hicieron la primera evaluación de Breivik no realizaron una estimación del riesgo de violencia futura, porque en sus propias palabras «su peligrosidad parece estar completamente asociada a los síntomas activos de psicosis que presenta», lo que daba a entender, siguiendo esta lógica, que todos los psicóticos esquizofrénicos y paranoides constituirían siempre un peligro de tal calibre que era innecesario analizar otros hechos o circunstancias que en otros delincuentes sí podrían marcar la diferencia respecto a su futuro de violencia.

Ahora bien, la principal controversia fue, como no podía ser de otro modo, si Anders Breivik estaba «en sus cabales» cuando cometió la masacre y en qué medida su estado mental afectó a la capacidad de comprender y controlar sus acciones cuando realizó el ataque (estas dos cuestiones son importantes, porque una persona puede presentar una patología mental grave en una etapa de su vida determinada, pero cometer un hecho que no resulta afectado por tal patología).

Más en concreto, el tribunal solicitó a ambas parejas de expertos forenses que determinaran el estado mental del acusado tanto *antes* como *durante* la masacre. Sin embargo, a pesar de ser una petición explícita del juez, los dos informes ofrecieron una información escasa al respecto. Es decir, no valoraron casi la información específica que tenían a su alcance respecto a las escenas de los crímenes (Oslo y la isla de Utoya) y a las acciones que Breivik desarrolló en ambos escenarios. Habría sido una buena idea detenerse en el *mo-*

dus operandi y en los elementos expresivos mostrados por el asesino; existían muchos testimonios de los supervivientes y abundantísimas evidencias físicas que daban una idea muy precisa de cómo sucedieron los acontecimientos. Y este proceso se hubiera beneficiado igualmente —si el acusado hubiera colaborado— de la exploración mediante una entrevista bien planificada, en la que Breivik habría podido explicar sus ideas y sentimientos antes, durante y después de cometer los atentados, aunque es cierto que durante el proceso el acusado hizo diversas declaraciones para reclamar la «necesidad» y «legitimidad» de los asesinatos, lo que daba información acerca de su forma de pensar sobre lo sucedido.

Pero aún hay que dar un paso más. Mi tesis es que Breivik desarrolló un argumento con el que poder canalizar de una forma aceptable para él y para el mundo un crimen de tal calibre, del mismo modo que Omar Mateen decidió adscribirse a la causa de la yihad para poder calmar su ansia de matar y obtener finalmente el control de su vida, con lo que acabaría con su identidad de fracaso, que ya no podía tolerar durante más tiempo. ¿Por qué llegó a esa situación? Para contestar a esta pregunta tenemos que hacer, por una parte, una revisión de la biografía de Breivik, la cual pone de relieve que esta tiene muchos puntos en común con la de los asesinos múltiples. Y, por otra parte, es necesario analizar en detalle la actividad criminal que desarrolló para los ataques de Oslo y Utoya, donde de nuevo vemos que el *modus operandi* se ajusta a las etapas y procedimientos de otros asesinos múltiples.

Biografía de Breivik

Los hechos más significativos se inician en lo que parece ser un estilo ambivalente de apego entre Breivik y su madre, que provocó en él una conducta de oposición y agresión hacia esta, lo que no era evidente en otros contextos, a una edad tan temprana como los 2 años. Junto con ello también evidenció en su infancia falta de empatía, crueldad con los animales, dificultades para hacer amistades y conductas de búsqueda de sensaciones. La madre de Breivik declaró que él en aquellos años se mostraba «inquieto y cada vez más violento, caprichoso y dominado por conductas impredecibles... hiperactivo». En su infancia también fue descrito como «torpe» y patoso.

Ya en la adolescencia participa en actividades de acoso a otros en la escuela y en grafitis, por lo que es arrestado en varias ocasiones. Intenta sin éxito ser parte de una pandilla que se destaca por dar palizas a otros; los imita, pero al final no acaba de encajar. Abandona la prepa sin terminarla, lo que no le impide forjar mentiras en torno a los títulos que posee o a los estudios que está realizando. De la juventud viene también su afición a las armas, y su participación en diferentes actividades fraudulentas, como crear un negocio para falsificar diplomas universitarios, lavado de dinero y abuso de esteroides. Seierstad (2015) también señala «una falta de capacidad para sentir la culpa y aprender de la experiencia o del castigo». En términos de psicopatología, parece que el segundo diagnóstico preparado para el tribunal que lo juzgó es el más acertado: Breivik tendría rasgos importantes del psicópata y una personalidad narcisista muy marcada.

Todo lo que sabemos indica que Breivik pasó por una etapa crítica que lo llevó a lo que los especialistas denominan una «herida o descompensación narcisista»: a los 27 años regresa a vivir con su madre albergando en su interior profundos agravios. No había conseguido destacar en ningún aspecto y su participación en los grupos políticos extremistas no le había dado el protagonismo que deseaba. En la vida sentimental o financiera tampoco obtuvo ningún sentido de protagonismo. Una descompensación narcisista puede ocurrir cuando alguien con un trastorno narcisista de la personalidad experimenta una discrepancia significativa entre las grandiosas fantasías que alberga y lo que obtiene en la realidad, que se resume en unos resultados mediocres. En otras palabras: aquella surge porque las fantasías de lo que espera (poder, admiración, gran atención, etc.) no se validan en la realidad. Hay una sintomatología asociada a dicha descompensación: perturbación del sueño, depresión, pensamiento obsesivo y expresión de un sentimiento de ultraje. Como resultado, el sujeto se aísla de la realidad que le niega el poder y estatus que anhela, y se repliega sobre sí mismo para alimentar su propio ego con sus fantasías de grandeza.

Esto tiene consecuencias: cuanto mayor sea la descompensación, mayor será su reinterpretación del pasado, a modo de una nueva escritura de su vida; podemos decir que el propio sujeto es su audiencia, lo que hace que él mismo valide esa historia falsa y narcisista. Este proceso es descrito por el especialista israelí Sam Vaknin como «la solución de la narrativa delirante», a partir de la cual el sujeto «construye un relato en el que él es el héroe». En esta etapa la persona acentúa su rumiación de temas e ideas y sus ideas paranoides, muchas de las cuales suponen el fraguar una visión del mundo que se le opone, que lo persigue. Esto es, el mundo conspira contra él, lo que en los casos más extremos hace que el sujeto se embarque «en una orgía de autodestrucción, diseñada para generar caminos complementarios con el fin de conseguir la atención que anhela a cualquier precio».

La realización del atentado

Los investigadores de la violencia Calhoun y Weston señalaron en 2003 que la *«violencia planificada es un proceso secuencial de conductas discretas y reconocibles»*. Recogiendo esta idea, el profesor de la Universidad de Nueva York Lino Faccini propuso en 2010 un modelo para describir ese proceso secuencial que se compone de seis etapas o pasos:

1. *Sentirse agraviado o justificado* (necesidad de fama o venganza; sentirse maltratado; sufrir una grave pérdida). Los agravios de un individuo como los anteriores pueden ser exacerbados por la enfermedad mental. En el caso de grupos, podemos hablar de los agravios percibidos que comparten sus miembros. En el caso de Anders Breivik, se combinan tanto los agravios personales como los políticos.
2. *Ideación violenta* (considerar la violencia como la única opción; discutir las ideas propias con otros; imitar e inspirarse en otros que han actuado con violencia).
3. *Investigación/planificación* (espiar a la víctima u objetivo; recoger información necesaria).
4. *Preparación* (en sentido psicológico y logístico: el equipo necesario, transporte, armas, etcétera).
5. *Oportunidad/brecha en la seguridad del objetivo* (elaborar el modo de acceder a las víctimas rompiendo los controles de seguridad si los hubiera).
6. *Ataque* (consumación del acto violento).

Analicemos a continuación el asesinato múltiple de Breivik con este modelo.

1. *El agravio*: la descompensación narcisista de Breivik comenzó a los 27 años, y probablemente duró dos o tres años. A esa edad regresó a casa de su madre, consumía entre 16 y 17 horas de videojuegos en línea, evitaba el contacto con los amigos, el ejercicio físico y su dieta. Su apariencia era la de un vagabundo. Una vez que fue expulsado de una web reservada para jugadores destacados de videojuegos en línea, comenzó a reescribir su mediocre historia vital, generando un nuevo relato donde mostrar en su lugar grandes logros personales. Por ejemplo, se describió como uno de los miembros más prominentes de una banda de tipos duros, y como experto grafitero, así como un francmasón im-

portante. Igualmente durante esos años cristalizó sus ideas obsesivas acerca de la conspiración que implicaba a los inmigrantes islámicos para dominar Europa, al tiempo que atacaba el feminismo, el movimiento multicultural y el marxismo. Vertió duras críticas contra uno de los partidos radicales que alentaba esas ideas (el Partido Laborista), por ser ineficaz en la tarea de impedir que tales grupos «se hicieran con el poder en Europa» y «arruinaran nuestro país».

Esa obsesión cristaliza en su ya tristemente célebre manifiesto *2083: una declaración europea de independencia*, en cuya tercera parte aparece como un líder carismático que movilizará a otros grupos afines (los nazis, la Liga por la Defensa de Inglaterra, etc.) en una lucha cruenta contra el islam. El modo en que genera una nueva identidad es espectacular: se graba una entrevista a sí mismo, se toma fotografías donde aparece vestido de forma llamativa (con uniforme de francmasón, de caballero templario, de caballero noruego, con un traje de guerra biológica y en varias poses portando armas) y contrata a una empresa especializada en mantenimiento de webs para que proteja su manifiesto y su perfil *online* de los ataques cibernéticos que pudieran surgir después de la comisión de los atentados. Antes de partir para su «cruzada», Breivik se escribe una nota a sí mismo donde dice «buena suerte y envíalos al infierno».

En resumen, su teoría de la conspiración islámica le sirve para generar una identidad de gran importancia. El manifiesto cristaliza una trayectoria marcada por un relato delirante, en el que él aparece como un héroe en una flagrante negación de la realidad, lo que lo conduce a desarrollar un programa de violencia que ha de extenderse a toda Europa.*

* Los investigadoires Faccini y Allely, siguiendo al profesor Sam Vaknin, plantean la posibilidad, desde el punto de vista del diagnóstico clínico, de que la violencia ejercida por Anders Breivik pudiera ser el resultado no tanto de una personalidad antisocial/psicopática, sino de una

2. *Ideación violenta*: en conjunto, la ideología política de Breivik se fue desarrollando a través de diferentes etapas. Así, a los 18 años de edad empezó a mostrar sus ideas políticas en internet, y aunque fue en principio devoto del Partido del Progreso (rama juvenil), cuando no vio recompensados sus deseos de liderazgo se hizo mucho más crítico. A partir de ahí se aísla cada vez más de sus amigos, y sus ideas se vuelven más extremas. A los 30 años se relaciona con uno de sus ideólogos más admirados —el popular escritor de blog Fjordman— y se aproxima de nuevo al Partido del Progreso con la idea de fundar un periódico nacional. Sin embargo, ambos lo ignoran y esto parece que aumente sus deseos de violencia. Es en esta época cuando comienza a escribir la tercera parte del manifiesto (titulada «Una guerra preventiva»), la que claramente incita y llama a todos los cristianos europeos a tomar las armas para expulsar a los musulmanes mediante una revolución (la parte primera y segunda abogaban por métodos no violentos).

Así pues, Breivik se estaba preparando para la venganza, para restaurar su ego herido y reescribir su historia de líder de una nueva época en la historia de Europa. Su lista de agravios personales era muy extensa: una madre no demasiado solícita, un padre ausente, unos compañeros que lo humillaban en la escuela, poco interés de las mujeres hacia él (en concreto le rechazaron dos mujeres a las que él pretendía), ser excluido de un grupo de internet dedicado al juego e incluso de una pandilla que se tenía entre las mejores grafiteras de Oslo. A todo esto hay que sumarle el insulto final del bloguero Fjordman y el rechazo del Partido del Progreso tanto a sus deseos de liderazgo en la rama juvenil como a su plan para liderar una revista nacional.

---

solución esquizoide paranoica o bien una solución agresiva-explosiva paranoide.

En conjunto, entonces, esas necesidades no cubiertas y su gran deseo de aparecer como alguien triunfador lo llevaron a este segundo paso de la ideación violenta, contenida en la tercera parte del manifiesto. «Es nuestro deber como ciudadanos europeos prevenir la aniquilación de nuestras identidades, culturas y tradiciones, así como de nuestros diferentes Estados». En esencia, su plan era simple: una insurrección armada, hacerse fuerte ante el gobierno y luego asesinar a todos los traidores, fundamentalmente a los políticos e intelectuales que apoyaban el multiculturalismo y el movimiento comunista cultural.

3. *Investigación y planificación*: Breivik se mantuvo investigando y planificando su asesinato múltiple durante tres años, inspirándose en Timothy McVeigh (un extremista de derecha que hizo volar en 1995 el edificio gubernamental Alfred P. Murrah en Oklahoma, dejando 168 víctimas) y en los métodos del IRA. Revisó hasta seiscientos documentos que instruían acerca de la fabricación de bombas.

4. *Preparación psicológica y logística*: Breivik practicó disciplinas de autodominio como el *bushido* y escuchaba música seleccionada para poder visualizar la muerte y no temerla; también jugó extensamente con videojuegos como *Call of Duty* y *World of Warcraft*; también se puso en forma con ejercicio físico y la ingesta de esteroides y anabolizantes para alcanzar el aspecto físico apropiado para un «caballero templario».

El alquiler de una granja, por otra parte, le permitió comprar fertilizantes con los que poder componer una bomba. Igualmente, tomó las lecciones necesarias para adquirir legalmente una pistola Glock, un subfusil, un rifle y abundante cantidad de municiones. Como había aprendido a coser en la escuela, se compró las telas para confeccionar su uniforme de caballero templario y el de francmasón que luego aparecieron en su página web. Una última parte de su plan fue alquilar una furgoneta, quitar el logo de la compañía, y sustituirlo por otro que señalaba que el operario estaba haciendo la depuración de las aguas en el tramo donde estuviera aparcado, lo que justificaba el mal olor de los fertilizantes empleados en la confección de los explosivos mientras los instalaba en el primer atentado, en Oslo.

5. *Oportunidad* (*o crear una brecha en la seguridad del objetivo*): el día anterior al ataque se dedicó a reconocer la zona del gobierno noruego, donde pensaba matar al primer ministro (este no murió ya que ese día estaba trabajando en su casa). Antes de partir para Oslo al día siguiente, Breivik subió su manifiesto y varios archivos con fotos a la red y lo dispuso para que llegara a 8000 direcciones; quiso destruir el disco duro, pero hubo de desistir porque cuando llegó la hora de marcharse el ordenador todavía estaba ocupado haciendo esos envíos. Después de colocar la bomba en la furgoneta condujo hacia Oslo y la aparcó en los alrededores del edificio del gobierno, donde tiene su sede el gobierno sueco.

6. *Ataque*: la bomba de unos 1000 kg explotó en Oslo el 22 de julio de 2011 mediante un temporizador, y mató a ocho personas. Después tomó un taxi y se dirigió al embarcadero para coger el ferri en dirección a la isla de Utoya, ya vestido de policía. Allí mató a 69 jóvenes que asistían a un campamento de verano de la Liga Laborista Juvenil. Dos jóvenes murieron posteriormente, uno de las heridas sufridas y otro ahogado al intentar escapar. En total murieron 77 personas. Ahora Bien, Breivik no tenía ninguna intención de ser abatido por la policía ni mucho menos de suicidarse: llamó dos veces a la policía para decir quién era y que se iba a entregar de forma pacífica, lo que hizo en cuanto la unidad de asalto llegó a la isla. Estaba claro que Breivik pretendía sobrevivir a su matanza para seguir su misión como líder de su revolución y obtener el crédito de lo realizado.

¿Hasta qué punto gente como Breivik, Jim Adkisson y Dylann Roof merecen el calificativo de terroristas? Desde la estricta definición del terrorismo como las acciones violentas realizadas para crear terror sobre la población con objeto de conseguir un fin político, es claro que encajan. Sin embargo, es difícil encontrar en ellos la apelación a una causa que unifique sus crímenes, más allá de la supuesta alianza de antiislamistas de la que supuestamente Breivik era su paladín. Está claro que Adkisson y Roof son supremacistas blancos, que ven en «liberales», negros y marxistas una conspiración para sojuzgar al hombre blanco estadounidense, quien a sus ojos es el «auténtico norteamericano»; pero psicológicamente se encuentran muy cerca de los asesinos múltiples que tirotean a la gente en escuelas u otros sitios públicos.

Esto mismo puede decirse de gente como Omar Mateen. Su invocación del Estado Islámico no parece más creíble que la supuesta guerra de razas que quería iniciar Roof con su masacre en la iglesia metodista de Charleston. Y en cuanto a Bouhlel y su atentado en Niza, la etiqueta de golfo destaca como una luz de neón en su biografía, por no hablar de que su contacto con la yihad se limitó a consultas en internet *dos semanas* antes del atentado en el Paseo de los Ingleses. Para mí esos asesinos no pueden calificarse de «lobos solitarios». Es mejor dejar esa definición para gente que ha tenido antes de los atentados un contacto real con otros terroristas, o que durante su realización recibe apoyo logístico, aunque la acción final la realice solamente él. Por otra parte, el «yihadista o terrorista solitario» se habría radicalizado él solo, pero tendría una base previa de cumplimiento con los preceptos del islam; se trataría de alguien que de verdad creía en su religión y que, por diversos motivos, decide atravesar el paso que lleva a la violencia. Pero ni Bouhlel ni Mateen mostraron interés alguno en el islam durante su vida, ni recibieron apoyo relacionado con el Estado Islámico. Para mí son *falsos yihadistas,* su personalidad es muy semejante a la de los asesinos múltiples convencionales. En cuanto a Saipov —autor del atentado en Manhattan de 2017—, veo a un hombre que se decide a matar en nombre de la yihad cuando su vida se cae a pedazos; en poco tiempo se radicalizó, pero ese proceso va paralelo a su deterioro psicológico y laboral. El terrorismo *low cost* del Estado Islámico permite que cualquier desequilibrado en busca de una causa para matar y morir invoque su nombre para presentar una razón que justifique la atrocidad. Recordemos un comentario realizado a propósito de nuestro análisis del tirador de Las Vegas: no siempre los asesinos dicen la verdad acerca de su motivación para actuar.

Breivik es un sujeto más complicado. Su *modus operandi* fue muy psicopático, mirando a los ojos a sus víctimas, cazando a los chicos en Utoya de modo sistemático, tomándose el exterminio con calma, dejándose seducir por la estética de una matanza ultraplanificada y, me temo, disfrutada. Veo en todo ello psicopatía, y no solo el narcisismo comentado anteriormente. Y faltaría por introducir el síndrome de Asperger en la ecuación, en opinión de algún especialista. En todo caso, en el noruego destaca más una *personalidad especial* que un terrorista al uso.

9

Los psicópatas y los asesinos en serie

Hemos visto en capítulos anteriores que los asesinos múltiples y los terroristas constituyen categorías complejas, con perfiles diversos. En todo caso, por lo que respecta a los asesinos múltiples, desde la criminología hay elementos que tradicionalmente los han separado de los asesinos en serie, más allá del número de víctimas y de la única secuencia (sin período de «enfriamiento») que constituye el *modus operandi* de aquellos. Así, el asesino múltiple suele abandonar a sus víctimas heridas en la escena del crimen, mientras que el asesino en serie suele asegurarse de la muerte de las suyas. Además, las víctimas del primero pueden ser, como ya comenté, específicas (colegas, superiores, etc.), simbólicas o elegidas al azar en un sitio seleccionado (o incluir todas estas categorías, dependiendo de la amplitud de la matanza), mientras que el segundo selecciona a su víctima con un criterio, aunque luego dentro de esa categoría influya el factor oportunidad para decidir la acción violenta sobre una persona en concreto. Finalmente, el asesino múltiple suele elegir armas de fuego, mientras que el asesino serial prefiere el estrangulamiento o el ataque con arma blanca.

Pero quizá una división más importante que la relacionada con el *modus operandi* de ambos tipos de asesinos sea la referida a su psicología. Sabemos que la mayoría de los asesinos múltiples *no* son psicópatas, si bien en algunos casos sí parece estar presente, como vimos en el análisis de los casos de Pioz en España y Breivik en Oslo. Hay, eso sí, una minoría sustancial que está mentalmente enferma, con cuadros de paranoia, esquizofrenia y depresión. Y, aunque es un tema debatido, mi opinión es que la inmensa mayoría tiene graves desarreglos o trastornos de la personalidad, que se acompañan en los períodos finales de sus acciones con pensamientos suicidas y obsesivos en torno a la muerte. Esto es más evidente en el caso de los tiradores que no reivindican nada desde el punto de vista ideológico, es decir, quienes se deciden a matar porque ya no soportan seguir viviendo con una identidad fracasada y no aspiran a sobrevivir.

En los denominados «asesinos supremacistas» o «terroristas de extrema derecha», ya expliqué que tenían muchos puntos en común con los tiradores convencionales, aunque presenten una menor desesperación en lo personal porque parece que tienen una menor tendencia a suicidarse. Pero su biografía y logros son muy parecidos a los otros, y por ello creo que llega un momento en que realmente da igual que alguien tirotee una iglesia donde está rezando gente de raza negra porque dice que quiere vengase de cómo «los negros violan a las chicas blancas» (sic), como hizo Dylann Roof en Charleston, o que se dedique a matar a todos los feligreses que pueda porque esperaba encontrar allí a su suegra, como hizo Devin Kelley en Texas. Lo importante es que tenemos detrás de estos hechos atroces hombres «humillados y ofendidos», por citar el título de la célebre obra de Dostoievski.

SE PRESENTA EL PSICÓPATA

Por el contrario, en los asesinos en serie el diagnóstico abrumador es el de psicópata. Un tipo sin conciencia, ajeno a la comunidad moral, por cuanto que las emociones morales características del ser humano le son ajenas o como mucho un eco lejano. En el psicópata están plenas las emociones morales *negativas* como la envidia, la ira o el odio, pero las de naturaleza *positiva* (empatía, compasión, responsabilidad, afecto, piedad, lealtad) no resultan disponibles en sus recursos cerebrales. Esto es una limitación muy grave para una integración real (no simulada) en el tejido social que conforma su mundo, y en particular en el bienestar de aquellas personas que están más cerca de él. Por eso decimos que el psicópata *aprende a simular* las emociones; con la práctica, particularmente si no proviene de un ambiente marginado y ha tenido oportunidades para educarse y prosperar laboralmente de un modo normal, va registrando qué tipo de expresiones son las convenientes de acuerdo con el contexto en el que se desenvuelve. Y me refiero tanto a las expresiones verbales como a las corporales, donde —sobre todo los músculos de la cara— si uno se fija bien, los gestos mínimos no acaban de encajar con el contenido de las palabras. Hay que ser rápido en esto, pero es posible discriminar esta buena imitación de lo que alguien normal podría mostrar en las mismas circunstancias.

En el gráfico 5 pueden verse los elementos característicos de la psicopatía. Algunos piensan rápido, han tenido educación, no han vivido en la delincuencia y la marginación. Es el caso del belga Dave V., asesino de la turista danesa de 27 años Anne Strande. El juez en su sentencia dejó claros los hechos: Dave salió de su domicilio el 13 de junio de 2014 y se dirigió a la vivienda de Barcelona donde residía la víctima, accediendo con el juego de llaves que portaba. El hombre era empleado de la empresa cuyo piso tenía alquilado Anne. En el interior, se fue a su dormitorio y le golpeó la cara mientras dormía, rodeándole el cuello con un cable del ordenador. Tras matarla, roció su cuerpo con aceite y le prendió fuego. La habitación se incendió y las llamas dejaron el cuerpo casi carbonizado. Como es lógico, Dave contó

Gráfico 5. Variedades en las que se puede presentar el psicópata

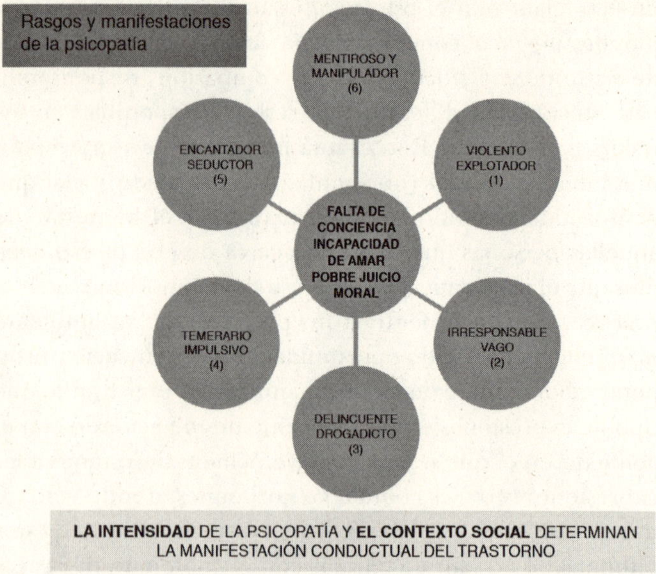

algo muy distinto: que había tomado drogas y alcohol, y que solo recuerda estrangularla. En síntesis, algo muy peregrino: «Estábamos en la cama, caímos y forcejeamos en el suelo durante un rato hasta que usé el cable».

A lo anterior se añadió que varios medios publicaron que, cometido el crimen, días después confesó a un conocido que había matado y «troceado» a otra chica en Gerona. Respecto al gráfico 5, en Dave destacarían la manipulación, la temeridad y la violencia; además de por supuesto el núcleo de *todo psicópata puro*, que se encuentra en el centro del gráfico: falta de conciencia (no hay moral que lo vincule y por ello no hay sentimiento de culpa ni remordimientos), incapacidad de amar o, lo que es lo mismo, afectos superficiales y egocéntricos y un pobre juicio moral, no porque no sepa lo que está bien o mal, sino porque al psicópata le resultan incognoscibles las sutilezas emocionales y los elementos del contexto que son apropiados para comprender la valoración moral de los hechos.

Otro ejemplo relevante es el asesino de la peregrina estadounidense Denise Thiem, Miguel Ángel Muñoz, quien la atacó mientras hacía el camino de Santiago en abril de 2015, y cuyo cadáver no apareció hasta septiembre de ese mismo año enterrado cerca de Astorga (León). El periodista que cubrió la reconstrucción del crimen se quedó pasmado por la falta de reacción emocional del entonces detenido: «Parece un paseo bajo la lluvia, en el que el hombre habla con naturalidad sobre cómo conoció a la joven, cómo la ayudó hasta que le "cambió el chip" y cómo acabó con su vida y ocultó el cuerpo».

Lo cierto es que lo que había que contar era duro: la joven siguió las indicaciones de unas flechas que había modificado Muñoz para que pasara cerca de una finca de su propiedad. Entonces, Muñoz la atacó de forma sorpresiva y la golpeó con un palo en la cabeza. Luego la llevó hasta un lugar oculto a los ojos de caminantes, donde la desnudó, le cortó el cuello y las manos —que nunca se hallaron— y la enterró, no sin antes robarle los 1 132 dólares que llevaba encima.

Durante el juicio no reconoció los hechos que sí había admitido ante la policía, pero ya daba igual porque las pruebas eran abrumadoras. Que estaba perfectamente en sus cabales lo dejó claro su comportamiento posterior al crimen, tal y como recogió la sentencia del tribunal: «El asesino, que vivía aislado en una parcela, modificó [después de cometer el homicidio] su aspecto de forma radical. Pasó de ser sucio y desaliñado, a sorprendentemente cuidado [...]. Empezó a llevar arreglada la barba y ropa limpia, además de vestir ropa de montaña de una marca especializada y cara que anteriormente no usaba». A su vez, dejó de usar su teléfono y comenzó a utilizar un locutorio público. En el gráfico 5, junto al núcleo central, se destacaría la falta de responsabilidad y de ambición laboral (ya que antes del crimen vivía en una cabaña y apenas cuidaba su aspecto) y, por supuesto, su carácter y potencial violento, como lo prueba el que nadie ni antes ni durante el juicio tuviera ningún interés en relacionarse con él y que fuera capaz de un homicidio tan brutal. Pero, al contrario que otros psicópatas, Muñoz nos muestra la cara hosca del depredador, ermitaño y asocial. No es ningún seductor y creo que solo pudo engañar a la joven porque ella era extranjera y se aprovechó bien del contexto donde planeó el crimen, dado que difícilmente podría pensar la joven americana que durante la peregrinación podría encontrarse a alguien así.

Es decir, hay diferentes formas de combinar los requisitos o características típicas de la psicopatía, dependiendo de la intensidad con que se presente esa configuración de la personalidad y las circunstancias ambientales en las que creció. Muchos psicópatas asesinos —en serie o no— se alejan del estereotipo de ficción Hannibal Lecter, el villano de *El silencio de los inocentes*; no son ni particularmente inteligentes ni carismáticos. Una gran mayoría de los psicópatas están integrados: nunca han pisado una cárcel ni lo harán, porque son capaces de controlar sus deseos de explotación del otro sin recurrir a la violencia. El término «psicópata», pues, no es sinónimo de «asesino en serie»: si bien la mayoría de los asesinos seriales son psicópatas, a su vez la gran mayoría de estos no son asesinos en serie; de hecho, la mayoría ni siquiera son delincuentes violentos. Eso no significa que sean ciudadanos modelos: son capaces de pasar su vida entre nosotros sin llamar la atención de las autoridades, aunque, por otra parte, la lógica nos lleva a concluir que detrás de las desapariciones y crímenes sin resolver que se producen cada año debe estar la mano de psicópatas integrados, es decir, no detectados ni identificados.

En ocasiones podemos vislumbrar la clara influencia de la psicopatía cuando un sujeto integrado comete un hecho brutal. Fue el caso del dentista de Zaragoza que, en 2103, tras discutir con una clienta la minuta de sus servicios, se dispuso, sin avisarle previamente, a arrancarle todos los dientes superiores en una prótesis que le había implantado. La sentencia que lo condenó a pagar una indemnización de 10 000 euros a la mujer dejó claro este extremo, por proceder...

> dolosamente y extraer con «fuerza inusual» una prótesis a causa de un desacuerdo económico. El odontólogo actuó «arrebatado, al serle puesto de manifiesto que no se le iban a pagar los gastos del laboratorio, puesto que no se habían presupuestado aparte».
>
> El juez sostuvo que el dentista «procedió dolosamente» para «resarcirse por su propia mano», en vez de plantear la oportuna demanda, al extraer «con fuerza inusual e inapropiada la prótesis de la denunciante sin haberse objetivado ocasión ni razón para ello».
>
> De esta manera, el odontólogo provocó el «consiguiente daño físico y el padecimiento de una situación coercitiva a la que no se había hecho acreedora» la mujer, a la que había colocado la prótesis [de los dientes superiores] sin existir queja alguna.

La sentencia habla de «arrebato», pero yo no lo tengo claro. A pesar de que la sentencia no consideró que el acusado había cometido un delito de integridad moral en la víctima —como pedía la acusación particular—, el dentista fue muy consciente de que *ella lo había insultado* al discutir el valor de su trabajo. En términos de la teoría de la violencia moral, había sido ofendido en su modelo de proporcionalidad o de relación proporcional entre lo que uno hace y lo que se recibe: discutiéndole el precio había denigrado el valor de su trabajo. Y eso es algo que no estuvo dispuesto a tolerar.

Algunos asesinos en serie necesitan sentir que son importantes, que pueden llamar la atención por el miedo que pueden provocar en la población. Pero no hay que confundir el deseo del auténtico asesino en serie del que pretende serlo; y una clave para saber quién es quién, si no se dispone de pruebas evidentes que vinculen al criminal con las víctimas, es valorar el móvil, el «para qué» o relato del crimen, junto con otras circunstancias relevantes.

Por ejemplo, cuando en abril de 2017 un tipo llamado Steve Stephens puso en la nueva aplicación de Facebook Live el asesinato a sangre fría mediante una pistola del septuagenario Robert Godwin —un extrabajador de una fundición que tenía nueve hijos y 14 nietos—, dijo al mismo tiempo que había asesinado a otras 13 personas. Pero era mentira. La policía días después lo identificó gracias a una llamada de un ciudadano que lo había reconocido junto a un establecimiento de comida rápida, lo persiguió y finalmente solo pudo llegar hasta su cadáver, ya que se había suicidado en su vehículo.

La clave del motivo de Stephens es idéntica a la de muchos asesinos múltiples: ya no soportaba más el fracaso; no podía sobrellevar su identidad de perdedor. Para hacer frente a la ira de su situación, escogió el relato de convertirse en un asesino, y quizá habría sido finalmente uno serial si hubiera continuado libre, quién sabe, aunque me inclino a pensar que era más probable que se convirtiera en uno múltiple; este hombre no tenía «madera» de asesino serial. Su biografía, investigada por la policía, nos muestra a un hombre que, si bien había trabajado en una agencia de salud mental infantil desde 2008 sin problemas de disciplina, en los últimos tiempos había caído en barrena. Y, finalmente, el detonante. En su video de Facebook dijo que estaba buscando a alguien para matar y se decidió por el señor Godwin aparentemente al azar. Exigió que su víctima dijera el nombre de su novia y agregó: «Ella es la razón por la que esto va a sucederle». Antes de eso, había acumulado muchas deudas de juego, estaba en la ruina y fue desalojado de su casa. «Mira, la cosa es, hombre, tengo 37 años y toda mi vida jodida, hombre, siempre he sido un maldito monstruo».

Stephens mató una sola vez y probablemente tenía claro que pronto se suicidaría, ya que había dejado mil pistas para que la policía pudiera apresarlo. Ni se molestó en impedir que su teléfono fuera rastreado. Más complejo fue el caso de Thomas Quick, recluido en una clínica sueca desde 1991, quien se inculpó de haber asesinado a nada menos que 32 personas. Joseba Elola estudió a fondo este caso para *El País*, desplazándose a Suecia, entrevistando al supuesto asesino, a sus familiares, a su abogado y a los que investigaron el caso, además de documentarse con un libro de un periodista sueco que destapó para la opinión pública todo el amaño:

> El pequeño Johan Asplund salió de casa a las ocho de la mañana, como todos los días, para ir a la escuela. Fue el viernes 7 de noviembre de 1980. Tenía 11 años. Nunca volvió a aparecer. Su caso se convirtió en uno de los misterios sin resolver más conocidos de Suecia. Trece años más tarde, el 8 de marzo de 1993, saltaba la noticia. Un enfermo mental de la clínica de psiquiatría forense de Säter acababa de confesar el crimen. Así reproducía el diario *Expressen*, el 15 marzo de 1993, la confesión de ese hombre de 42 años llamado Thomas Quick: «Lo cogí a la salida del colegio y lo metí en el coche. Conduje hasta el bosque y violé al chico. No quería matar a Johan. Pero entré en pánico y lo estrangulé. Enterré su cuerpo para que nadie pudiera encontrarlo».
>
> El fiscal general del Estado, Christher van der Kwast, tardó siete años en construir un caso contra Quick. Los restos del cuerpo del chico no aparecieron donde el presunto asesino decía que podían estar. Pero la confesión era muy

prolífica en detalles. En su opinión, más que suficiente para presentar cargos. Para entonces, año 2001, hacía ya tiempo que Quick se había convertido en el asesino en serie más conocido de la historia en Suecia. Su sucesión de autoinculpaciones había supuesto un continuo *crescendo* de crímenes cada vez más atroces. En el caso Johan Asplund, llegó a confesar que se había comido los dedos del pequeño.

Pero el 2 de junio de 2008 se desdijo de todo.

¿Qué había ocurrido? En opinión del propio Thomas Quick (quien se llama en realidad Sture Bergwall, pues cambió de nombre) eran los propios policías, el terapeuta que lo trataba y el fiscal quienes le daban las pistas para que él pudiera saber cómo se habían cometido en realidad los crímenes. Los investigadores pensaron que estaban ante el gran caso de sus vidas, y de manera inconsciente muchas veces, y otras de manera más diáfana, lo iban guiando para que Quick pudiera «confesar» los detalles de cada asesinato. Su abogado dijo que «todos los casos fueron construidos igual: sin pruebas biológicas, sin huellas, sin rastros de ADN, sin testigos, sin evidencias». Lo cierto es que finalmente fue condenado por ocho asesinatos, pero en 2012 ya le habían retirado cinco de esas ocho condenas.

Entonces ¿por qué se inventó que era un despiadado asesino en serie?

La monstruosa espiral de sus confesiones arranca en un soleado día de junio de 1992. Apenas le quedan unos meses para salir de la clínica. Hace un día espléndido y Bergwall está tomando el sol en el lago Ljustern, acompañado de una enfermera. Lleva año y medio recluido, lo han encerrado después de cometer un atraco vestido de Papá Noel, en la casa de un bancario de su pueblo, Falun.

Bergwall es en esos momentos un hombre con antecedentes reales que se acaba de cambiar de nombre. Como no quiere que se lo asocie con el atraco, adopta el apellido de soltera de su madre, Quick; y se pone Thomas porque le gusta cómo suena. A los 19 años ya había sido denunciado por abusar sexualmente de un chico de 14. También apuñaló a un hombre con el que compartió una noche. De hecho, no es esta su primera estancia en una clínica psiquiátrica.

No es que Quick/Bergwall sea un angelito, desde luego, pero tampoco un asesino en serie:

> Total, que en aquella mañana soleada a Bergwall se le ocurre decirle a la enfermera:
>
> —¿Qué pasaría si yo hubiera cometido algo grave?
>
> Al día siguiente, el psiquiatra lo recibe en su consulta para comentar lo sucedido.
>
> —¿Qué quiere decir usted con algo grave? —le pregunta el médico.
>
> —Le daré una pista —responde Bergwall—: As.
>
> —¿As?
>
> —As, de asesinato.
>
> «Yo vivía rodeado de criminales violentos en la clínica —explica Bergwall recordando aquel episodio—. Tenía que contar algo realmente gordo para destacar, para que me prestaran atención».
>
> Decidió recurrir al asesinato que mejor conocía, el misterio sin resolver más célebre en aquellos días: la desaparición del pequeño Johan Asplund. «Yo no podía imaginar las consecuencias de lo que dije en ese momento. No fue una decisión racional, fue como un juego semántico inocente».

Bueno, sí creo que aquello fue una decisión racional, como cambiarse de nombre. A la pregunta del periodista de por qué mintió, contesta: «Fue una manera de conseguir ansiolíticos legalmente. Me permitió tener la sensación de pertenecer a algo». Aquí vemos otra forma de responder a la mayor amenaza que existe contra la identidad personal:

ser un don nadie, alguien cuya muerte nadie lamentará. Hay gente que se resigna y otra que no. La obtención de las drogas, por una parte, y ser alguien muy importante, aunque sea un monstruo, por otra, le permiten una gratificación emocional muy notable porque ahora ya puede sentir que «pertenecía a algo»: a un relato depravado, pero sensacional. La recompensa es muy grande, porque él está metido en una clínica psiquiátrica y tampoco tiene mucho que perder. No añora la libertad, nadie lo está esperando, y tiene claro que tampoco tiene habilidades para sobrevivir ahí fuera. Además, lo que demuestra que fue una decisión del todo racional es que, una vez que hizo ese comentario a la enfermera, los fines de semana que podía salir de la clínica iba a la biblioteca de Estocolmo para informarse de otro caso que también se atribuyó: la muerte de otro niño de 14 años.

> —¿Y no se paró a pensar en las víctimas y sus familias? ¿No pensó en dar marcha atrás en algún momento?
>
> —Desde el principio tuve ganas de dar marcha atrás en mis confesiones, pero me avergonzaba hacerlo. Yo estaba a merced de los médicos: retractarme suponía traicionarlos, decirles que llevaba tiempo contándoles mentiras. Además, me gustaba ver que se interesaban por mí.

Así pues, si consideramos que Quick/Bergwall de no ser nadie pasó a ser una estrella mediática, un tipo anónimo que, de pronto, ya «era alguien», comprenderemos una vez más cómo los relatos que construimos acerca de quiénes somos, de nuestra identidad, son claves para comprender qué hay detrás de la violencia. Aunque en este caso fuera una violencia impostada, pero es muy duro vivir siendo un cero a la izquierda.

No, los auténticos asesinos en serie no tienen nada que ver con los Stephens o los Bergwall de este mundo. Ellos pueden buscar la notoriedad, desde luego, aunque son muchos más los que intentan pasar desapercibidos (en contra de lo que suele verse en la televisión), pero en tal caso la notoriedad o el reconocimiento (como el placer sexual o el deseo de castigar a determinadas personas como las prostitutas) es un beneficio secundario o, en el mejor de los casos, complementario al deseo o motivo central: ser alguien nuevo, crear una identidad alternativa mediante el ejercicio del poder y del control sobre la víctima seleccionada. Si se tiene un poder político, el psicópata no dudará en engañar y asesinar para conseguirlo, porque no tiene necesidad de mancharse personalmente las manos. Pero tanto en el psicópata que despliega una violencia interpersonal, que mata directamente, como en el que utiliza a otros para matar, la comprensión de qué son realmente exige primero averiguar lo que anhelan de verdad.

Con tal fin, lo mejor será comenzar revisando algunas de las obras del mejor psicólogo-literato de la historia: William Shakespeare.

«¡Mi reino por un caballo!»

Los magníficos escritores de ensayo Jordi Balló y Xavier Pérez han estudiado a Shakespeare con detenimiento y, para explicar cómo es el malvado imaginado por la pluma del bardo, citan al poeta británico contemporáneo W.H. Auden, quien, en su análisis de Ricardo III, escribió: «A Ricardo no lo mueve la ambición, en el sentido más habitual de ese término. No le interesa conseguir la corona en tanto que posición de poder, sino por la dificultad que entraña lograrla». Es decir, la excitación ante el riesgo, un rasgo característico del psicópata, y que puede interpretarse como una de las vías para saborear los placeres intensos de la vida.

Lo que me maravilla de Shakespeare es que mediante los extraordinarios soliloquios que escribe para sus villanos somos capaces de tener una imagen nítida de sus pensamientos y motivaciones, algo que no es habitual en los asesinos en serie (y Ricardo III lo es, aunque por mano interpuesta). Escriben Balló y Pérez (las cursivas son mías):

> Esta carrera enloquecida hacia la cima de la escala criminal es admirable, además, por su *resolutiva autenticidad.* Ricardo, conspirador refinadísimo, engaña constantemente a sus parientes y a otras figuras de la corte; los traiciona sin escrúpulos y manipula sus frágiles creencias. En contrapartida, sin embargo, nunca engaña al público y, en consecuencia, tampoco *nunca se engaña a sí mismo.* Desde su primer monólogo dirigido a su audiencia, Ricardo comparte siempre con los espectadores sus más turbios propósitos, y sus abundantes reflexiones, a lo largo del drama, se basan en *la plena asunción de su naturaleza criminal* [...] [y muestra] la falta sincera de remordimientos, *la negativa a culpar* a personajes del exterior.

Así es, el psicópata asesino en serie (y no el *psicótico* o enfermo mental, que también puede serlo, aunque en un porcentaje no superior al 25%) sabe perfectamente lo que busca cuando mata, y es ese acto de poder lo que él más anhela. Si finge en los juicios que «no sabía lo que hacía» o atribuye su «lado oscuro» a desgracias de la infancia es porque quiere conseguir un beneficio ante su inminente sentencia. No obstante, esto no significa que no existan asesinos seriales cuya infancia haya sido ciertamente penosa y con abusos importantes, sino que tales circunstancias no le impiden desear hacer lo que hacen y obtener una gratificación emocional única.

Autenticidad, plena asunción de responsabilidad, aceptación de su auténtica naturaleza. Estas tres ideas relacionadas son la clave de todo, que pueden verse en el soliloquio de Claudio, el rey que ha conseguido su corona y la mujer de su hermano mediante un vil asesinato, pero que finge ser ahora el nuevo padre amoroso de Hamlet. Después de asistir a una representación teatral manipulada por Hamlet para observar la reacción de su tío ante lo que era una fiel representación del asesinato de su padre, Claudio se postra en su capilla e invoca al cielo: «¡Ángeles, asistidme! Probad en mí vuestro poder. Dóblense mis rodillas tenaces, y tu corazón mío de aceradas fibras, hazte blando como los nervios del niño que acaba de nacer» (Acto III, XXII). Pero no puede sentir de verdad la culpa; sabe que su auténtica naturaleza es la de un asesino y traidor, no en balde poco después mandará asesinar también a Hamlet. De ahí que, resignado, comprenda que las plegarias hechas desde un corazón falso son inútiles: «Mis palabras suben al cielo, mis afectos quedan en la tierra. Palabras sin afectos nunca llegan a los oídos de Dios» (Acto III, XXIV).

Pero Claudio es un psicópata imperfecto. Aunque no puede renunciar a los frutos de su infamia, siente la inquietud del castigo eterno que le aguarda cuando fallezca, y parece que ama apasionadamente a su anteriormente cuñada y ahora esposa, Gertrudis, la madre de Hamlet (los psicópatas puros no aman a nadie). En una obra posterior, *El rey Lear*, dirá el bastardo Edmund: «Hacemos culpables de nuestras desgracias al sol, a la luna y a las estrellas, como si fuésemos villanos por casualidad [...]. Admirable subterfugio [...]. Hubiera sido lo que soy aunque la estrella más virginal hubiese parpadeado en el firmamento sobre mi bastardía». Esta asunción plena de la maldad también la muestra otro gran villano del genio isabelino: Otelo. Y en un moderno drama shakesperiano como es la serie de televisión *House of Cards*, Kevin Spacey, en su papel de Frank Underwood (un

Ricardo III en la Casa Blanca), sentencia: «El camino hacia el poder está sembrado de hipocresía y de víctimas. Nunca debemos arrepentirnos de nada».

Finalmente, el que sin duda es el icono popular cinematográfico del asesino en serie y otro personaje construido con los mimbres de Shakespeare, Hannibal Lecter, explica bien a las claras que sus actos son su decisión, no acepta que él «sea el producto» de taras o circunstancias ambientales, y clama para sí la plena responsabilidad de asumir su naturaleza. Así, en la novela *El silencio de los inocentes* (que no en la película), cuando Clarice, en la primera entrevista, lo insta a que rellene el cuestionario del FBI para que así pueda comprender lo que «le pasó» (es decir, convertirse en un asesino en serie caníbal), Lecter responde: «No me sucedió nada, agente Starling. Yo sucedí. No acepto que se me reduzca a un conjunto de influencias. En favor del conductismo han eliminado ustedes el bien y el mal, agente Starling. Han dejado a todo el mundo en cueros, han barrido la moral, ya nadie es culpable de nada. Míreme, agente Starling. ¿Es capaz de afirmar que yo soy el mal? ¿Soy la maldad, agente Starling?».

La seducción del crimen

El psicópata, a diferencia del asesino múltiple más habitual, no quiere acabar con su caos existencial mediante el crimen, sino que este surge en un proceso de autodescubrimiento que normalmente empieza en la infancia tardía o la adolescencia, donde puede torturar animales o sentirse fascinado por estímulos de violencia y sadismo, fuente de sus fantasías que, llegado un punto, tendrá que liberar mediante los asesinatos consecutivos. Surge en él —ya sea en un proceso claramente consciente, el menos habitual, o en uno en la frontera con el inconsciente, el más común— un anhelo de traspasar toda frontera para sentirse auténticamente vivo. El asesino en serie, en las raras ocasiones en las que ha hablado de sí mismo, ha dejado al menos entrever que su carácter le pertenece, que esa condición de *monstruo* que ha asumido la ha logrado mediante «la conquista de un territorio autónomo en la esfera del comportamiento, no condicionado por ningún imperativo externo, y con un matiz autodestructivo que nace de una autenticidad radical e innegociable», en palabras de Balló y Pérez.

El asesino en serie utiliza el crimen porque necesita transgredir toda moral humana, su naturaleza se hace mediante la negación explícita de esta, de tal modo que podríamos adscribirle el deseo que motivaba la escritura del pensador y antropólogo Georges Bataille (1897-1962):* «Derribar todas las barreras que pretenden canalizar el deseo, buscando la suprema libertad, la única concebible: ser quien eres sin pensar en quién deberías ser, es decir, conocerte, reconocerte en ese individuo que solo busca la satisfacción de cada una de sus ansias, sin sublimar ni posponer, ese ser famélico de sensaciones intensas al que traicionamos para poder vivir en sociedad», como recuerda Ovejero. De este modo, el asesino serial, aunque sea al precio de su encarcelamiento de por vida o su muerte en la pena capital, inicia su cadena de asesinatos para empezar a vivir la vida que realmente anhela; su acción homicida no es un final de liberación como la plantea el asesino múltiple. En este, el estallido final es un acto de venganza y de cólera; se permite ejercer de demonio en la tierra porque él poco después acabará con su vida, y está dispuesto a morir con tal de mostrar con un poder omnímodo —su nueva identidad de ven-

* Fascinado por el sacrificio humano, y con el objetivo de poner en marcha una nueva religión, fundó una sociedad secreta, Acéphale (sin cabeza), cuyo símbolo era un hombre decapitado. Para él, la creación es un proceso mediante el cual el hombre se supera transgrediendo todos los tabúes, en particular los relacionados con el erotismo y la muerte.

gador— cuánto desprecia a la sociedad que lo ha condenado a tanta humillación.

La crueldad del asesino múltiple es una explosión, la del asesino en serie es un proceso que puede durar semanas, meses o años, hasta que sea capturado o él decida «retirarse» o fallezca. ¿Dónde está el secreto de esa energía? O, si se quiere, ¿qué mueve al asesino en serie? La respuesta es que *el crimen lo seduce.* Inhabilitado por su psicopatía a sentirse miembro del género humano, enajenado de la comunidad moral, encuentra en la planificación, ejecución y en los recuerdos derivados del asesinato la culminación de su auténtica naturaleza de depredador humano. Mientras que para el asesino múltiple «[la vida] es una historia contada por un necio, llena de ruido y furia, que nada significa» (*Macbeth,* V, v), para el serial significa todo el ser capaz de construir y experimentar una identidad oculta merced a sus crímenes, gracias a lo cual escapa de la vida convencional, que le resulta gris e insoportable. Esa identidad oculta es la real, y tiene su fundamento en *la ética* de la crueldad (nada importa el sufrimiento de la víctima, porque ella es el vehículo de su placer) y en la *estética* que surge de la fascinación que le ocasiona el acto de matar por la plenitud emocional y sensorial que le provoca.

Antoine Artaud* ya señaló en sus obras que «el lenguaje de la crueldad no es solo, ni siquiera principalmente, racional: apela al instinto, a los sentimientos, a los sentidos. La puesta en escena, los sonidos, las formas, el movimiento son tan importantes como la palabra». Es pues el crimen un acto «estético», seductor en su perversión, porque inunda sus sentidos, como lo puede hacer un cuadro de Caravaggio ante un admirador.

* Antoine Marie Joseph Artaud (1896-1948), comúnmente llamado Antonin Artaud, fue un poeta, dramaturgo, ensayista, novelista, director escénico y actor francés.

En resumen, como escribió el sociólogo Elliott Leyton: «Esos asesinos son [...] hombres alienados por su desinterés en continuar viviendo las vidas anodinas en las que se sienten atrapados». Frente a la certidumbre de vivir siempre anulados, los asesinos seriales se arriesgan a que los detengan con tal de perseverar en su auténtico ser. Fascinados por la estética derivada de generar un escenario (sensorial) de horror, ellos viven la plenitud en la crueldad* a la que someten a las víctimas, quienes solo pueden esperar un terrible final.

El prolífico asesino en serie de los años setenta del pasado siglo Ted Bundy —responsable comprobado del asesinato de 33 chicas jóvenes, pero sospechoso de muchos más— declaró poco antes de ser ejecutado que no podía explicar lo que sentía en los momentos en que se apoderaba de una víctima como si fuera una presa, y al decir esto el espectador avezado puede darse cuenta por su expresión facial de que durante un segundo está dejando entrever lo que todavía es un recuerdo extático de su vida como asesino en serie.

La experiencia tanto ética como estética puede apreciarse en el siguiente caso, que ilustra también cómo el asesino serial puede escindir con éxito dos formas diferentes de relacionarse en la sociedad.

Ronald Dominique

Ronald Dominique, nacido en 1964, mató al menos a 23 personas en el estado de Luisiana (Estados Unidos) entre 1997 y 2006, lo que lo hace el asesino serial más importante en la historia de ese estado. Las víctimas eran hombres jóvenes

* Aquí «crueldad» no implica necesariamente el sadismo, sino que se refiere a la intención de ser cruel del asesino por el hecho de atacar a una víctima inocente.

marginados, a caballo entre la prostitución y la pequeña delincuencia. Dominique les pedía que fueran a su casa con la esperanza de ganar algún dinero, y ellos consentían en ser atados como parte del intercambio sexual. En esa situación de indefensión, Dominique los asesinaba mediante la asfixia por estrangulación.

Este asesino serial habitaba dos mundos. En el primero, era un hombre de bien, que solía ayudar a la gente cuando se lo pedían. A pesar de que su estatus social y su homosexualidad (fuertemente estigmatizada, lo que le ocasionó muchos problemas en su adolescencia) lo mantuvieron toda su vida en libertad en una precaria situación económica, unas Navidades que su familia no disponía de dinero para los regalos, él los compró para todos. Meses antes de su arresto pasaba horas de los domingos ayudando en actividades sociales con los ancianos de su comunidad. Su ahijado comentó lo generoso que solía ser con él y su madre. Después de su arresto, fue innumerable la gente que quería testificar a su favor.

¿Cómo conciliar esta imagen con la de un asesino en serie? Lo cierto es que antes de su detención el 1 de diciembre de 2006, Dominique ya tenía dos antecedentes penales por violación (víctima masculina),* vandalismo, conducción temeraria y acoso telefónico. Podemos buscar en su infancia y años posteriores hechos traumáticos capaces quizá de crear al «monstruo». Como dijimos antes, en la escuela sufrió acoso y tuvo que abandonarla para que cesara esa tortura, algo que le originó un fuerte resentimiento. En una ocasión vio a su madre teniendo relaciones sexuales con su hermano a través de la ventana de la caravana donde vivían. Pero tal vez la experiencia más decisiva ocurrió en 1996, cuando estuvo

* En forma de acusaciones que luego no prosperaron por incomparecencia de las víctimas, pero estos hechos fueron reconocidos frente a Craig T. Forsyth, quien entrevistó largamente a Dominique.

tres meses encarcelado por un delito de violación (fue liberado porque la víctima no apareció y el caso fue sobreseído). En esa ocasión relata que fue violado. «El desencadenante para que Ronald se convirtiera en un asesino en serie fue que su segunda víctima provocó que fuera a la cárcel, donde fue violado. Esa experiencia lo empujó a matar a sus víctimas después de tener sexo con ellas [...] no quiso dejar testigos que pudieran enviarlo de nuevo a la cárcel».

Ronald fue un asesino motivado por la necesidad de trascender su vida anodina y precaria a través del poder del crimen, que también obtenía un placer intenso derivado de la combinación del ejercicio de ese control junto con el sexo, en especial mientras se producía el asesinato mediante un cable o cuerda.

Atrapar a un asesino en serie es muy difícil, porque llevan una vida normal y no provocan sospechas en sus amigos, familia o compañeros de trabajo. Ronald Dominique no era un asesino impulsivo, sino más bien lo contrario: mataba de forma muy elaborada, con rituales bien establecidos, y diseñaba cuidadosamente la escena del crimen. Llevaba a sus víctimas a lugares seleccionados por él previamente, donde tenía sexo y luego las mataba: su casa, pero también su coche o un almacén donde guardaba cosas. Y en todos los casos tenía preparada la cuerda o el cable con el que las dejaría inermes.

Dominique tiene un ritual, una fantasía. El crimen lo seduce de una manera para los demás inexplicable, pero real. Jack Katz —a quien ya conocemos por su concepto de «masacre íntima»— explicó que «cometer un crimen no es en absoluto un acto mundano o meramente instrumental, sino que está imbricado en una "dinámica sensual": en el preciso momento de realizarlo, el delincuente siente una atracción especial que lo impulsa al acto». Pero si esto se puede decir de cualquier crimen, para el asesino en serie esa *atracción es permanente,* conforma en verdad su mundo auténtico, porque puede experimentar dicha atracción cada vez que activa su almacén oculto de fantasías, que está latente cuando se ocupa de rellenar su papel en sus actividades mundanas. El asesino de Pioz, mediante sus mensajes de WhatsApp, reveló con toda crudeza esa seducción que sentía en la ejecución de cada uno de los miembros de su familia.

¿CÓMO SURGE UN ASESINO EN SERIE? LA TEORÍA DE LA IDENTIDAD FRACTURADA

Las teorías más importantes surgieron de las entrevistas realizadas por periodistas o policías (FBI) a asesinos encarcelados, y de entre ellas tomó preeminencia la que podríamos calificar como el «síndrome de la identidad fracturada», cuyo antecedente literario sería la obra de R. L. Stevenson que tiene al doctor Jekyll como protagonista. Lo importante es que muchos asesinos explicaron sus actos a través de esa imagen cultural icónica, lo que dio pie también a los investigadores a considerarla como cierta. Veamos esto con más detalle.

Ted Bundy, uno de los grandes asesinos en serie de la historia, explicaba que las docenas de jóvenes que murieron a sus manos en la década de 1970 en varios estados norteamericanos fueron en verdad las víctimas de su «otro yo»; que, sin que él pudiera evitarlo, se apoderaba de su ser un monstruo inexplicable y letal.

Esta teoría del «monstruo en mi interior», la de alguien depravado que toma el control en momentos definidos de una persona por lo demás normal y corriente la mayor parte del tiempo, nos recuerda poderosamente a la novela de Stevenson, escrita en 1886: *El extraño caso del doctor Jekyll y mister Hyde.* En esta, el doctor Jekyll, deseoso de comprobar si su ciencia puede desligarle de la conciencia y del temor de Dios, crea un bebedizo que genera un ser amoral y repugnante durante el tiempo en que se mantienen los efectos de la pócima, de tal suerte que es Hyde, y no Jekyll, quien toma las riendas de su vida hasta que pasan los efectos de la droga. Como sabe el lector, la personalidad del monstruo irá tomando progresivamente el control, mientras que el doctor ve resignado que nada puede hacer contra él, y finalmente solo la muerte podrá restituirle el alma original de su ser.

Ignoramos si Bundy había leído la novela de Stevenson o la conocía por su tratamiento cinematográfico, pero en todo caso es obvio que esa idea o concepto del ser maligno que se adueña de su anfitrión hasta convertirlo en un demonio estaba ya fuertemente instalada en nuestra cultura. En otras palabras, los asesinos son también fruto de la cultura y de la historia que han conformado la época en la que viven, y la creación artística, singularmente las formas que versan sobre el arte de crear historias (primero la literatura y el teatro, y luego el cine), como parte también de la cultura, han influido asimismo en la mente de aquellos, sean conscientes de ello o no.

Así pues, Bundy, cuando asegura que mata porque hay «un monstruo dentro de mí», no hace sino apropiarse de la idea central de la novela de Stevenson. Por supuesto, Bundy no ha sido el único en justificar de este modo sus crímenes. En la amplia utilización por muchos asesinos de esta excusa para presentar sus crímenes ante la sociedad con una cierta coherencia, vemos hasta qué punto la ficción ha inspirado o influido en el modo en que la realidad se presenta ante nosotros. La ficción, entonces, ayuda a crear monstruos no solo en la imaginación, sino en la vida real, y no me refiero a que los cause, sino a que contribuye a darles forma, porque la ficción se integra en la cultura, y los asesinos también la absorben mientras se hacen adultos.

¿Hasta qué punto los investigadores han asumido también este relato canónico para, aceptando las explicaciones de los asesinos seriales, proponerlo como una teoría plausible del origen del asesinato serial? El célebre criminólogo Ronald Holmes, de la Universidad de Louisville, propuso la teoría de la identidad fracturada, recogiendo aportaciones de otros autores (como la del sociólogo Erving Goffman), donde se describe la existencia de un *yo público*, ajustado a las normas y expectativas sociales, y de un *yo oculto*, conocido únicamente por el individuo o unos pocos allegados, que constituye la identidad real o esencial del sujeto. En el asesino serial su imagen de «tipo normal» es el papel del yo social, como un actor que se muestra ante una audiencia que espera de él un determinado tipo de comportamiento. Pero detrás de esa fachada está la identidad real y oscura, terrible, de alguien que persevera en su naturaleza esencial mediante el control violento y el homicidio.

¿Qué es lo que causa ese yo dividido? Algunos autores subrayan que, en general, durante sus años de escolaridad primaria todo parece normal, no hay nada que pudiera predecir un comportamiento tan extremo en la edad adulta. Sin embargo, en sus años de adolescencia ocurre un hecho o una serie de hechos que generan un efecto devastador en su psique, provocando esa fractura en su identidad. El profesor de la Universidad de Luisiana Craig J. Forsyth escribe: «El término "fractura" significa que hay una rotura pequeña de su personalidad. No es una destrucción total; la personalidad "antigua" no queda destruida: un pequeño pero muy nocivo segmento de ella queda configurado y ocupa su lugar junto a la personalidad en su conjunto. Generalmente esa fractura no es observable por el mundo exterior, solo la siente el asesino serial». Así es: este *siente* esa parte nociva de su personalidad en su interior, y además puede recordar la circunstancia que la provocó.

Mi opinión acerca de esta teoría es ambivalente. Por una parte, en un sentido fáctico, es del todo cierto que la gran mayoría de los asesinos en serie presenta una imagen exterior y pública de respetabilidad, con la excepción de sujetos que, muchas veces aquejados por enfermedades mentales, viven en situación de marginalidad, como el caso español del Matamendigos (Francisco García Escalero). Su naturaleza esencial, sin embargo, es esa personalidad oscura y oculta: podríamos decir que ellos obtienen el sentido de la existencia mediante los asesinatos, por perverso e insano que esto pueda parecer. Ahora bien, esto no significa que tal duplicidad lo convierta en alguien que posee «dos personalidades», como si fuera el protagonista de la película *Múltiple* (2016), es decir, alguien que tiene un trastorno disociativo de la personalidad, y que cuando mata es porque la otra personalidad «toma el mando» (lo que no excluye que de forma excepcional se hayan descrito tales casos). El sujeto es del todo consciente de que, cuando actúa de forma convencional en la sociedad, sus actos son encubridores de su actividad homicida, y es muy habitual que utilice sus actividades cotidianas para explorar lugares o víctimas propicios para sus crímenes (un ejemplo excelente de esto es Dennis Rader, alias BTK, del que nos ocupamos después).

En otras palabras, la «identidad fracturada» no es sino un término que en realidad no pasa de describir el hecho de que, en un momento determinado, un sujeto aparentemente «normal» inicia una vida oculta en la que comete crímenes muy graves. Que tal inicio u origen del homicida en serie se deba a los eventos traumáticos acontecidos en su infancia o adolescencia no deja de ser una hipótesis que no se ha podido demostrar de forma satisfactoria, por tres razones. La primera es porque, si bien existen abundantes casos en los que el asesino serial sufrió graves abusos en la infancia (como el comentado Dominique o el famoso Edmund Kemper, entre otros muchos), no son tampoco la gran mayoría, o al menos esto no se ha demostrado empíricamente. Es decir, existen muchos asesinos en serie que no presentaron este tipo de antecedentes de abuso. Uno de los más famosos, Jeffrey Dahmer, el llamado Caníbal de Milwaukee, explícitamente rechazó que sus padres o su infancia tuvieran nada que ver en el origen de su carrera de asesinatos. La segunda razón es que tampoco queda del todo establecido que, en los casos en los que se dieron esos abusos, estos fueran la causa principal de que se convirtieran en asesinos seriales. Y la tercera es que, entre todos los niños gravemente maltratados, solo una ínfima parte se convierten en asesinos. Y por descontado una muy pequeña porción de esta última llega a ser un asesino serial.

Luego es evidente que la teoría del trauma infantil, por sí sola, no puede explicar esta forma de delincuencia en la gran mayoría de los casos. Lo cierto es que actualmente no existe una teoría satisfactoria que explique el origen del asesinato serial.

LAS VÍCTIMAS DE LOS ASESINOS EN SERIE

Esa identidad real oculta les da mucha ventaja cuando se convierten en cazadores, llevados por el contenido de sus fantasías (que nos informan de los deseos profundos del sujeto). Existe una teoría en criminología denominada «las actividades cotidianas», que postula que para que ocurra un delito han de coincidir tres factores o circunstancias:

a) Un sujeto motivado para cometer el delito.
b) La presencia de una víctima (u objeto) apetecible.
c) La ausencia de guardianes capaces de repeler la acción delictiva.

¿Quiénes son las víctimas preferidas de estos cazadores? En un sentido amplio, cualquiera puede ser la víctima de un asesino en serie, pero no todos tienen la misma probabilidad. En realidad, si teniendo en cuenta esos tres factores nos preguntamos quiénes son los que, en el transcurso de sus actividades cotidianas, tienen una mayor probabilidad de tropezarse con asesinos motivados sin la presencia de guardianes capacitados para defenderlos, llegaremos a la conclusión de que son las mujeres que se prostituyen los objetivos ideales: personas que pueden desaparecer sin que nadie dé la voz de alarma, o al menos en un tiempo razonablemente corto, y que en virtud de su vida cotidiana se exponen a estar en presencia de personas motivadas para matarlas en lugares muy poco aptos para que pudieran obtener ayuda en su defensa. El asesino de Long Island, todavía por identificar, es un ejemplo actual de depredador de prostitutas. En España, el último asesino serial conocido, el denominado «falso monje shaolín», fue un asesino de prostitutas; y uno de los más importantes de los últimos veinte años del siglo XX en nuestro país, el castellonense Joaquín Ferrándiz, tuvo a tres prostitutas entre sus víctimas.

Pero no solo ellas. Un estudio realizado por Chris Grover y Keith Soothill sobre 375 víctimas de los asesinos en serie de Reino Unido a partir de 1960 halló que, a diferencia de lo que ocurre con los asesinos de una sola víctima (cuyas víctimas son generalmente otros hombres), los asesinos seriales se cebaron con cinco grupos de la sociedad: (a) hombres homosexuales, (b) personas mayores/ancianos, (c) niños, (d) prostitutas y (e) vagabundos o personas errantes. Cuatro de estos grupos estaban dominados por mujeres y chicas. Las víctimas más abundantes formaron parte del grupo de mujeres ancianas, hasta alcanzar un sorprendente 70 por ciento.

Este estudio puso de relieve que la idea extendida de que las víctimas de los asesinos en serie son chicas caucásicas de clase media o superior (el ideal, por otra parte, de Ted Bundy) es falsa. La mayoría de las personas objeto del homicidio serial pertenecen a la clase media baja o baja, e incluso claramente marginal, algo en lo que, por otra parte, sí coinciden con las víctimas de los «asesinos únicos» o que matan una sola vez.

¿Por qué las víctimas son de clases desfavorecidas? Esta es una pregunta interesante, y la respuesta más probable es que son las personas más vulnerables o menos protegidas, tal y como pone de relieve la teoría de las actividades cotidianas. De algún modo podríamos decir que son los grupos sociales perdedores en la feroz lucha competitiva que existe en la sociedad de mercado en la que vivimos, es decir, la gente depauperada, que poco puede ofrecer ya a la economía productiva del país, algo que se vio muy claramente en el caso del célebre asesino ruso el Caníbal de Rostov, Andréi Chikatilo, que mató a docenas de niños y adolescentes en la Rusia rural y deprimida que siguió a la caída del comunismo, sin que nadie en la élite de Moscú se interesara por la suerte de todos ellos hasta que los muertos llegaron a ser demasiados (52 víctimas en total). Los espacios físicos que habitan las víctimas en las ciudades de Occidente ponen de relieve que los lugares favoritos de los asesinos en serie son zonas deprimidas en buena medida desocupadas o lugares que en la noche ofrecen prostitución, alcohol y gente de paso, sitios donde tanto las víctimas como los asesinos están relativamente a salvo de la mirada y la protección de la ley.

Sin duda es interesante el concepto de espacio marginal y poco vigilado como coto de caza del asesino en serie: lugares poco protegidos y víctimas poco «valiosas» para el mercado aparecen con mucha frecuencia en el *modus operandi* de estos criminales, y muchas de ellas responden a este patrón, sobre todo en países donde abundan los asesinos en serie y se han realizado estudios al respecto, como Reino Unido y Estados Unidos. Sin embargo, no debemos olvidar que en la historia del crimen son muchas las víctimas con un buen nivel socioeconómico que mueren en lugares igualmente solventes, como reveló el caso del asesino del barrio del Putxet, en Barcelona, Juan José Pérez Rangel, que mató a dos mujeres de clase alta y fue apresado mientras preparaba el tercer crimen, e incluso muchos casos de asesinos en serie de Estados Unidos, como el ya comentado Ted Bundy (estudiantes universitarias), Albert DeSalvo, el llamado Estrangulador de Boston (sus víctimas eran mujeres de clase media), el propio Dennis Rader, alias BTK (*bind* [atar], *torture* [torturar] y *kill* [matar]), que no discriminó a sus víctimas por su profesión o clase social, y otros muchos.

MOTIVOS Y NECESIDADES

El asesino en serie, como señalé antes, está altamente motivado para matar; de hecho, la violencia extrema contra otro ser humano responde a su naturaleza esencial. Cada crimen es una expresión de sus necesidades psicológicas, que establecen objetos del deseo mediante —normalmente— elaboradas fantasías. ¿Qué necesidades son estas? La que domina, la más importante, la que está en todos los asesinos en serie es el poder y el control. Podríamos decir que, incapaces en muchos sentidos de generar vínculos profundos con las personas allegadas (o que podrían estar cercanas a él), sustituyen las metas que toda persona normal desarrolla en la vida —y que están fuertemente orientadas por sus vínculos de afecto—, por la emoción y los sentimientos que les producen el poder y el control que logran mediante sus acciones homicidas.

Junto con ese motivo central, pueden darse otros: el sexual, que puede expresarse de forma sádica o mediante la ira; la propia ira sin que tenga que asociarse al impulso sexual, y muchas veces canalizada en un sentimiento de venganza con frecuencia difuso (y que podemos entender como relacionada más o menos directamente con ciertos hechos dolorosos de su pasado); el lucro o el estatus, como se observa en los célebres casos de «viudas negras» y en su opuesto masculino (vividores que se lucran de sus conquistas y luego las matan); la causa o motivación patológica, propia de sujetos que desarrollan una grave enfermedad mental (una psicosis como la esquizofrenia o un trastorno delirante) y generan un relato paranoico que los lleva a matar; y el deseo de obtener fama y reconocimiento, lo que suele ir asociado a la excitación de batir a la policía y demostrar sus habilidades criminales.

Algunos autores prefieren usar tipologías. Quizá la más célebre sea la de Ronald M. Holmes y Stephen T. Holmes, y en ella se distinguen cuatro tipos:

a) *El hedonista*: busca la gratificación sexual, y puede realizar actos de sadismo y desmembramiento del cuerpo.

b) *El visionario*: se corresponde con el asesino psicótico o enfermo mental grave. Mata porque oye voces que le impelen a hacerlo o tiene una visión en la que él aparece como «elegido» para llevarla a cabo.

c) *El motivado por el poder y el control*: se siente erotizado por el poder ejercido sobre la víctima, la despersonaliza.

d) *El misionero* (que cumple una misión): se diferencia del visionario porque no es un psicótico, sino que actúa por el deseo de librar a la comunidad de un tipo indeseable de persona, como las prostitutas, por ejemplo, o gente de color.

Una vez más, el problema con las tipologías es que muchas veces no definen bien a los sujetos en concreto; no existe un asesino en serie típico, pero tampoco suele ser común un puro ejemplo de asesino que encaje en una categoría determinada. Por ejemplo, un «misionero» podría sentirse igualmente erotizado por el poder ejercido sobre la víctima, y realizar actos sádicos propios del «hedonista». Además, como ya comenté anteriormente, *todos los asesinos en serie se sienten motivados por la necesidad de poder y control que obtienen al planificar y ejecutar un crimen*, por lo que hacer en exclusiva una categoría para este grupo no resulta particularmente útil en la investigación criminal. Resulta difícil decir que un asesino hedonista y sádico no disfruta del poder que ostenta sobre su víctima.

Por todo ello entendemos que es preferible definir cada caso en concreto, es decir, describir la psicología del asesino en función de las escenas del crimen que realiza, lo que no es obstáculo para que podamos analizar en qué medida determinados aspectos del *modus operandi* pueden ir asociados a través de las muestras que podamos estudiar de asesinos en serie. Por ejemplo, si pudiéramos afirmar mediante estudios empíricos que determinadas características de personalidad van asociadas con formas concretas de proceder en la selección de la víctima y en los actos de violencia que realiza sobre ella, eso sería una ayuda relevante para las fuerzas policiales de aquellos lugares en los que al menos se han obtenido las muestras para realizar el estudio.* No obstante, se trata de un proceso que requiere que la investigación se vaya acumulando en el tiempo, hasta el punto en que se puedan establecer relaciones de este tipo con la suficiente fiabilidad como para que sea realmente útil en la labor policial, permitiéndole ahorrar tiempo y esfuerzos baldíos. Hasta que lleguemos a ese desarrollo de la investigación, lo fundamental será la capacidad del investigador para comprender el relato del asesino (sus fantasías) mediante el análisis riguroso de las conductas que pone en práctica para los diferentes asesinatos.

Así pues, hay que tener cuidado con los estereotipos y creencias acerca de los asesinos en serie que son erróneos pero están ampliamente extendidos entre los medios de comunicación e incluso entre policías y otros analistas ocasionales del crimen serial. Por ejemplo, que son siempre de raza blanca; que son siempre hombres; que todos los críme-

* Ese es el sistema que ha impulsado con determinación la llamada «psicología investigadora», liderada por David Canter, de la Universidad de Liverpool.

nes son de motivación sexual; que «no pueden parar de matar»; que tienen una inteligencia superior, o que en su fuero interno desean ser capturados.

Probablemente muchas de esas creencias provienen del origen de la investigación criminal, liderada por el FBI a principios de los años setenta. En concreto, la imagen icónica del asesino en serie brillante y audaz, genio del crimen, fue desarrollada por la famosa BSU (Unidad de Ciencias del Comportamiento o *Behavioral Science Unit*, en sus siglas en inglés) del FBI mediante los libros de «crimen real» y su exposición en los medios, lo que alcanzó su clímax cultural en las novelas y películas de asesinos en serie que siguen sucediéndose desde los años noventa hasta la actualidad, a lo que habría que sumar numerosas series de televisión. Ciertos autores son mordaces en este punto, y atribuyen un afán de notoriedad por parte del FBI en la creación de tal estereotipo, así como un modo de disculpar sus fracasos, que también los hubo. No obstante, sería injusto no reconocer que en los años en que se creó y tomó forma la BSU (los setenta y los ochenta) coincidieron una pléyade de asesinos seriales verdaderamente brillantes y escurridizos: Ted Bundy, Gary Leon Ridgway (alias el Asesino del Río Verde), Dennis Rader (alias BTK), Theodore Kaczynski (alias Unabomber), o John Wayne Gacy, quienes acumularon muchas víctimas y presentaron un formidable desafío en aquellos años incipientes de la elaboración de los perfiles criminales y de los criminólogos forenses especializados en ellos.

LA IMPORTANCIA DE LA OCUPACIÓN DEL ASESINO Y LOS DESPLAZAMIENTOS COMO FUENTE DE LA FANTASÍA HOMICIDA

Si el ejercicio de determinadas profesiones y la posición social de una persona la hacen más probable de ser una víctima de un asesino en serie, ¿podríamos decir lo mismo acerca de la facilidad con la que un asesino en serie podría actuar? Para contestar a esta pregunta tenemos que analizar no tanto la psicología del asesino, sino su estilo de vida, estudiando de qué modo su ocupación y el modo de desplazarse le proporciona víctimas y oportunidades para cometer los crímenes. Por ejemplo, la tipología de Ronald M. Holmes y Stephen T. Holmes desarrollada en 1998 —presentada anteriormente: asesino de poder y control, misionero, etc.— se basa exclusivamente en la supuesta motivación del sujeto, sin considerar la actividad profesional realizada ni los lugares por los que transita; de ahí la importancia de los estudios sobre perfiles geográficos que han proliferado en los últimos años.*

En un interesante estudio, los investigadores británicos Adam Lynes y David Wilson analizaron los empleos de los asesinos en serie británicos, intentando averiguar cuál era el papel que podía desempeñar el trabajo del asesino en la realización de sus actos criminales, particularmente en la generación de las condiciones facilitadoras para seleccionar a las víctimas, así como para determinar el *modus operandi* que siguieron para sus ataques. Para ello, mediante la consulta de reportajes de prensa, libros de no ficción criminales (lo que se conoce en inglés como *true crimes*) y transcripciones de juicios, recogieron información de 34 asesinos en serie que habían actuado en Inglaterra desde finales de la Segunda Guerra Mundial hasta 2010.

Los autores hallaron que 14 asesinos seriales pertenecían a la categoría de desempleados cuando realizaron sus crímenes. De entre los ocupados (los restantes veinte), ocho sujetos fueron clasificados en empleos que aportaban una gran autonomía debido a que eran conductores o tenían

* David Canter da una descripción muy interesante del asesino serial Robert Black, al que él denomina el Asesino Viajero.

que conducir durante buena parte de su jornada laboral, como era el caso de conductores de camión o de furgonetas de reparto. Un ejemplo destacado de esta categoría fue Peter Sutcliffe, el llamado Destripador de Yorkshire, que fue condenado a cadena perpetua por matar a 13 mujeres y atacar a otras siete entre 1975 y 1980. Otros empleos tenían una menor representación, como es el caso de los negocios, el sistema sanitario o servicio público o privado (cuatro asesinos en cada grupo).

El Destripador de Yorkshire

El estudio detallado de Peter Sutcliffe es, como decimos, un ejemplo muy relevante para analizar la importancia que tiene el trabajo desempeñado en el desarrollo de las fantasías, motivación y *modus operandi* del asesino. En sus primeros empleos, donde prestó servicios de enterrador y luego como empaquetador en una fábrica de televisores, mostró una personalidad muy introvertida, y es interesante destacar cómo ambas actividades se realizaban en soledad y requerían una labor manual intensa.

Un punto de inflexión importante fue su empleo como conductor de camiones en 1975, ya que va a ser trabajando aquí cuando realizará la mayoría de sus ataques homicidas. De sus declaraciones a la policía es posible extraer algunas ideas y temas importantes, de entre los cuales nosotros destacamos los relativos a la relación entre su empleo y sus crímenes. En primer lugar, Sutcliffe mencionó cómo la posibilidad de conducir le permitía huir rápidamente de la escena del crimen, lo que le proporcionaba tiempo para regresar a su casa o a un lugar seguro, recomponerse y guardar o deshacerse de elementos de la escena del crimen que lo pudieran incriminar (como un martillo, herramienta que él utilizó en sus ataques, o ropa manchada de sangre:

«En mi casa iba al garaje y, por ejemplo, si veía que mis vaqueros tenían manchas de sangre, entonces los lavaba», declaró en el juicio).

Sutcliffe reconoció desplazarse a diferentes lugares con el solo propósito de encontrar víctimas, algo que podía hacer aprovechando sus rutas de trabajo o disponiendo de un tiempo de la actividad laboral para su uso privado, o simplemente viajando fuera de las horas laborales. Es notable el hecho de que sus desplazamientos frecuentes le permitían tener una perspectiva amplia de la geografía de sus crímenes, por ello llegó a afirmar, por ejemplo: «Cuando vi que las cosas se estaban poniendo difíciles para mí [por la presión policial] en Bradford o Leeds, entonces decidí ir a Manchester para matar a una prostituta». En otras palabras, el hecho de conducir y desplazarse le permitía seguir cometiendo crímenes sin la tensión derivada del miedo a ser capturado; sencillamente buscaba su siguiente víctima en otro lugar.

El asesino atacaba preferentemente a prostitutas, merodeaba por los barrios donde ellas abundaban, y las ciudades de York, Bradford, Halifax y Manchester aportaron las víctimas. El actuar en diferentes lugares complicaba la investigación: por una parte, porque dificultaba la coordinación de las diferentes fuerzas policiales; y por otra porque muchos de sus crímenes, cometidos fuera de las horas de trabajo, se desarrollaron con la presencia de Sutcliffe acudiendo con coches diferentes. Esto hacía que fuera difícil conectar los asesinatos realizados en ciudades diferentes, porque la información de los vehículos proporcionada por los testigos no coincidía. En la medida en que las entregas que tenía que realizar Sutcliffe con su camión le exigían viajar a lugares más alejados, tenía la posibilidad de encontrar nuevos escenarios donde acudir posteriormente con su vehículo particular y atrapar a sus víctimas, así como para conocer bien las direcciones que debía tomar para acceder rápidamente a ellas y luego huir del lugar.

Ahora bien, el coche no es solo, como vemos, un elemento esencial en la victimología y *modus operandi* del asesino, sino también una especie de refugio psicológico. Me refiero a que se siente seguro en el coche, y dispone en él de tiempo para pensar, tanto cuando se dirige a la población donde quiere actuar como cuando regresa en busca de la seguridad de su hogar. En ese tiempo puede racionalizar lo sucedido y prepararse mentalmente para integrar estos episodios dentro de una vida que sigue efectivamente una rutina. Desde el punto de vista criminológico, este lugar seguro adquiere también un papel facilitador en la fantasía sexual y criminal de Sutcliffe, una circunstancia que puede ser vivida con deleite, lo que realmente exige que el asesino *no* distorsione (oculte) la realidad y acepte ser lo que es: «Sentía una compulsión interior que me llevaba a matar a una prostituta [...]. Incluso no veía el momento de tener sexo con ella [...]. Quería hacer lo que tenía en la cabeza cuanto antes». Estas palabras revelan con claridad la importancia del asesinato como seducción. Sutcliffe está fascinado por la experiencia de la acción de matar a otra persona; lo que hace y lo que siente se mezclan en una ética y una estética: la crueldad como expresión de su auténtico ser que ha de expresarse mediante la estética del asesinato, que se inicia con las fantasías y concluye con los recuerdos del hecho, y en medio todas las sensaciones (visuales, auditivas, olfativas, táctiles, kinestésicas...) de la interrelación entre el asesino y la víctima.

Llegados a este punto, recordemos que los anteriores empleos de Sutcliffe implicaban un trabajo intenso en soledad. El pasado del asesino es siempre importante cuando estamos en el proceso de su captura; como afirman dos criminólogos destacados, «las acciones y actividades del pasado ayudan a impulsar las conductas del presente, del mismo modo que nuestro coche podría llevarnos casi sin que lo condujéramos al trabajo o al supermercado», esto es, una vez instalado un patrón o rutina de modo sólido, se abre un camino que «naturalmente» puede llevarnos a conductas y escenarios que desarrollan ese patrón. De este modo, aprendió a estar solo y a desarrollar unas fantasías de violencia antes de cometer su primer asesinato.

Hay pruebas que señalan que Sutcliffe tenía deseos necrofílicos mientras trabajaba de enterrador,* y antes de su primer asesinato en 1975 ya era un tipo bien conocido en el barrio chino de Bradford, lugar donde fue arrestado en 1969 por llevar un martillo, el cual —pensó la policía— estaba destinado a ser empleado en robos con allanamiento. En ese mismo año tuvo una pelea seria con una prostituta, y consta que en esa época había golpeado también a otra con una piedra inserta dentro de un calcetín.

Así pues, el Destripador de Yorkshire había iniciado años antes de sus asesinatos unos patrones de comportamiento que se acrecentaron y consolidaron durante su carrera homicida: el gusto por los barrios de prostitución, el empleo del martillo (arma favorita en sus ataques a las prostitutas) y la necesidad psicológica de tener un trabajo que le ofreciera autonomía y soledad para consolidar un pensamiento maniático-sexual y disponer de espacio para imaginar las escenas de sus crímenes y poder salir indemne de ellos.

En resumen, el comportamiento de Peter Sutcliffe fue *extraordinariamente racional*, ya que en todo momento intentaba aprovechar las ventajas de su profesión para acceder a sus víctimas y escapar de la policía. Él nunca utilizó el camión de la empresa para atacar en los distritos rojos o de prostitución, sino que se limitaba a estudiar la zona en cuanto a sus accesos y salidas; luego utilizaba su propio vehículo —que, ya lo mencioné, cambiaba con frecuencia: hasta cinco coches llegó a utilizar en su período criminal— para ac-

* Una vez capturado, Sutcliffe declaró que fue en aquel período de su vida cuando escuchó la voz de Dios ordenándole matar prostitutas.

ceder a los lugares donde podía disponer de una prostituta. Sin embargo, esta racionalidad no excluía la enfermedad mental, ya que es claro que muchos enfermos mentales pueden actuar con premeditación y sagacidad. Hay una opinión mayoritaria que define a Sutcliffe como esquizofrénico paranoide, un tipo de psicosis que se asocia a la violencia, dado que son sujetos que se sienten perseguidos o amenazados, o bien albergan ideas delirantes acerca de lo que deben hacer de modo prioritario. Sin embargo, una minoría importante de los analistas consideró que su enfermedad mental no justificó su carrera criminal, que en todo momento podía haber obrado de otro modo.

Dennis Rader, alias BTK

Otro ejemplo notable para explicar la importancia de la ocupación y el modo de desplazamiento de los asesinos en serie aplicados a la comprensión de las fantasías y el *modus operandi* de los asesinos seriales fue el realizado por el criminólogo de la Universidad de Birmingham David Wilson y su equipo, quienes examinaron la actividad criminal de Dennis Rader, alias BTK, un caso muy bien documentado por la grabación íntegra del juicio, que pudieron revisar minuciosamente, y el acceso a muchas publicaciones que siguieron y explicaron con mucho detalle tanto los crímenes como las pruebas forenses halladas. A pesar de que, en palabras del célebre perfilador geográfico Kim Rossmo, BTK es un asesino «estable» —todos los crímenes ocurrieron en Wichita (Kansas)—, lo que hace realmente interesante a BTK es comprender hasta qué punto desempeñar una ocupación y disponer de un espacio donde generar la fantasía homicida condicionan las posteriores escenas de los crímenes.

Dennis Rader, alias BTK, era un agente cívico que supervisaba el cumplimiento de las ordenanzas municipales en Wichita, en el estado de Kansas. Permaneció activo desde 1974 hasta 1991, y acumuló diez víctimas mortales. En 2004 envió una carta al *Wichita Eagle* protestando porque un reportaje que se ocupaba de su carrera no le adjudicara un asesinato que había cometido. Esa correspondencia, guiada por la policía, permitió al fin su captura. Rader era un asesino con una fantasía muy elaborada; dibujaba con antelación y posteriormente las escenas de los crímenes, hacía innumerables fotos y tenía elementos sádicos fundamentados en tipos de ataduras complicadas y una muerte agónica de sus víctimas, entre las que hubo sobre todo mujeres, pero también asesinó a niños con igual placer.

Rader tuvo dos trabajos que le permitían desplazarse continuamente. Primero como (irónicamente) instalador de alarmas de la compañía ADT, y luego como agente cívico del ayuntamiento de Wichita. Desde el primero de sus crímenes (la familia Otero, 1974), se puede observar que la camioneta que conducía le permitía tanto inspeccionar las calles y casas para buscar una víctima propicia (en inglés, *trolling*) como desarrollar un mundo de fantasías muy elaborado en la intimidad de su cabina.

Con respecto al primer punto, es importante darse cuenta de que Rader usaba la camioneta para generar las condiciones que, de acuerdo con la teoría de las actividades cotidianas, le permitían encontrar víctimas en situación de vulnerabilidad. Por ejemplo, se podía desplazar desde donde vivía (el distrito de Park City) hasta los lugares donde residían las víctimas, a varios kilómetros de distancia, y cuando Rader cambió su *modus operandi* y atacó a Marine Hedge, una vecina, y a Dolores Davis, que vivía más cerca de Rader que sus víctimas anteriores, entonces usó los vehículos propios de sus víctimas para mover los cuerpos hacia lugares más retirados, donde la tarea de encontrarlos sería más difícil, creando de este modo el asesino un espacio mayor entre él y sus víctimas.

El uso del vehículo también le permitió otra ventaja: disponer de más tiempo para estar con sus víctimas, tanto antes de matarlas como después, porque contaba con este para poder marcharse con relativa tranquilidad. Siempre fue muy cuidadoso repasando la escena del crimen para no dejar ninguna prueba forense, y tenía su coche preparado con las llaves puestas por si tenía que huir de forma imprevista. Un buen ejemplo de la utilidad del vehículo en el sentido de estar más tiempo *post mortem* con las víctimas fue el asesinato de Marine Hedge, a quien, después de asesinarla en su casa, transportó hasta la iglesia luterana de Cristo, donde tenía el puesto del presidente del consejo, y pasó con ella varias horas en el solaz de su perversión de *bondage*, buscando la fotografía perfecta («Ella estaba ya muerta, así que la fotografié de diferentes formas, atada; y eso es probablemente lo que me hizo meterme en líos, el asunto del *bondage*», declaró en el juicio). Posteriormente condujo 10 kilómetros más para dejar el cadáver bien lejos de su residencia.

Así pues, el vehículo constituyó un poderoso apoyo logístico para buscar, observar y seleccionar a sus víctimas. A esto hay que añadir que cuando trabajó como instalador de alarmas y luego como agente cívico tuvo la gran oportunidad de aprender, mientras desempeñaba sus tareas, a ser un delincuente más fiable, ya que podía escudriñar mientras hablaba con sus víctimas y encontraba en sus casas lugares donde esconderse o formas de poder entrar sin ser detectado.

Pero hay otro aspecto, que ya anunciábamos antes, que unía a Rader con su camioneta. Debido al tiempo que pasaba conduciendo y valorando la accesibilidad de los lugares para poder luego cometer sus crímenes, su furgoneta constituyó un espacio físico donde poder crear el espacio de imaginación en el que solazarse con sus fantasías sexuales. Las fantasías preferidas de Rader eran el *bondage* y la estrangulación, algo que se remontaba a su infancia, cuando ataba y estrangulaba a los animales. Así pues, mientras estaba en su tarea de *trolling*, dando vueltas con su camioneta, Rader pensaba en sus fantasías, las ensayaba en su cabeza, libre de las restricciones de las normas morales de la sociedad. No cabe duda de que el espacio seudorreal de su imaginación, elaborado mientras conducía, generó en él una necesidad de pasar a la acción y cometer los crímenes. Una buena prueba de ello fueron las fotografías y dibujos que llevaba en su camioneta, algunos extraídos de sus crímenes y otros elaborados por él.

LOS ASESINOS EN SERIE Y LA MODERNIDAD

Los asesinos en serie comparten con los asesinos múltiples la visión que tiene la sociedad en relación con la naturaleza de sus crímenes: son siempre algo incomprensible; sin embargo, tanto unos como otros tienen sus razones, y sin duda tales «razones», así como el modo en que se manifiestan en el acto homicida, están fuertemente impregnados por la cultura en la que se hallan inmersos. Desde el capítulo primero de este libro estoy enfatizando que los relatos que se esparcen y prosperan en una cultura conforman también elementos fundamentales de los relatos que elaboran los individuos para construir su identidad y adoptar comportamientos congruentes con esa identidad.

Centrándonos ahora en el asesinato serial, no cabe duda de que existen múltiples teorías (psicobiológicas, psicológicas y sociales) para intentar explicar qué hace que un sujeto se convierta en un asesino en serie, pero de lo que caben pocas dudas es de que, al menos en su prevalencia y en su forma de actuar, los asesinos seriales están muy influidos por la cultura, y por ello es necesario estudiar de qué modo ocurre esto, porque si no lo hacemos no podremos tener una comprensión real de este tipo de crimen. Kevin Haggerty, profesor de la Universidad de Alberta (Canadá), plantea la interesante hipótesis de que el asesinato serial acusa el impacto de diferentes fenómenos de la modernidad. Por «modernidad» hemos de entender a la sociedad surgida con la Revolución industrial, donde el laicismo, la confianza en el progreso científico y la competencia mercantil sirven para alcanzar un estatus que se logra por la acumulación de bienes, prestigio y poder, a diferencia de la sociedad premoderna regida todavía por clases estancadas y férreos códigos religiosos.* Estamos hablando, en sentido general, del período comprendido entre mediados del siglo XIX hasta la actualidad, pero singularmente de lo acontecido en el siglo XX.

Estos fenómenos de la modernidad destacados por Haggerty son los que proporcionan al asesino en serie su identidad. En otras palabras, la concepción que tiene el propio asesino serial de sí mismo es el resultado de cómo él entiende que en su sociedad y época se define a ese tipo de criminales; y, por otra parte, su abundancia en el siglo XX se explica porque las sociedades modernas proveen de razones y oportunidades para que aquellos puedan prosperar.

Esto lo entenderemos mejor en el análisis de los cinco aspectos de la modernidad que nos propone este autor (véase tabla 5). El primero es *la extraordinaria relevancia* que progresivamente fueron obteniendo *los medios de comunicación social* a lo largo de todo el siglo XX, hasta llegar a la sociedad digital actual. ¿Cómo influyó tal hecho en el asesinato serial? De dos formas. Primero, convirtiendo este fenómeno en un acontecimiento masivo, porque se le proporcionaba mucha más atención que la que representa en términos de

* En términos de los modelos de relaciones sociales que establecen los ideales morales de cómo comportarse, y en relación con la teoría de la violencia moral presentada en el capítulo 1, se trataría del progresivo incremento en importancia e influencia del modelo de la proporcionalidad, donde se establece la necesidad de que la gente obtenga unos beneficios acordes con el esfuerzo desempeñado.

Tabla 5. Las condiciones de la modernidad que crearon el fenómeno del asesino en serie de acuerdo con Haggerty

Las condiciones de la modernidad que crearon al asesino serial	*Descripción*
Los medios de comunicación social	Convierten al asesino serial en un fenómeno masivo y crean una mística de éxito que suscita la imitación. Presentan un modelo copiado por los aspirantes a criminales seriales.
El anonimato y la abundancia de víctimas	La explosión industrial generó un éxodo masivo a las ciudades, llenas ahora de gente anónima y en condiciones de vida penosas; hay víctimas abundantes y muy accesibles.
La mentalidad racional/ utilitarista	La gente deja de estar tan relacionada, lo importante es el rol productivo que da beneficios; esa *deshumanización* quita valor a la vida humana y facilita la actuación del asesino serial.
La cultura del narcisismo	Se fomenta el individualismo y la competitividad feroz; el sentirse superior y con poder es un gran valor social; la sociedad se torna egocéntrica y hedonista.
Denigración de las víctimas	Se crean estereotipos negativos de personas que no están preparadas para triunfar en la modernidad. Las prostitutas y otras personas vulnerables son devaluadas, lo que proporciona un relato al asesino serial que justifica sus crímenes.

su frecuencia dentro del conjunto total de homicidios de un país. Esa tendencia se aprecia ya en el primer asesino en serie de la modernidad, Jack el Destripador, todo un fenómeno mediático en 1888 —año de sus cinco crímenes, en el llamado «otoño de terror»— que nunca ha dejado de resonar. Tal repercusión excita el deseo de alcanzar la celebridad, que es uno de los distintivos del éxito de la modernidad, y hay innumerables ejemplos de asesinos que reclaman esa fama y notoriedad, desde los «clásicos» John Wayne Gacy —que mató a 33 jóvenes varones y los enterró en su mayor parte en el sótano de su casa de Chicago, y se jactaba antes de ser ejecutado de haber sido objeto de estudio en 11 libros publicados y 5 000 artículos en periódicos y revistas— y el Zodíaco, hasta el más moderno Dennis Rader, alias BTK, quien a pesar de asesinar a diez víctimas durante el período comprendido entre 1974 y 1991, todavía en el año 2004 envió una carta al periódico *Wichita Eagle* de Kansas para reclamar su autoría en unos crímenes que el autor del reportaje no le adjudicaba.

El otro modo en que la cultura de los medios moldea el asesinato serial es presentando una imagen —a través de las noticias, pero sobre todo a través de las obras de ficción— de cómo «debería ser» un asesino en serie. No olvidemos que los individuos reciben mucha de su información de los medios, y ven el mundo en cierto sentido condicionados por la representación que aquellos hacen de la realidad. A partir sobre todo de los años sesenta del pasado siglo, los aspirantes a *serial killers* tenían muchas oportunidades para crear su identidad de asesino aprendiendo de lo que veían en la televisión y el cine, donde se ofrecían ejemplos reales o ficticios de asesinos seriales, y de lo que leían en los libros (los menos).

Una segunda condición de la modernidad que propició el auge de este tipo de homicidas fue el anonimato que proporcionaba la explosión del crecimiento de las ciudades debido a las oportunidades de empleo que aportaban fábricas e industrias. Riadas de campesinos e inmigrantes se trasladaron a los núcleos urbanos, y el hacinamiento se hizo algo habitual. Se rompieron vínculos familiares y, lo más importante, los códigos morales propios de relaciones de cercanía en los ambientes rurales desaparecieron entre el hollín y la mugre de las habitaciones donde se alojaban, y la consiguiente promiscuidad, alcoholismo y crímenes que siguieron a tanta precariedad y jornadas de trabajo extenuantes. Y con el anonimato, el asesino serial encuentra muchas más víctimas donde elegir; hay, literalmente, miles de extraños desconocedores del todo de esa amenaza. Los asesinos en serie harán de los desconocidos su coto de caza, hasta tal punto que este aspecto será uno de sus elementos distintivos: en los años setenta del siglo XX era habitual en los cuerpos policiales hablar de tales asesinatos como «homicidios por extraños» (*stranger killing*).

Una tercera característica del siglo XX fue el desarrollo de una *mentalidad racional o utilitarista* aplicada desde luego a la producción de bienes (ejemplificada en la cadena de montaje), pero también, por contagio, a la vida social. De pronto, todo era valorado en términos de costes y beneficios, los valores morales de la sociedad se hicieron mucho más permeables y, tal y como reflejaron películas extraordinarias como *Metrópolis* (Fritz Lang, 1929) y *Tiempos modernos* (Chaplin, 1936), un proceso de deshumanización recorrió Occidente. Las relaciones sociales se hicieron mucho más instrumentales, y el vértigo en la producción y el desarrollo acelerado de formas de medrar y obtener poder requirieron de un hombre capaz de ponerse la careta conveniente para el rol que debía desempeñar en cada momento, sin atender a los escrúpulos morales (como ilustró en *Ciudadano Kane* [1940] el irreductible Orson Welles).

Todo esto encajaba perfectamente con el *modus operandi* del asesino serial, alguien que planifica sus crímenes, y que con una mentalidad racional (aquí como sinónimo de «eficiente») se dispone a atacar a sus víctimas. Un asesino que se pone la careta de «hombre normal» mientras espera su oportunidad para volver a matar. Aquellas son para él solo un medio para alcanzar sus fines de placer derivado del sentimiento de control y de poder, con frecuencia asociado al deseo sexual violento. Así es: el asesino en serie tortura y mata a sus víctimas sin reparar en el sufrimiento que causan sus acciones en quienes las padecen. En una palabra, la víctima del asesino en serie es deshumanizada. Tal y como explicó un asesino en serie anónimo:

> [...] Es casi siempre verdad que él [el asesino en serie] no sabe absolutamente nada acerca de la persona que el destino ha señalado como su próxima víctima. Y, en verdad, no le importa en absoluto. No le importan lo más mínimo las esperanzas y miedos de aquella, sus gustos y aversiones, sus decepciones del pasado y sus metas futuras. No le importa si tal persona ama o es amada. En realidad le da igual si tiene un nombre. Todas estas características personales caen dentro de los seres humanos reales. Y, por lo que a él respecta, su próxima víctima no es un ser humano en el sentido aceptado del término [...] este no es más que un mero objeto, deshumanizado por adelantado, ya que solo existe para su propio deleite, para ser atrapado y utilizado en la medida en que lo encuentra apetecible.

Esta instrumentalización del asesino serial refleja, por otra parte, otra característica de nuestro tiempo moderno: el *narcisismo*, que fue anunciado en una obra hoy clásica de Christopher Lasch publicada en 1979, *La cultura del narcisismo*, una de cuyas manifestaciones más visibles es el profundo individualismo y competitividad que dominan la vida social, algo acentuado por la omnipresencia de los medios y su forma de contar la realidad generalmente con imágenes que se suceden sin dar tiempo al análisis o a que su contenido tenga un impacto humano significativo. En suma, el narcisismo de la sociedad se convierte en un modo eficaz de enfrentarse a las tensiones y ansiedades de la vida moderna, aunque ello supone pagar un precio en las relaciones interpersonales en términos de rasgos que suponen la desconsideración del otro como su devaluación, la preocupación por los propios intereses y necesidades y un sentimiento de vacío existencial.

Finalmente, la quinta característica de la modernidad que ayuda a moldear el asesinato serial es la creación de *estereotipos de personas denigradas.* Esto guarda relación con el hecho de que no todas las personas tienen la misma probabilidad de ser víctimas de un asesino en serie, como ya señalé en un apartado anterior. Es cierto, no obstante, que ha habido no pocos asesinos que han atacado a personas perfectamente integradas de clase media (Dennis Rader, alias BTK, o Richard Ramírez, quienes actuaban contra mujeres de clase media, amas de casa o empleadas liberales, o Ted Bundy, quien buscaba chicas jóvenes universitarias), pero no puede negarse que las prostitutas han sido víctimas preferentes de estos criminales (empezando por el «padre» de todos, Jack el Destripador, y continuando con Gary Ridgway, el Asesino del Río Verde, responsable de asesinar a 49 prostitutas en los años ochenta, hasta la actualidad con el caso quizá más célebre de entre los no resueltos: el Asesino de Long Island, el cual, según parece, es responsable de la muerte de 11 prostitutas en esa isla de Nueva York).

Lo que Haggerty entiende como «creación de estereotipos de denigración» hace referencia a que nuestra sociedad «racional» deja a un lado a las personas que no tienen valor como creadores de valor económico o como consumidores, razón por la cual las prostitutas, como los mendigos o quienes llevan una vida marginal, se convertirían en víctimas fáciles de los depredadores humanos, ya que se trata de personas que por su modo de vida tienen una menor protección policial, pero también social: son pocos los que se preocupan por ellas. Junto con el ejemplo ya reseñado de desconsideración del bienestar de los pobres en Rusia con el ejemplo de Chikatilo, este menor celo con miembros de grupos desfavorecidos por parte de las fuerzas del orden se vio en toda su crudeza en la investigación de los crímenes del apodado Caníbal Jeffrey Dahmer: en 1991, una de sus víctimas, un joven vagabundo, logró escapar desnudo antes de que Dahmer lo pudiera matar, pero cuando acudió a la policía a contar lo ocurrido, esta, al ir con el chico al piso del asesino, lo volvió a dejar en sus manos al convencerlos Dahmer de que era su amante homosexual que había bebido demasiado.

El etiquetado negativo de grupos sociales como las prostitutas, los homosexuales o los inmigrantes de bajo nivel económico ayuda a que el propio asesino en serie justifique sus crímenes como modo de cumplir una misión social. Así, John Wayne Gacy, asesino de más de treinta adolescentes varones vagabundos, clamaba que él prestaba un servicio a la sociedad, y el propio Jack el Destripador, en una de las pocas cartas consideradas históricas por Scotland Yard, se ufanaba de limpiar a la sociedad de la plaga de las prostitutas.

De este modo, y en resumen, la modernidad ha dado forma —promocionando, si se quiere— al asesino en serie. Este ha mirado en derredor y ha reconocido en su tiempo algunas de las claves que han configurado su autoimagen, en particular su representación a través de los medios. Esto, junto con una sociedad anónima e hipercompetitiva, en la que los ciudadanos han perdido su grupo de referencia cercano donde ser valorados y cuidados, genera una oportunidad para el crimen serial como nunca antes había existido, siendo las víctimas preferentes los grupos sociales marginados.

UNA VISIÓN INTEGRADA: EL FALSO MONJE SHAOLÍN

El último asesino en serie en España mientras escribo este libro es Juan Carlos Aguilar, asesino de dos prostitutas en 2013 y candidato claro a seguir matando de no haber sido detenido por la policía vasca. Jesús Duva, el gran escritor de crónica negra de *El País*, lo resumió así:

Sobre las 3.20 del 25 de mayo de 2013, Aguilar iba en su Mitsubishi por la calle General Concha, de Bilbao, cuando invitó a subir al coche a la colombiana Yenny Sofía Revollo Tuirán, que a sus 40 años era madre de dos hijos. La mujer pasaba por un mal momento, que ella ahogaba en alcohol. Aquella noche estaba muy borracha.

Llevó a Revollo a su gimnasio de la calle Máximo Aguirre, número 12, y tras maniatarla, la mató. Después se fotografió en actitud obscena junto al cuerpo desnudo de la víctima. Posteriormente diseccionó el cadáver. Con la precisión de un experimentado carnicero, seccionó las falanges de los dedos índices, extrajo las prótesis mamarias... y parte de los restos los escondió en un falso techo, otros los quemó en el gimnasio, y otros los guardó en su piso del número 5 de la calle de Iturriza. A lo largo de las horas iría arrojándolos a la ría de Bilbao o en la basura doméstica.

En los días posteriores, el autoproclamado fundador del monasterio budista Océano de la Tranquilidad continuó impartiendo clases a sus prosélitos como si nada hubiera pasado. Solo una de sus más fervientes discípulas lo notó más nervioso e irascible que de costumbre. Y eso que con frecuencia sufría estallidos de ira que sus adeptos atribuían a su afán por enseñarles el manejo de la espada o hacerlos alcanzar el nirvana.

En la madrugada del 2 de junio volvió a la calle General Concha, donde contactó con la nigeriana Maureen Ada Otuya, de 29 años. Ambos se encaminaron al gimnasio. Tras mantener relaciones sexuales, él maniató y amordazó a la mujer, a la vez que comenzaba a estrangularla y a golpearla con saña en la cabeza y el abdomen. Durante 500 minutos interminables, Otuya padeció un tormento espeluznante. Al cabo de nueve horas de martirio, sobre las tres de la tarde, logró zafarse y, aterrorizada, trepó a trompicones los veinte escalones que la separaban de la salida. A través de las rejas de la cancela lanzó desesperados gritos de socorro.

Por suerte, Verónica L., una vecina que pasaba por la acera, alertó a la policía. Cuando entraron los agentes, «encontraron al guerrero budista fuera de sí, con el torso desnudo y las manos ensangrentadas. Otuya agonizaba: tenía cinco vueltas de cordel enroscado en el cuello, además de una brida de plástico y cinta adhesiva». En el registro del gimnasio, los policías descubrieron varias bolsas con restos humanos, además de todo un conjunto de armas blancas (espadas, hachas, sables, palos, cuchillos) y una sierra, una pistola, cintas de video, CD y fotos de mujeres desnudas o vestidas con ropa provocativa y en actitud lasciva. La víctima no pudo sobrevivir, y a los dos días murió en el hospital.

Aguilar, que fue posteriormente condenado a 38 años de cárcel, ilustra muy bien muchos de los conceptos presentados en este capítulo. En primer lugar, la necesidad que tiene el asesino en serie de experimentar una vida plena, perseverando en su propia naturaleza, mediante la aplicación de una ética cruel y una estética atrayente basada en la concreción de una violencia que se ajuste a sus fantasías. El asesino experimenta y evoluciona de un crimen a otro. La fantasía, el relato de lo que él quiere hacer cuando se siente libre para vivir de acuerdo con su yo oculto, se concreta en el primer crimen en esa foto obscena junto al cadáver de Yenny Revollo. Es el primer asesinato, así que decide matarla pronto y descuartizarla. En el segundo ya se toma las cosas con más calma, y durante «500 minutos interminables, Otuya padeció un tormento espeluznante». Nueve horas de agonía como preludio de su muerte, ya que su intento de escapar solo consiguió demorar su muerte.

Su fantasía de sometimiento y control de las mujeres sobre la base de que son todas dignas de desprecio —«putas», en realidad— se manifiesta en su colección de chicas en poses obscenas. Su capacidad de manipulación y carisma (rasgo bien notable del psicópata) lo acerca a los líderes de las sectas:

El presunto homicida tenía un ejército de adeptos y, sobre todo, de adeptas que lo admiraban hasta el paroxismo. Mujeres como Eva, Carolin, Ekaterina, Begoña, María José, María del Mar, Cristina y Ana, que no solo mantenían relaciones íntimas con «el maestro», sino que sentían por él auténtica veneración. Ana, una aparejadora de Bilbao de poco más de 40 años, era uña y carne con Aguilar. Ella misma, que se definió ante los policías como su novicia, dijo que le estaba agradecida porque era una mujer «antisocial» y él «le había enseñado a comunicarse con un hombre, a saber cómo es la vida».

A Ana no le importaba que su guía la llamara «puta». Ni que quisiera practicar con ella los más abyectos juegos sexuales. Ni que se acostara con Begoña, con Ekaterina o con otras. Ni que la obligara a vestirse de monja o de enfermera. Ni que en más de una ocasión, como ella declaró, se le fuera «la olla» y le apretara el cuello hasta casi dejarla sin aliento. Begoña, sumisa como un cordero, accedía a todos los caprichos del líder.

La sumisión llegó a tal extremo que algunas de sus «novias» no dudaron en complacerlo en sacarse fotos con la primera fallecida. Así, una de ellas relató: «Me dijo: "Te voy a hacer unas fotos muy chulas para que las veas tú y te voy a grabar en video" [...] Entonces, me cogió de los brazos, de los costados y a pulso me quería sentar encima de ese cuerpo [el de Yenny Revollo] diciéndome que era una cama. Pero yo, como me resbalé, me quedé sentada en el suelo, entonces me cogió, me alzó para arriba y me sentó en una silla [...] me colocó en las posiciones que él quería y me hizo las fotos». Aquí vemos claramente la estética del asesino: el crimen lo tiene seducido; para Aguilar no es importante solo matar, lo que realmente le satisface es hacerlo de una determinada forma que sea congruente con su fantasía.

Por otra parte, es evidente también que la conversión de Aguilar en un asesino en serie implica la creación de un doble relato. El primero es el de presentarse en España como si fuera un maestro zen, un discípulo de los venerables monjes shaolines. Poco después de revelarse la noticia del doble crimen se supo que Aguilar había estado poco más que de vacaciones en el Tíbet, y que en modo alguno fue ordenado monje shaolín. Cuando llega a España y crea su propio «monasterio», que no es otra cosa que una planta baja a modo de gimnasio al que él llama Océano de la Tranquilidad, empieza a obtener una fama inusitada apareciendo en diversos medios de televisión y periódicos, alcanzando el cénit en dos programas en particular. El primero, en el prestigioso programa de ciencia *Redes*, presentado por Eduardo Punset, y el segundo en otro más dedicado a fenómenos paranormales y de misterio presentado por Javier Sierra en TeleMadrid.

La primera parte, pues, estaba conseguida. Con la ayuda inestimable de los medios se convierte en alguien respetable, un impostor que, no obstante, tiene sin duda determinadas habilidades atléticas y de lucha. La modernidad ayuda a prestar una fachada al asesino. Faltaba la segunda parte del relato, o si se quiere el segundo relato. El primero mediante la impostura muestra a un hombre poderoso y sabio, epígono del control interior sobre las pasiones. El segundo es completamente opuesto (como en Jekyll y Hyde): el asesino despiadado que exacerba sus pasiones más crueles para sentir la plenitud del dolor y el terror de la víctima.

Por otra parte, vemos aquí que el monje se ceba en las prostitutas, las víctimas más accesibles, mientras que con sus acólitas se limita a denigrarlas merced a su poder mental. A diferencia del Destripador de Yorkshire o BTK, Aguilar no precisa disponer de un vehículo para seleccionar o desplazarse hacia sus víctimas porque su empleo es dirigir un establecimiento, y en él pueden ingresar muchas chicas. Convencido de que su templo es una guarida del todo segura, prefiere llevar allí a sus víctimas, porque es en este lugar donde genera sus fantasías y acumula los trofeos (los implantes mamarios de Yenny Rebollo, por ejemplo) y recuerdos (fotos) de las víctimas, donde también participan esas mujeres desnortadas que lo siguen como si él fuera de verdad alguien admirable. Una vez que Aguilar se sintió admirado y poderoso, no vio necesidad alguna en reprimir su auténtica naturaleza: el poder que ansiaba era el del asesinato y *las prostitutas no merecían vivir.*

Aguilar no habló demasiado en el juicio. Se limitó, con monosílabos, a aceptar su responsabilidad en los cargos presentados. Si bien en sus primeras declaraciones intentó excusarse diciendo que en el tiempo de los asesinatos «iba siempre borracho», aquello no coló, y finalmente decidió que no valía la pena dar una imagen de debilidad echando la culpa a factores que menoscaban su supuesto autodominio. Debió de pensar, al fin y al cabo, que quizá podría conservar en la cárcel cierta aura mística.

Epílogo

Ángeles y demonios

> Los frenólogos han olvidado una tendencia que, aunque evidentemente existe como un sentimiento radical, primitivo, irreductible, los moralistas que los precedieron también la habían pasado por alto: el instinto de la perversidad.
>
> EDGAR ALLAN POE,
> *El demonio de la perversidad*

En este libro he intentado poner de relieve que la violencia más extrema se relaciona de forma poderosa con la moralidad del ser humano. La mayor parte del mal es producto de que el asesino se cree con el derecho de actuar de forma destructiva, como acto de castigo o de represalia, ante un abanico muy diverso de supuestos ofensores: en ocasiones contra las personas específicas a las que considera responsables de su infortunio, humillación o ruina; otras veces, las víctimas de esa furia destructiva se amplían y pasan a incluir a todas las que comparten rasgos o características que se ajusten simbólicamente al objeto de la venganza o el propósito homicida: alumnos de un colegio o universidad, empleados o clientes de una empresa, asistentes a una iglesia, ciudadanos de un color o partido político determinado, etc.

En los terroristas yihadistas, los objetivos son todo aquel que se posiciona al margen de las férreas creencias salafistas, y por consiguiente la diana de sus ataques puede ser, literalmente, casi todo el mundo.

Hay otra parte, minoritaria pero muy letal, cuya capacidad para la violencia extrema deriva de que son ajenos al universo moral de la humanidad: son psicópatas, desposeídos de toda lealtad a un sistema de valores o credo que no sea el del propio beneficio, interés o placer. Los asesinos en serie representan, dentro del crimen convencional, la versión más extrema de esta psicopatía destructiva, pero no debemos olvidar el daño terrible que pueden infligir a millones de personas cuando alcanzan el poder y son capaces de convencer a sus ciudadanos de que sus actos de violencia están al servicio de una causa justa, es decir, revistiendo de una falsa legitimidad moral sus genocidios, guerras y exterminios. Hitler, Stalin, Mussolini, Pol Pot y, más modernamente, Sadam Husein y el Carnicero de los Balcanes —Ratko Mladić—, que masacró Srebrenica, son algunos ejemplos destacados.

La gran paradoja del mal se resuelve de este modo: unos porque creen que obran con justicia cuando matan a civiles y otros porque no les importa lo más mínimo ni se sienten concernidos por la moral humana, la gran mayoría de los asesinos no se reconocen en modo alguno como tales, sino bien al contrario tienen una excelente opinión de sí mismos.

EL MAL ES CREATIVO

El mal es creativo. Mientras que resulta habitual, cuando se hace repaso de la historia, relatar la creatividad del ser humano a la hora de afrontar las penurias de la existencia a través de innovaciones en la tecnología y la cultura, es menos infrecuente hacer notar que, igualmente, las personas han ido evolucionando en su capacidad de aprovecharse y dañar a los otros, ya sea por motivos egocéntricos y personales, o bien por razones favorecedoras de la supremacía de determinados grupos o ideologías.

En el crimen convencional tenemos un ejemplo de creatividad maléfica en el asesino en serie John Wayne Gacy, quien en el período 1972-1978 asesinó —después de haber violado y en muchos casos torturado— a 33 chicos jóvenes, niños y adolescentes comprendidos entre los 9 y los 20 años. Solía mostrar ante los demás una fachada impecable de buena persona: actuaba como el payaso Pogo para recaudar fondos para buenas causas, generando así una imagen pública de pilar de la comunidad que hizo más improbable que la policía lo pudiera considerar un sospechoso de los crímenes. Y el invento le funcionó, porque ni siquiera una condena anterior (1968) por abuso sexual se filtró en el ambiente de clase media alta de Chicago en el que llegó a fijar su residencia después de salir de la cárcel.

Gacy creó de este modo el icono del payaso terrible o monstruoso, que luego iba a convertirse en una imagen popular gracias a su presentación en películas de terror como *Poltergeist* o *It*, y que ciertamente está en la base de muchos de los «avistamientos» de payasos agresores de niños que en los últimos años han sido recogidos por los medios de información. Así, un *serial killer* innovó un disfraz o mascarada con el que presentarse al mundo, contribuyendo a asociar la imagen del payaso, que en su noble ejercicio se orienta al regocijo de los niños, con el crimen y la pedofilia.

De igual modo, los yihadistas del Dáesh innovaron profundamente con el desarrollo espectacular de videos para internet que promulgaran su causa, llegando a cotas de crueldad (las decapitaciones) nunca imaginadas para lograr el terror, pero también mediante el diseño de peliculas de propaganda que claramente se inspiraban en su factura en las películas americanas y en los videojuegos (por ejemplo, *Call of Duty*), sabedores de que debían de presentar ante los jóvenes a los que aspiraban a reclutar un relato atractivo, donde la aventura y el deseo de gloria se unía a la lucha por la «libertad» del califato. Para ello destinaron un gran presupuesto que logró una actividad y perfeccionismo muy elevados en los años previos a la ofensiva reciente de los aliados que les ha hecho perder la mayor parte de su territorio.

Cualquier tecnología de la época es usada por los asesinos para llegar a su objetivo. Antes que los yihadistas, los pedófilos y psicópatas ya atisbaban las redes sociales de internet en busca de sus víctimas. Caníbales buscando gente a la que devorar e incitadores de suicidas para su propia experiencia de placer y poder los siguieron, como el caso reciente —y quizá más célebre— del ruso de 22 años Philip Budeikin, creador del macabro juego de *La ballena azul*, responsable según confesó de incitar al suicidio de 17 adolescentes. ¿Su visión moral de lo sucedido? Budeikin declaró que para él sus víctimas no eran personas sino «basura biológica», que estaban «felices de morir» y que él con su juego lograba «limpiar la sociedad». ¿Les suena de algo? Y ahora casi lo peor: lejos de recibir el repudio de todo el mundo, y sobre todo de los adolescentes, este innovador del crimen recibió infinidad de cartas de amor en su celda escritas por adolescentes. Pero en el fondo nos encontramos con una realidad que ya conocemos: un psicópata que descubre *lo que de verdad quiere ser*:

> [...] El estudiante de psicología ruso Philip Budeikin, considerado uno de los responsables del macabro juego de *La ballena azul*, estaba hasta entonces acostumbrado a no dar la cara salvo para fanfarronear. Ahora, a Philip Lis, o Philip el Zorro, como lo conocen en internet, acaban de declararlo culpable de promover suicidios a través de la red social VKontakte, el equivalente a Facebook en Rusia. Solo

tendrá que pasar entre rejas tres años y cuatro meses, a pesar de haber reconocido su influencia directa en 17 casos. «Los otros se suicidaron después, sin mi influencia directa», explicó al tribunal siberiano de Tobolsk. Cuando las autoridades rusas lo detuvieron aquella tarde de noviembre del año pasado ya tenían una pequeña ficha sobre un fracasado social que hizo que otros se hundiesen con él [...] Su madre era oftalmóloga. Con su padre apenas tuvo contacto.

Su domicilio está a las afueras de Moscú, en una barriada de edificios grises donde la única iluminación por la noche son las luces que brotan del interior de las cocinas de las casas. En su dormitorio, robando horas al sueño, ideó *La ballena azul*, un extraño juego al que se accede por redes sociales y en el que hay que pasar cincuenta pruebas. María, una rusa de 23, se atrevió a contactar con el grupo movida por la curiosidad. Al otro lado del chat, un supuesto administrador advirtió: «¿Estás segura de que quieres jugar? No hay vuelta atrás...». Allí empezó una carrera de obstáculos cuyo premio es la muerte. El juego incluye retos diarios como pasar un día sin hablar con nadie, tener una cita con otro futuro suicida, dibujar una ballena y enviar una foto, o levantarse a las 4.20 de la mañana e ir a las vías del tren o ver películas de terror... «Y al final del juego, mueres». Todos los que empezaron el juego sabían que termina con la prueba final, que es el suicidio de los participantes. Los «administradores» intentan atraer a tantos jóvenes como sea posible y luego seleccionan a aquellos que estarán más receptivos a la presión psicológica. Problemas con los padres, desamor, depresión: a estos les envían instrucciones y los siguen día a día en el chat. Serán la parte más visible del espectáculo de *La ballena azul*.

EL MAL ES FASCINANTE

Se mire como se mire, el mal resulta fascinante por las razones que ya expliqué en su momento: para las personas motivadas a ejercer la violencia extrema, junto con los factores

—o «causas»— que «empujan» a la violencia, existen otros elementos que «tiran» de ellas porque las atraen o seducen, como son la oportunidad de vivir una vida al límite, conseguir prestigio o gloria, o el crear una nueva identidad personal revestida de orgullo y sensación de control y de poder. Sabemos que el ejercicio de la violencia —si no es obligado mediante coacción— proporciona una intensísima y compleja experiencia emocional que puede ser subyugante. Hay evidencia proveniente de la neurociencia que indica que los actos de retribución activan el sistema de recompensa del cerebro, generando de este modo sensaciones placenteras. Las difíciles situaciones que viven los soldados que han estado peleando en las guerras cuando regresan a sus hogares prueban con rotundidad que regresar a una vida monótona y segura puede ser algo muy doloroso. Los asesinos en serie encuentran en la planificación y ejecución de sus crímenes una profundidad emocional que libera o satisface su personalidad esencial. Estos no necesitan deshumanizar a sus víctimas, puesto que nunca han conectado con los sentimientos humanos. Los asesinos múltiples y los yihadistas precisan de facilitadores que «desconecten» los inhibidores de la violencia. Los primeros lo logran acumulando agravios y mediante un autodiálogo que les recuerde lo miserables que son los que están haciéndolos vivir situaciones tan amargas. Los segundos mediante un adoctrinamiento que les proporcione un relato donde los objetivos son seres llenos de maldad, que han de ser eliminados para que su causa triunfe, y en cuyo desenlace ellos tienen un papel esencial y un premio acorde con el sacrificio realizado.

Por otra parte, los medios de comunicación se ocupan extensamente de informar sobre la violencia extrema, como también esta es objeto recurrente de argumentos en la ficción literaria y audiovisual. La razón es que los relatos acerca del mal son atractivos porque representan amenazas evolutivamente relevantes; que las ficciones de crímenes y matanzas estimulan en nuestro cerebro simulaciones de respuestas que nuestro ADN exige como un mecanismo automático cada vez que se activa el instinto de supervivencia. Esta respuesta se da también en el formato de información, como noticias televisadas o expandidas en la red, pero con menor intensidad, debido a que la capacidad de identificarnos dramáticamente con los personajes es muy superior en los relatos de ficción.

Sin embargo, un efecto secundario negativo de esa dominancia de la violencia en los medios es que resulta difícil que la notoriedad que proporcionan tales hechos no constituya un acicate para que otras personas psicológicamente poco maduras o vulnerables vean en la imitación de tales comportamientos la oportunidad de construir un relato alternativo acerca de sus vidas. Por ejemplo, debemos de considerar posible la hipótesis de que los jóvenes que fueron incitados a suicidarse en el juego de *La ballena azul* se sintieran miembros de un grupo especial, diferente a cualquier otro, y por ello observaran el final del juego (cincuenta retos hasta el último, el suicidio) como el paso lógico que de forma coherente deberían recorrer para no ser considerados «traidores» o «indignos» de formar parte de ese grupo. E igualmente, después de que dos asesinos múltiples mataran en total a 18 jóvenes de enseñanza media en Finlandia en dos acciones en noviembre de 2007 y septiembre de 2008, un total de 77 jóvenes finlandeses de entre 13 y 18 años de edad realizaron de forma expresa la amenaza de realizar un acto similar. En el mismo sentido, en 2012 la policía detuvo en la ciudad polaca de Cracovia a un asistente de profesor de química admirador de Breivik, y requisó varias toneladas de explosivos, detonadores y una pistola. El detenido se definió como miembro de un movimiento antisemita, xenófobo y nacionalista, y ya había hecho detonar a modo de prueba 250 kg en explosiones controladas en diferentes lugares de Polonia.

La conclusión que debemos de extraer de todo lo anterior es que la pregunta habitual de «¿cómo es posible que alguien haga algo así?» tiene respuestas científicas, porque la violencia no es una anomalía de la evolución o algo ajeno a nuestra naturaleza humana, sino que forma parte de un sistema neural preparado para matar desde los albores del ser humano. En resumen: en general, a la gente le fascina y le horroriza al tiempo la violencia extrema. Para la gran mayoría esa fascinación se canaliza mediante el interés por las noticias y los relatos ficcionales violentos. Pero una minoría encuentra en la violencia extrema una oportunidad para orientar sus vidas. Algunos, porque su narcisismo no les permite pasar desapercibidos; recordemos las palabras de Elliot Rodger, «mejor la infamia que la oscuridad». Y otros, porque son hábilmente captados para inducirlos a convertirse en *seres especiales*.

EL MECANISMO DE LA FASCINACIÓN: LA IDENTIFICACIÓN

En conexión con el punto anterior, podemos profundizar ahora en el mecanismo psicológico que propicia esa respuesta de imitación del homicidio múltiple, es decir, el deseo de realizar un acto que ha seducido a quien ha tenido noticia del tiroteo o del atentado. Esa fascinación que induce a la imitación para formar una nueva identidad en un relato vital nuevo se logra mediante la identificación del imitador con el autor del ataque. El elemento esencial, por consiguiente, es la identificación, lo que no nos debería sorprender, puesto que los relatos de ficción son más eficaces en la medida en que nos identificamos con los protagonistas. Si nos da igual lo que les sucede, pronto nos aburriremos, y nuestro cerebro no se verá estimulado a «simular» en su interior las vicisitudes que le sucedan en el argumento que interpreta. Por consiguiente, vale la pena detenernos en su análisis a través de las aportaciones de uno de los grandes forenses y analistas de la violencia sistemática, el profesor de la Universidad de California Reid Meloy.

Meloy y su equipo definen la identificación como «la incorporación en el autoconcepto de una imagen mental del objeto, para pensar, sentir y actuar como uno concibe que piensa, siente y actúa el modelo con el que se identifica». Es un proceso normal para el desarrollo de una identidad equilibrada: nos identificamos con nuestros padres y con las personas relevantes en nuestro entorno. Sin embargo, en algunos sujetos la identificación funciona como un elemento de protección del narcisismo; el sujeto busca modificar su yo y su comportamiento para parecerse al modelo, y así es capaz de protegerse de una realidad que lo supera.

En el ámbito de la evaluación de la amenaza violenta, un camino interesante ha sido el de estudiar cuáles son las características de los espacios físicos donde tiene intimidad, así como de los objetos de los que un sujeto se rodea, porque se piensa que tales espacios y objetos revelarán sus valores personales, es decir, el tipo de gente o de prácticas con las que se identifica y por ello guarda afinidad.

La identificación ha encontrado un apoyo neurológico con el descubrimiento reciente de las neuronas espejo en el interior del lóbulo parietal, que permiten la repetición mental de las emociones y acciones que uno observa, constituyendo así el proceso mental por el que un sujeto asimila en su imagen personal el modelo al que admira.

Con respecto al homicidio múltiple, la identificación indica un deseo psicológico de parecerse al asesino múltiple «seudocomando», estrechamente asociado al empleo de armas y a la estética policial o militar. Aquí el sujeto asimila un papel por el cual se ve capaz de matar por una causa. El asesino se identifica con otros atacantes, terroristas o asesinos que han gozado de una cierta popularidad en los medios como consecuencia de sus crímenes. Igualmente, puede considerarse como una especie de heraldo o pionero en favor de una causa que todavía no ha despertado un interés general, o al menos no se ha reconocido así por los medios de comunicación, de modo tal que su acción se reviste de un acto de coraje y sacrificio personal a la luz de la historia venidera (un ejemplo es Anders Breivik).

Ahora bien, ¿de dónde surgen las personas, ideologías o creencias (como la causa terrorista) con las que uno se identifica?

Los relatos culturales proporcionan los modelos agresivos (cognitivos, emocionales y de comportamiento) que el sujeto *conscientemente* imita e incorpora *inconscientemente.* Actualmente internet y las redes sociales los diseminan en cuestión de segundos en todo el mundo, pero no debemos considerarlos un fenómeno nuevo: siempre han estado presentes, y su efecto fue notable a partir del desarrollo de la letra impresa. El desarrollo progresivo de la tecnología no hizo sino hacer más rápida y global su influencia. En Estados Unidos entre 1980 y 1989 tres hombres jóvenes decidieron asesinar cada uno a una figura pública: John Hinckley hirió gravemente al entonces presidente Ronald Reagan; Mark Chapman asesinó al exbeatle John Lennon, y Robert Bardo hizo lo propio con la joven actriz Rebecca Schaeffer. Los tres mostraron su admiración hacia otros asesinos que los precedieron, así como una cercanía emocional entre ellos mismos, y también coincidieron en la lectura del joven nihilista Holden Caulfield, el protagonista de la novela de iniciación de J. D. Salinger *El guardián entre el centeno.*

Autores diversos han puesto de relieve la necesidad que tienen algunos individuos de identificarse con personajes ficticios como un modo de lograr una seguridad y estabilidad personales que no poseen, y en el caso de *los asesinos de figuras públicas* se ha sugerido que lo que buscarían mediante la muerte de personajes con los que previamente se identificaban sería esconder su vida fracasada al reclamar una fama que les permite dejar atrás su habitual insignificancia.

En los últimos años del siglo XX, los jóvenes asesinos de Columbine crearon de forma deliberada un proceso psicológico de identificación para diseminar en todo el mundo el concepto de *school shooting*. Con objeto de inspirar a sus seguidores, prepararon con un año de antelación diversos videos y un diario donde detallaron sus planes y sus fantasías violentas, que anunciaron que iban a ejecutarse en una fecha a la que bautizaron como el día de los NBK, en referencia a las siglas en inglés de la película dirigida por Oliver Stone *Natural Born Killers* (*Asesinos por naturaleza*).

El profesor Mullen estudió en 2004 a cinco asesinos múltiples que fueron capturados vivos, y en todos ellos halló una gran admiración hacia otros asesinos múltiples que los habían precedido y que alcanzaron notoriedad pública, lo que lo llevó a señalar la existencia de un relato cultural occidental que, entre otros factores, contribuiría a expandir esta forma de violencia.

Es posible, por otra parte, plantear la pregunta de si el incremento de los homicidios múltiples en Estados Unidos puede asociarse a un incremento de los valores narcisistas en esa sociedad. En las notas o productos audiovisuales hallados después de la muerte de los asesinos múltiples figuran claros comentarios narcisistas. Por ejemplo, los jóvenes responsables de la masacre de Columbine dijeron en un video: «¿No es divertido obtener el respeto que al fin vamos a merecer?», y lo mismo puede decirse de los videos editados por Seung-Hui Cho, autor del asesinato múltiple en la Universidad de Virginia.

Por consiguiente, la identificación narcisista idealizada con asesinos anteriores, ya sean reales o de ficción, constituye uno de los signos más poderosos de alerta de que el sujeto que la muestra se halla en el camino de convertirse a su vez en un nuevo asesino múltiple. «Además, dentro de esa identificación también puede jugar un papel importante la envidia, al estimular un deseo de superar el número de muertos alcanzado por los asesinos a los que se admira», escribe Meloy.

EL MAL ES DIFÍCIL DE PREDECIR

La identificación es una de las conductas o indicadores de alerta más importantes que anuncian el proceso de convertirse en un autor de una acción violenta, en muchas ocasiones en forma de asesinato múltiple, pero el problema es que muchos de los indicadores o señales que pueden denotar la preparación de un homicidio múltiple o un atentado de la yihad son difíciles de rastrear.

El 5 de noviembre de 2009, Nidal Malik Hasan penetró en el centro de despliegue de Fort Hood, en el estado de Texas, gritó «*Allahu akbar*» (Dios es grande) y abrió fuego. Acabó con la vida de 12 soldados e hirió a otros 42. Hasan trabajaba para el ejército; era médico psiquiatra. Con posterioridad a los hechos se supo que había estado en contacto mediante correo electrónico con un conocido reclutador para la yihad un año antes del ataque. En este tiempo el FBI había evaluado tales mensajes y no los había considerado indicios relevantes para sospechar la inminencia de una acción terrorista, o que el doctor Hasan estuviera en un proceso de radicalización. Una vez cometido el homicidio múltiple, el comité que revisó todos los hechos concluyó que la evaluación del FBI fue errónea.

¡Qué fácil es predecir a toro pasado! Este caso (y otros que sin duda recuerda bien el lector) ilustra bien el problema que tienen los cuerpos policiales para predecir cuándo se va a cometer un homicidio múltiple o un ataque terrorista. A pesar de los éxitos innegables que consiguen muchos policías de Europa y Norteamérica abortando los planes de sujetos o células terroristas con un objetivo homicida, no cabe duda de que todos los años podemos acumular un número de casos que no han podido ser identificados a tiempo, y que desafortunadamente suponen muchas víctimas. El profesor de la Universidad Nacional de Irlanda Kiran Sarma ha analizado en profundidad el problema de la predicción de los atentados terroristas, y aquí reproducimos algunas de sus conclusiones esenciales.

En el caso del doctor Hasan y en el de otros muchos, la pregunta clave es si existían suficientes indicadores de que *podía producirse una acción violenta.* El comité que revisó el suceso dijo que sí que existían, pero lo cierto es que no es tan fácil. Es evidente que no estamos hablando de aquellas situaciones en las que el individuo es observado (o ha escrito) realizando acciones que claramente denotan riesgo de violencia, como sería realizar prácticas intensas e inusuales de tiro o mantener correspondencia con una persona que lo está instruyendo sobre cómo fabricar una bomba. Tales circunstancias ponen en alerta a los encargados de investigar estos delitos, y se deja a su discreción determinar cuándo van a intervenir para detener y acusar al sujeto.

En parte, uno de los problemas de la predicción es que la «radicalización» puede ser violenta, pero también *no violenta.* Si definimos la radicalización como el «proceso de un progresivo compromiso en implicarse en la violencia política», caeremos en la cuenta de que muchos sujetos pueden adoptar actitudes radicales, en nada diferentes a los que cometen actos terroristas, pero sin embargo abstenerse de participar en estos. Y es aquí donde los encargados de predecir quién será violento tienen una primera e importante dificultad: muchos sujetos pueden tener actitudes radicales, pero solo unos pocos llegarán a utilizar la violencia como forma de expresión de tales actitudes.

Sea como fuere, contamos con algunos protocolos o guías que pretenden predecir el riesgo de que un individuo se convierta en un terrorista. Por ejemplo, el gobierno de Reino Unido ha desarrollado el protocolo de la valoración de la vulnerabilidad, para ser utilizado por los servicios sociales, el sistema de salud mental y educativo, así como el sistema escolar, con la finalidad de ayudar a identificar a aquellos jóvenes que están «en riesgo» y así intervenir antes de que participen en actos terroristas. Este sistema considera tres niveles de vulnerabilidad:

1. Cuando aparecen factores que promueven o favorecen él ser reclutados, incluyendo actitudes y emociones que el joven muestra en su vida diaria, con mayor o menor intensidad.
2. Cuando aparecen factores que señalan que el joven está cerca de usar la violencia, cuando por ejemplo expresa ideas que deshumanizan a las víctimas del terrorismo, o se tiene constancia de que frecuenta lugares y personas próximas o sospechosas de adoctrinar en la causa yihadista o de favorecer de algún modo tales actos (sin que hubiera evidencia suficiente para detenerlos).
3. Cuando se aprecia que el joven dispone de capacidad para causar daño o violencia, como son el adquirir habilidades para fabricar una bomba, proveerse de vehículos aptos para ser usados como armas sin causa que lo justifique, etc.

¿Cuál es el resultado que ha obtenido este protocolo? No se sabe; parece que está diseñado de modo lógico, pero no resulta tan sencillo obtener información fiable sobre todos estos aspectos, y no se poseen datos que avalen su eficacia. Este y otros sistemas semejantes tienen una dificultad importante, más allá de la que se deriva de tener acceso a información fiable, y es la de que *no orientan a quienes los usan a sopesar de forma adecuada todos esos indicadores*, con el resultado de que, salvo que haya evidencias muy obvias de implicación terrorista, no se tiene un criterio informado para determinar dónde poner los recursos y, por consiguiente, establecer un seguimiento más estrecho de los sujetos que presentan un riesgo mayor para la sociedad. ¿Cuál es el umbral que se ha de traspasar para disparar las alarmas de que hay un riesgo importante? ¿Ese umbral o «línea de alerta» afecta igual a españoles o emigrantes musulmanes? ¿A los hombres y a las mujeres? Todas estas son por ahora preguntas sin respuestas claras.

Por otra parte, también podemos preguntarnos qué es realmente lo que queremos predecir (y prevenir). ¿Es implicarse en un grupo o en una célula terrorista? ¿O más bien es ser capaz de cometer un atentado de este tipo? Lo primero no tiene por qué incluir el uso directo de la violencia. Por ejemplo, uno puede colaborar facilitando documentos falsos o captando posibles «bombas suicidas». Se podrá decir que queremos poder predecir o identificar a aquellos individuos que participan tanto en unas como en otras conductas, pero lo cierto es que no sabemos qué indicadores predicen unas y otras; sospechamos que, muy probablemente, no serán los mismos indicios.

Un nuevo problema radica en que, en términos estadísticos, los actos de la yihad violenta en un país occidental son, en términos absolutos, muy poco frecuentes, con lo que es muy difícil detectarlos. Repito, es una razón puramente matemática: cuando un hecho es muy infrecuente, para poder predecirlo con un mínimo de fiabilidad es necesario incluir en la categoría de «sujetos peligrosos» a muchísimos que presentan indicadores, pero que no cometerán actos terroristas ni participarán en conductas de apoyo o soporte de ningún tipo. Es lo que se conoce como el problema de los «falsos positivos».* Esto, como es lógico, supone un gas-

* El profesor Timme Bisgaard Munk ha calculado que empleando algoritmos matemáticos necesitaríamos cien mil casos de falsos positivos para tener un acierto.

to enorme de recursos y de tiempo, y no puede evitarse una sensación dolorosa de fracaso cuando (como en el caso de Ripoll) personas no detectadas conmocionan a toda una sociedad con un atentado terrorista. Sin embargo, puede haber miles de adultos jóvenes, hombres y mujeres, más o menos vigilados inútilmente, porque nunca harán nada punible, aun cuando puedan tener actitudes radicales.

El lector sabe que la policía española ha abortado numerosas operaciones encaminadas a atentar, pero lo que quizá no sepa es que son frutos logrados con mucho esfuerzo en medio de miles de casos que han sido investigados sin provecho alguno. Si entramos a considerar a los individuos que son terroristas solitarios, el asunto todavía se complica más, porque, al no relacionarse con otros acólitos ni recibir información de reclutadores o de personas cómplices que le pueden proveer de ayuda para cometer el atentado (como sí ocurre con los «lobos solitarios», que son los individuos que han tenido contacto con gente de la organización), las fuerzas policiales van a depender casi exclusivamente de que algún allegado a él pueda notar algo y desee comunicarlo, o bien de que haga un uso prolongado de internet acerca de temas específicos de la yihad que haya puesto a los investigadores sobre su pista. Pero se trata de opciones muy improbables, máxime cuando lo único que se requiere es, armado con un cuchillo, hacha o un vehículo, salir a la calle y atacar a los primeros ciudadanos con los que se tropiece.

Así las cosas, la mejor opción que tenemos ahora para poder predecir los atentados terroristas es disponer de los suficientes recursos humanos y técnicos para acceder a una buena información. Y sobre esta base, los investigadores policiales tienen que realizar un buen análisis de cada caso individual. Sopesando la relevancia de los factores que se hallan presentes, y no solo el hecho de que estén presentes. Por ejemplo, en Ripoll ya vimos que algunos de los primos de los jóvenes que cometieron los atentados habían sido también contactados por el imán, pero estos lo rechazaron con rapidez. El imán lo era de toda la comunidad de Ripoll, pero tan solo para esos cinco jóvenes este hecho era relevante.

De igual modo, tendría mucho sentido que, dentro de ese análisis del caso individual, se procediera en primer lugar a valorar el riesgo de que el sujeto se implique en actividades terroristas. Y, una vez que la respuesta es afirmativa (es decir, que el riesgo sea alto), pasar a una segunda etapa donde la pregunta que haya que contestar sea cuál es el rol más probable que pueda desempeñar, en especial distinguiendo entre participar o no en actos violentos.

En resumen, a pesar de los éxitos que conocemos, predecir y prevenir el terrorismo yihadista es una tarea en ocasiones dantesca. En la medida en que los equipos especializados en hacer las valoraciones de riesgo dispongan de una información más detallada acerca de los factores relacionados con la implicación en actividades terroristas, así como de cuál sea el peso que tales factores tienen en diferentes grupos de personas susceptibles de participar en ellas (por ejemplo, jóvenes nacidos o educados desde pequeños en España, o bien que han emigrado de adultos; hombres y mujeres), más probable es que se avance en este objetivo.

Finalmente, la prevención de tiroteos en centros de enseñanza —secundarias, prepas y universidades— puede tener un camino más fácil, dado que se trata de lugares u objetivos definidos de posibles ataques homicidas y bien acotados en lo espacial y el diseño de edificios. En Europa, debido a que las víctimas por tiroteos masivos han sido mucho menores que en Estados Unidos, otras acciones criminales como ataques a cuchillo, agresiones graves y homicidios por arma de fuego han sido objeto de interés, y se han creado ya algunos equipos especializados en evitar que tales hechos ocurran. Dado que hay un colectivo que supervisar y unas rutinas que seguir, detectar la presencia de determinados indicadores asociados con una posible acción violenta (actos de acecho o *stalking*; amenazas de muerte; problemas mentales; agresiones anteriores, etc.) resulta una tarea mucho más realizable con unos recursos apropiados. Por supuesto, la dificultad aumentaría de forma considerable si el tirador fuera alguien ajeno a la institución, porque en tal caso nadie habría podido predecir nada.

LOS RELATOS SON DIFÍCILES DE CAMBIAR

Finalmente, me gustaría destacar el hecho de que la gente tiende a preservar las creencias más nucleares en su personalidad, es decir, aquellas que resultan esenciales en el mantenimiento de su identidad y que tienen claras referencias morales. Probablemente esto tiene una fuerte razón psicológica: los relatos, como parte de la cultura que absorbemos, nos ayudan a comprender el mundo y a reducir la incertidumbre. Hay numerosos estudios psicológicos que prueban que, una vez que una persona es inducida a creer algo, resulta difícil que cambie esa creencia, aunque se le demuestre de forma objetiva que es falsa.

La neurociencia puede ayudar a comprender por qué existe esa dificultad en cambiar las creencias más íntimas. Un estudio realizado con la técnica conocida como resonancia magnética funcional* mostró la existencia de diferencias relevantes en las áreas del cerebro activadas ante una pregunta de contenido ideológico, como la opinión sobre el aborto. Así, en las personas sin afiliación ni interés activo en la política las áreas que se estimulan son las relacionadas con la resolución de problemas cognitivos (corteza prefrontal dorsolateral), mientras que en las personas con una fuer-

* La imagen por resonancia magnética funcional (IRMf) es un procedimiento clínico y de investigación que permite mostrar en imágenes las regiones cerebrales que ejecutan una tarea determinada.

te implicación política, ya sean conservadoras o liberales, las áreas del cerebro que respondieron fueron otras: la corteza prefrontal y parietal medial, que son responsables de la evaluación social y moral de un hecho. Esto apoya la idea de que, cuando algo afecta a convicciones que nos definen y que sustentan nuestra identidad, la racionalidad objetiva de los argumentos deja paso a valoraciones morales definidas por nuestras creencias previas; es decir, en términos prácticos, nuestro rechazo o aceptación de una nueva ley acerca del aborto dependerá más de nuestras creencias propias que de los hechos o debates científicos a los que estemos expuestos.

Un segundo conjunto de resultados en el estudio del cerebro son igualmente relevantes. Una investigación llevada a cabo en 2008 que analizaba el cerebro en la experimentación de la emoción del odio, confirmó la existencia de un «circuito neuronal del odio». Algunas de las regiones del cerebro relacionadas en este circuito tienen un papel importante en la generación de la ira y en la conversión de esta en acción a través de actos de agresión y venganza. Lo sorprendente fue que otras partes de este mismo circuito se solapaban con regiones vinculadas con sentimientos del amor romántico. ¿Qué significa eso? A mi modo de ver, el enamoramiento indica un foco restrictivo e intenso sobre el objeto amado, con una ausencia notable de los elementos valorativos racionales («el amor es ciego»). El odio, por su parte, también focaliza de modo extraordinario la atención sobre el objeto odiado, y aunque no tiene por qué afectar a la racionalidad instrumental y práctica en la planificación de la venganza, sí puede dejar de lado toda otra consideración objetiva en términos de consecuencias (por ejemplo, la cárcel) que pudiera interferir en el logro de la venganza.

En otras palabras, hay indicios importantes de que nuestra identidad y sus creencias se resisten a cambiar, desafiando los resultados de un análisis racional de los hechos. Que haya tantos millones de personas en Estados Unidos que todavía crean que Dios creó el mundo en 6000 años es una anécdota reveladora. Percibimos el mundo buscando hechos y opiniones que confirmen nuestras creencias, porque eso nos da seguridad en un mundo siempre sujeto a episodios de tensión y desconcierto. Las creencias que afectan al modo en que debemos tratar y ser tratados por los otros son muy esenciales a nuestra identidad, porque incluyen toda relación social significativa y, por consiguiente, las actitudes morales esenciales de la vida. Por eso, cuestiones como el respeto que uno me debe, o el pago que yo reciba por mi trabajo, o cómo son tratados mis hermanos en Alá por parte de Occidente pueden llegar a ser auténticos eslabones en una cadena o trayecto que finalmente llegue al crimen o al homicidio múltiple.

Por esa misma razón, sabemos que dejar atrás una vida de delitos no es una empresa fácil. Los estudios sobre el desistimiento en la actividad delictiva de delincuentes crónicos, con muchos años cometiendo delitos, revelan que para que se produzca el abandono definitivo de la delincuencia el sujeto ha de ser capaz de generar un nuevo relato donde encajar una identidad incompatible con seguir cometiendo delitos. Generalmente esto se logra porque aquel ha sido capaz de vincularse con personas, situaciones o instituciones (amigos prosociales, una pareja, un empleo, la paternidad) que lo han inducido y ofrecido nuevas formas de desarrollo personal que para él tienen ahora más sentido; es decir, existencialmente se ha producido un cambio, y esa persona «ya no es la misma». Se trata de un proceso largo, que requiere la experiencia de situaciones dolorosas como la cárcel o el hartazgo de tener que estar siempre ante grandes tensiones y dificultades. Como es lógico, aquí los factores personales son también importantes, y la capacidad de atender a emociones positivas (empatía) y a nuevos valores (el respeto, la dignidad) es un elemento esencial.

Probablemente la mejor forma de prevenir el homicidio múltiple, en cualesquiera de sus manifestaciones, exija cambios culturales importantes que haga más atractivo el relato pacifista que el violento. Lo que está ocurriendo ahora en Estados Unidos, donde la administración Trump está dando alas a la ideología supremacista, es una pésima noticia. Por ahora los tiradores ideológicos como Dylann Roof no están agrupados bajo una causa nítida; son en verdad «francotiradores», pero esto puede cambiar si la minoría simpatizante de la ideología nazi empieza a asomar la cabeza y organizarse, aumentando así las opciones de que su relato cultural acerca del origen de los males del «americano puro» sea más visible y atractivo.

Steven Pinker concluyó en su obra *Los ángeles que llevamos dentro* que la violencia homicida tiene una tendencia a decrecer a lo largo de los siglos, pero él también ha expresado la idea de que no sabe si tal tendencia se va a mantener en el futuro. Una salida obvia a esta amenaza es generar ficciones moralmente inspiradoras para cada vez más pueblos del mundo, dado que a todos nosotros nos interesan los mismos temas relacionales y morales (autoridad, respeto, dominio, igualdad, etc.) y que el impacto de la ficción es mayor en nuestras emociones que el derivado por las noticias o la información. En la medida en que el relato del bien se expanda mediante medidas culturales y políticas —apartando así a masas de gente de ser «empujadas» a abrazar la violencia como respuesta a sus frustraciones—, esta tendencia a la baja del mal puede continuar. Pero tampoco podemos olvidar que el relato del mal ofrece muchas recompensas y poderosos argumentos de atracción.

Tenemos que estar vigilantes.

Referencias bibliográficas

A continuación figuran las fuentes bibliográficas fundamentales que he utilizado para esta obra. Muchas de las referencias que hago en el texto a reportajes periodísticos publicados en España no están aquí citadas, porque hoy en día cualquier lector no tiene más que poner las palabras claves en su buscador para encontrar toda la información publicada sobre el asunto que le interese. Los enlaces con periódicos extranjeros se citan con más frecuencia, ya que entiendo que para el lector medio son más difíciles de encontrar. No obstante, quiero dejar constancia de que el capítulo sobre el terrorismo yihadista y el análisis del atentado de Barcelona ha tomado de forma sustancial información y declaraciones de magníficos reportajes periodísticos, en particular de *El País* y de *El Mundo* (pero también ABC, *El Periódico* y *El Confidencial*), y pongo algunas de las referencias que me fueron más útiles en el reconocimiento de su gran labor realizada días después del atentado. Aquellos fueron días de gran periodismo.

Introducción

Fontdeglòria, Xavier, «El escritor que preparaba un libro sobre crímenes que cometió 22 años atrás», en *El País*, <https://elpais.com/internacional/2017/08/18/mundo_global/1503044560256098.html>.

Para conocer el papel del cerebro en la violencia:

Tobeña, Adolf, *Neurología de la maldad: mentes predadoras y perversas,* Barcelona, Plataforma Actual, 2017.

1. El mal

Gaving Long:

Blinder, Alan, «Gunman Called Police Shootings a "Necessary Evil" in a Suicide Note», en *The New York Times,* <https://www.nytimes.com/2017/06/30/us/gavin-long-suicide-note-baton-rouge.html?_r=0>.

Acerca de los orígenes evolutivos y tipos de mal:

Sarteschi, Christine M., «Concepts of Evil», *Mass and Serial Murder in America,* Pittsburgh, Springer, 2016.

Kjeldgaard-Chistiansen, Jens, «Evil Origins: A Darwinian Genealogy of the Popular Villain», *Evolutionary Behavioral Sciences,* 10 (2016), pp. 109-122.

La teoría de la violencia moral:

Fiske, Alan P., y Tage S. Rai, *Virtuous Violence,* Cambrige, Cambridge University Press, 2015.

El caso de Celine Dookhran:

«Capturada, violada y asesinada: el crimen de honor que conmociona al Reino Unido», en *El Mundo,* <http://www.elmundo.es/internacional/2017/07/31/597ed3aee5fdea6a108b4663.html>.

La obra de Steven Pinker:

Pinker, Steven, *Los ángeles que llevamos dentro,* Barcelona, Ediciones Paidós, 2012.

El animal que cuenta historias:

Gottschall, Jonathan, *The Storytelling Animal: How Stories Make Us Human,* Boston, Mariner Books, 2012.

Acerca de las neuronas espejo, véase:

Punset, Eduard, «Redes 56: mentes conectadas sin brujería», *Redes para la ciencia,* Agencia Planetaria para TVE, 2010, <http://www.redesparalaciencia.com/2644/redes/2010/redes-56-mentes-conectadas-sin-brujeria>.

También:

Baron-Cohen, Simon, *The Science of Evil: On Empathy and the Origins of Cruelty,* Nueva York, Basic Books, 2011.

Los marcadores somáticos o del cuerpo que responden a las historias evolutivamente significativas:

Asma, Stephen T., «Monsters on the Brain: An Evolutionary Epistemology of Horror», *Social Research,* 81 (4) (2014), pp. 941-968, 980.

Acerca del horror máximo, la muerte de la que proviene todo instinto de supervivencia:

Greenberg, Jeff, *et al.*, «On the Compatibility of Terror Management Theory and Perspectives on Human Evolution», *Evolutionary Psychology,* 5 (3) (2007), pp. 476-519.

Acerca de que la cercanía de la muerte nos reafirma en nuestros valores culturales:

Greenberg, Jeff, *et al.*, «A Terror Management Theory of Social Behavior: The Psychological Functions of Self-esteem and Cultural Worldviews», *Psychology,* 24 (1991), pp. 93-159.

2. El asesinato múltiple

Sobre aspectos generales del asesinato múltiple, véase:

Sarteschi, Christine M., *Mass and Serial Murder in America,* Pittsburgh, Springer, 2016.

Fox, James A., y Jack Levin, *Mass Murder: America's Growing Menace,* Nueva York, Plenum Press, 1985.

Auxéméry, Yann, «Mass Murder History: Modern Classifications, Sociodemographic and Psychopathological Characteristics, Suicidal Dimensions, and Media Contagion of Mass Murders», *Comprehensive Psychiatry*, 56 (2015), pp. 149-154.

Las diferencias entre el asesino múltiple y el serial se explican ampliamente en:

Garrido, Vicente, *Perfiles criminales*, Barcelona, Ariel, 2012.

La primera definición:

Dietz, Park E., «Mass, Serial and Sensational Homicides», *Bulletin of the New York Academy of Medicine*, 62 (5) (1986), pp. 477-791.

Dos profesores belgas analizan un caso de asesinato múltiple:

Audenaert, Kurt, y Frédéric Declercq, «A Case of Mass Murder: Personality Disorder, Psychopathology and Violence Mode», *Aggression and Violent Behavior*, 16 (2011), pp. 135-143.

Lubitz, piloto homicida:

Mendick, Robert, «Andreas Lubitz: Inside the Mind of a Mass Killer», en *The Telegraph*, <http://www.telegraph.co.uk/news/worldnews/europe/germany/11>.

3. Los tiradores

Los autores buscan elaborar teorías integradas del asesino múltiple. Las cinco etapas se corresponden con el «modelo acumulativo de la tensión» desarrollado para explicar los tiroteos escolares:

Levin, Jack, y Eric Madfis, «Mass Murder at School and Cumulative Strain: A Sequential Model», *American Behavioral Scientist*, 52 (9) (2009), pp. 1227-1245.

Hay un aumento de los tiroteos en los centros educativos en los últimos veinte años:

Madfis, Eric, «In Search of Meaning: Are School Rampage Shootings Random and Senseless Violence?», *The Journal of Psychology*, 151 (1) (2017), pp. 21-35.

Aquí se comenta que la tristemente célebre matanza de la secundaria Columbine (1999) sirvió de inspiración a muchos sujetos que buscaron sin conseguirlo la misma «gloria» mediante el asesinato masivo, y a otros que sí tuvieron éxito.

Sobre los dos tipos de narcisismo de acuerdo con investigadores de la Universidad de Iowa, véase:

Herlache, Anne D., y Zlatan Krizan, «The Narcissism Spectrum Model: A Synthetic View of Narcissistic Personality», *Personality and Social Psychology Review*, 22 (1) (2017), pp. 3-31, DOI: 10.1177/1088868316685018.

Acerca del caso de José Bretón y el componente narcisista en su personalidad como elemento clave para comprender sus actos homicidas, véase:

Garrido, V., y Patricia López, *El secreto de Bretón*, Barcelona, Ariel, 2014.

El asesino de Isla Vista:

White, Stephen G., «Case Study: The Isla Vista Campus Community Mass Murder», *Journal of Threat Assessment and Management*, 4 (1) (2017), pp. 20-47.

Varios casos de tiradores:

Blumn, Dinur, y Christian G. Jaworski, «From Suicide and Strain to Mass Murder», *Social Science and Public Policy*, 53 (2017), pp. 408-413.

Las «masacres íntimas»:

Katz, Jack, «A Theory of Intimate Massacres: Steps Toward a Causal Explanation», *Theoretical Criminology*, 20 (3) (2016), pp. 277-296.

4. El asesino múltiple en España

La investigación de Sandra Salazar:

Salazar, Sandra, «El asesinato múltiple en un solo acto en España: un estudio a través de las sentencias (2000-2016)», trabajo de fin de grado, Universidad de Valencia, 2017.

El problema de la enfermedad mental en el asesinato múltiple:

Sarteschi, Christine M., «Severe Mental Illness, Somatic Delusions, and Attempted Mass Murder», *Journal of Forensic Sciences*, 61 (1) (2016), pp. 284-287, doi: 10.1111/1556-4029.12876.

5. Los asesinos múltiples en la familia

Sobre el familicidio:

Fox, James A., *et al.*, «The Nature and Prevalence of Familicide in the United States, 2000-2009», *Journal of Family Violence*, 28 (2013), pp. 351-358.

Los dos tipos de familicidas:

Websdale, Neil, *Familicidal Hearts*, Oxford, Oxford University Press, 2010.

El doble crimen de Cuenca:

«Sergio Morate, condenado a 48 años por los asesinatos de Marina Okarynska y Laura del Hoyo», en *El País*, <https://politica.elpais.com/politica/2017/11/07/actualidad/1510071504_888392.html>.

Sobre la investigación de María José Galvis, véase:

Galvis, María J., y Vicente Garrido, «Menores víctimas directas de la violencia de género», *Boletín Criminológico*, Instituto Interuniversitario Andaluz de Criminología, 165 (5) (2016), pp. 1-10.

6. El terrorismo yihadista: las preguntas del atentado de Cataluña

La violencia y sus límites, desde lo estructural hasta lo simbólico, es objeto de análisis por:

Hess, Amanda, «America is Struggling to Sort Out where "Violence" Begins and Ends», en *The New York Times*, <https://www.nytimes.com/2017/08/15/magazine/america-is-struggling-to-sort-out-where-violence-begins-and-ends.html>.

García-Calvo, Carola, y Fernando Reinares, *Estado Islámico en España*, Madrid, Real Instituto Elcano, 2016.

La educadora social de Ripoll y su carta abierta tras los atentados:

Rodríguez, Marta, «Una educadora social de Ripoll: "Eran como todos, como mis hijos"», en *El País*, <https://elpais.com/ccaa/2017/08/22/catalunya/1503400712_868267.html>.

Reportaje de Marta Fernández para *El País*:

Fernández, Marta, «En la mente de los radicales», en *El País*, <https://politica.elpais.com/politica/2017/08/25/actualidad/1503675922_121601.html>.

El proceso de captación a través de la experiencia del reportero Björn Stritzel:

Rodríguez, Luis M., «Así es cómo ISIS me instruyó para llevar a cabo un atentado», *PlayGround Magazine*, 31 de julio de 2017.

El imán, un hombre discreto en Ripoll:

Irujo, José M., «Cómo aprendió el imán a ocultar su radicalización», en *El País*, <https://politica.elpais.com/politica/2017/08/27/actualidad/1503855550_126577.html>.

Nadie controla las mezquitas:

Del Barrio, Ana, «El descontrol de los imames reina en España», en *El Mundo*, <http://www.elmundo.es/espana/2017/08/28/59a2f334ca4741f4768b461e.html>.

Un terrorista en el MIT:

Carrión, Francisco, «De MIT a cerebro de la propaganda del Estado Islámico», en *El Mundo*, <http://www.elmundo.es/internacional/2017/07/28/5979d1f2e2704e6a648b4676.html>.

Véase también:

Post, Jerrold M., «When Hatred is Bred in the Bone: The Social Psychology of Terrorism», *Annals of the New Academy of Sciences*, 1208 (2010), pp. 15-23.

Terror *low cost*, el reportaje de Luis Rodríguez:

Rodríguez, Luis M., «Así es cómo ISIS me instruyó para llevar a cabo un atentado», en *PlayGround Magazine*, <http://www.playgroundmag.net/noticias/actualidad/ISIS-instruyo-llevar-cabo-atentado_0_2020597945.html>.

Benyahia, Nicola, «My Son, the Jihadist», en *The New York Times*, <https://www.nytimes.com/2017/07/08/opinion/sunday/my-son-the-jihadist.html>.

7. Las claves del asesino yihadista: relato e identidad

Cottee, Simon, y Keith Hayward, «Terrorist Emotives: The Existential Attractions of Terrorism», *Studies in Conflict & Terrorism*, 34 (2011), pp. 963-986.

Sageman, Marc, *Leaderless Jihad*, Pensilvania, University of Pennsylvania Press, 2008.

Alonso, Rogelio, y Fernando Reinares, «Maghreb Immigrants Becoming Suicide Terrorists», *Root Causes of Suicide Terrorism: The Globalization of Martyrdom*, Nueva York, Routledge, 2006.

Lyons-Padilla, Sarah, «Belonging Nowhere: Marginalization & Radicalization Risk Among Muslim Immigrants», *Behavioral Science and Policy*, 1 (2) (2015), pp. 1-12.

Junger, Sebastian, *War*, Londres, Fourth Estate, 2010.

La radicalización y la privación relativa:

Fink, Louis, *Understanding Radicalisation and Dynamics of Terrorist Networks Through Political-Psychology*, Herzliya, International Institute for Counter-Terrorism, 2014.

Collins, Aukai, *My Jihad: The True Story of an American Mujahid's Amazing Journey from Usama Bin Laden's Training Camps to Counterterrorism with the FBI and CIA*, Nueva Delhi, Manas, 2006.

Elliott, Andrea, «The Jihadist Next Door», en *The New York Times*, <http://www.nytimes.com/2010/01/31/magazine/31 Jihadist-t.html>.

Sageman, Marc, «Small Group Dynamics», en Laurie Fenstermacher, *et al.*, eds., *Protecting the Homeland from International and Domestic Terrorism Threats: Current Multi-Disciplinary Perspectives on Root Causes, the Role of Ideology, and Programs for Counter-radicalization and Disengagement*, Strategic Multilayer Assessment y Air Force Research Laboratory, 2010, pp. 129-137.

Reich, Walter, «Understanding Terrorist Behavior: The Limits and Opportunities of Psychological Inquiry», *Origins of Terrorism: Psychologies, Ideologies, Theologies, State of Mind*, Washington D. C., The Woodrow Wilson Center Press, 1990, pp. 261-279.

8. Entre el asesinato múltiple y el terrorismo

Atentado de Niza:

Yárnoz, Carlos, «El terrorista de Niza había hecho múltiples búsquedas sobre matanzas del ISIS», en *El País*, <http://internacional.elpais.com/internacional/2016/07/18/actualidad/1468854340_556004.html>.

Atentado de Orlando:

Blinder, Alan, y Les Neuhaus, «911 Recordings of Gunman During Orlando Nightclub Siege Are Released», en *The New York Times*, <https://www.nytimes.com/2016/11/01/us/911-recordings-gunman-orlando-nightclub-siege.html>.

Dylarn Roof:

«Pena de muerte para el asesino racista de Charleston», en *La Vanguardia*, <http://www.lavanguardia.com/internacional/20170111/413240866206/pena-muerte-asesino-charleston-racista.html>.

Acerca de Anders Breivik, la exuberancia del mal:

Syse, Aslak, «Breivik: The Norwegian Terrorist Case», *Behavioural Sciences and the Law*, 32 (2014), pp. 389-407.

Harry, Bruce, *et al.*, «Anders Breivik: Extreme Beliefs Mistaken for Psychosis», *The Journal of the American Academy of Psychiatry and the Law*, 44 (1) (2016), pp. 28-35.

Jacobsen, Colin, y Daniel Maier-Katkin, «Breivik's Sanity: Terrorism, Mass Murder, and the Insanity Defense», *Human Rights Quaterly*, 37 (2015), pp. 137-152.

9. Los psicópatas y los asesinos en serie

Sobre los tipos y problemas de los psicópatas asesinos seriales:

Garrido, Vicente, y Patricia López, *El rastro del asesino*, Barcelona, Ariel, 2006.

Garrido, Vicente, *La mente criminal*, Barcelona, Temas de Hoy, 2008.

La seducción del crimen:

Katz, Jack, *Seductions of Crime*, Nueva York, Basic Books, 1988.

Y véase también:

Ferrell, Jeff, «Making Sense of Crime: A Review Essay on Jack Katz's Seductions of Crime», *Social Justice*, 19 (3) (1992), pp. 110-123.

Cabrera, Delfina, «En torno a la criminología cultural. Nota sobre Jack Katz: "Seductions of Crime: Moral and Sensual Attractions in Doing Evil"», *Delito y Sociedad: Revista de Ciencias Sociales* (2009), pp. 147-154.

Las menciones a *La ética de la crueldad* se inspiran y citan fragmentos contenidos en el libro del mismo título de José Ovejero:

Ovejero, José, *La ética de la crueldad*, Barcelona, Anagrama, 2012.

Acerca de Shakespeare como criminólogo:

Balló, Jordi, y Xavier Pérez, *El mundo, un escenario*, Barcelona, Anagrama, 2015.

El estudio acerca del empleo y los asesinos en serie y Peter Sutcliffe:

Lynes, Adam, y David Wilson, «Driven to Kill: Serial Killers and Their Occupations», *The Howard Journal of Criminal Justice*, 54 (5) (2015), pp. 413-433.

Un libro que citan estos autores y que provee de mucha información sobre el caso:

Bilton, Michael, *Wicked beyond Belief: The Hunt for the Yorkshire Ripper*, Londres, Harper Collins, 2003.

Lo que afirman dos criminólogos destacados:

Brantingham, Patricia L., y Paul J. Brantingham, «Environment, Routine and Situation. Towards a Pattern Theory of Crime», *Advances in Criminological Theory*, 5 (1993), pp. 259-229.

Para la teoría racional del crimen, véase el importante trabajo de:

Clarke, Ronald V., y Derek Blaikie Cornish, *The Reasoning Criminal: Rational Choice Perspectives in Offending*, Nueva York, Springer, 1986.

El falso monje shaolín:

Duva, Jesús, «El infierno del monje shaolín», en *El País*, <https://politica.elpais.com/politica/2014/08/22/actualidad/1408717012_478221.html>.

La innovación de Gacy como asesino en serie con su payaso Pogo, y en general la historia enfermiza que puede esconderse en determinados payasos reales o de ficción:

Stott, Andrew M., «Clowns on the Verge of a Nervous Breakdown: Dickens, Coulrofobia and the Memories of Joseph Grimaldi», *Journal for Early Modern Cultural Studies,* 12 (4) (2012), pp. 3-25.

La ballena azul: reportaje de Xavier Colás para *El Mundo*:

Colás, Xavier, «El "zorro" ruso que creó la "Ballena azul"», en *El Mundo,* <http://www.elmundo.es/cronica/2017/07/31/597b799e268e3edf7d8b45d2.html>.

El fenómeno *copycat* en Finlandia:

Lindberg, Nina, *et al.*, «The Copycat Phenomenon After Two Finnish School Shootings: An Adolescent Psychiatric Perspective», *BMC Psychiatry,* 12 (2012), p. 91.

La identificación:

Hoffmann, Jens, «The Concept of Identification in Threat Assessment», *Behavioral Sciences and the Law,* 33 (2015), pp. 213-237.

La predicción del homicidio múltiple:

Meloy, J. Reid, y Jacqueline Genzman, «The Clinical Threat Assessment of the Lone-Actor Terrorist», *Psychiatric Clinics of North America,* 39 (4) (2016), pp. 649-662.

Gill, Paul, y J. Reid Meloy, «The Lone Actor Terrorist and the TRAP-18», *J Threat Assess Management,* 3 (2016), pp. 37-52.

El profesor Mullen estudió a cinco asesinos múltiples:

Mullen, Paul E., «The Autogenic (Self-generated) Massacre», *Behavioral Sciences and the Law,* 22 (3) (2004), pp. 311-323.

Las dificultades de predicción del terrorismo:

Sarma, Kiran M., «Risk Assessment and the Prevention of Radicalization from Nonviolence into Terrorism», *American Psychologist,* 72 (3) (2017), pp. 278-288.

La predicción de un acierto requiere 100 000 falsos positivos:

Bisgaard, Timme, «100 000 False Positives for Every Real Terrorist: Why Anti-terror Algorithms Don't Work», en *First Monday,* 22 (2017), <http://firstmonday.org/ojs/index.php/fm/article/view/7126/6522>.

Los programas de prevención de la violencia en los campus en Europa:

Hoffmann, Jens, «The Virginia Tech Massacre as a Starting Point for Threat Assessment in European Universities», *Journal of Threat Assessment and Management,* 4 (2) (2017), pp. 112-177.

La gente cambia difícilmente sus creencias:

Kolbert, Elizabeth, «Why Facts Don't Change our Minds», en *The New Yorker,* <https://www.newyorker.com/magazine/2017/02/27/why-facts-dont-change-our-minds>.

Ideología y cerebro:

Camacho, Ana, y Alberto Villarejo, «Neuropolítica: la neurociencia visita la política», *Neurología Suplementos,* 5 (1) (2009), pp. 8-11.

El circuito neural del odio:

Fels, Anna, «The Point of Hate», en *The New York Times,* <https://www.nytimes.com/2017/04/14/opinion/the-point-of-hate.html>.